Anna Johanna

NORDIC

Titel der Originalausgabe
Strands of Joy

© 2021 LAINE Publishing OY
ISBN 978-952-69388-7-5

Texte und Anleitungen
Anna Johanna

Fotos
Jonna Hietala & Sini Kramer

Angaben zur deutschen Ausgabe
Übersetzung: Helene Weinold, Violau
Lektorat: Arnhilt Tittes, Rheinfelden
Produktmanagement: Mareike Upheber
Cover der deutschen Ausgabe: Melanie Hermann
Satz der deutschen Ausgabe: Petra Theilfarth
Druck und Bindung: Livonia Print SIA, Lettland

Published by agreement with Ferly Agency

Materialangaben und Arbeitsweisen in diesem Buch wurden vom Autor und den Mitarbeiter:innen des Verlags sorgfältig geprüft. Eine Garantie wird jedoch nicht übernommen. Autor und Verlag können für eventuell auftretende Fehler oder Schäden nicht haftbar gemacht werden. Das Werk und die darin gezeigten Modelle sind urheberrechtlich geschützt. Die Vervielfältigung und Verbreitung ist, außer für private, nicht kommerzielle Zwecke, untersagt und wird zivil- und strafrechtlich verfolgt. Dies gilt insbesondere für die Verbreitung des Werks durch Fotokopien, Film, Funk und Fernsehen, elektronische Medien und Internet sowie für eine gewerbliche Nutzung der gezeigten Modelle. Bei Verwendung im Unterricht und in Kursen ist auf dieses Buch hinzuweisen.

1. Auflage 2022

© der deutschen Ausgabe 2022
frechverlag GmbH, Dieselstraße 5, 70839 Gerlingen, einem Unternehmen der Penguin Random House Verlagsgruppe GmbH, München

ISBN 978-3-7358-7029-2 • Best.-Nr. 27029

MIX
Papier aus verantwortungsvollen Quellen
FSC® C002795

Penguin Random House Verlagsgruppe
FSC® N001967

Anna Johanna

NORDIC

TOP DOWN UND NAHTLOS GESTRICKT

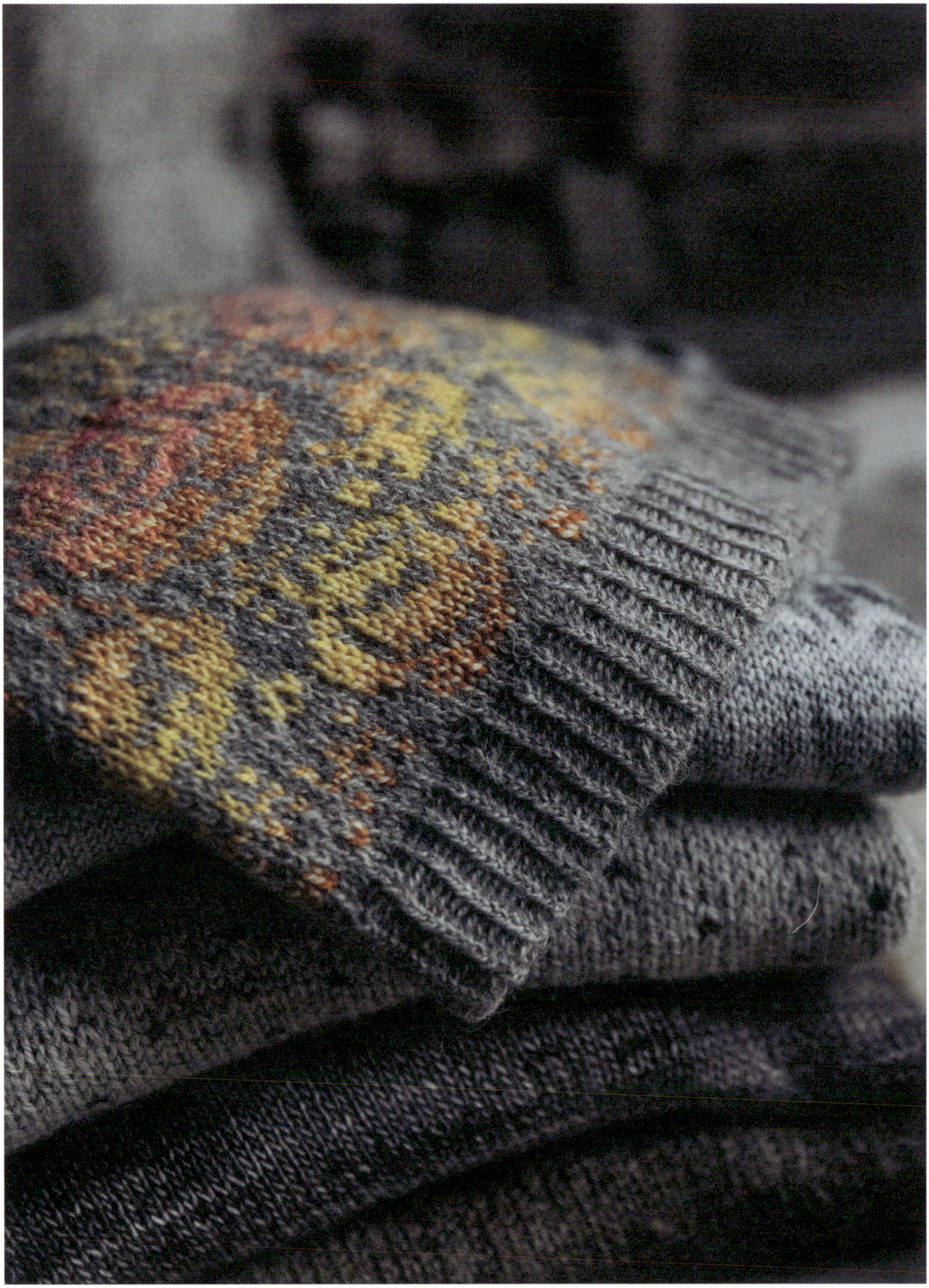

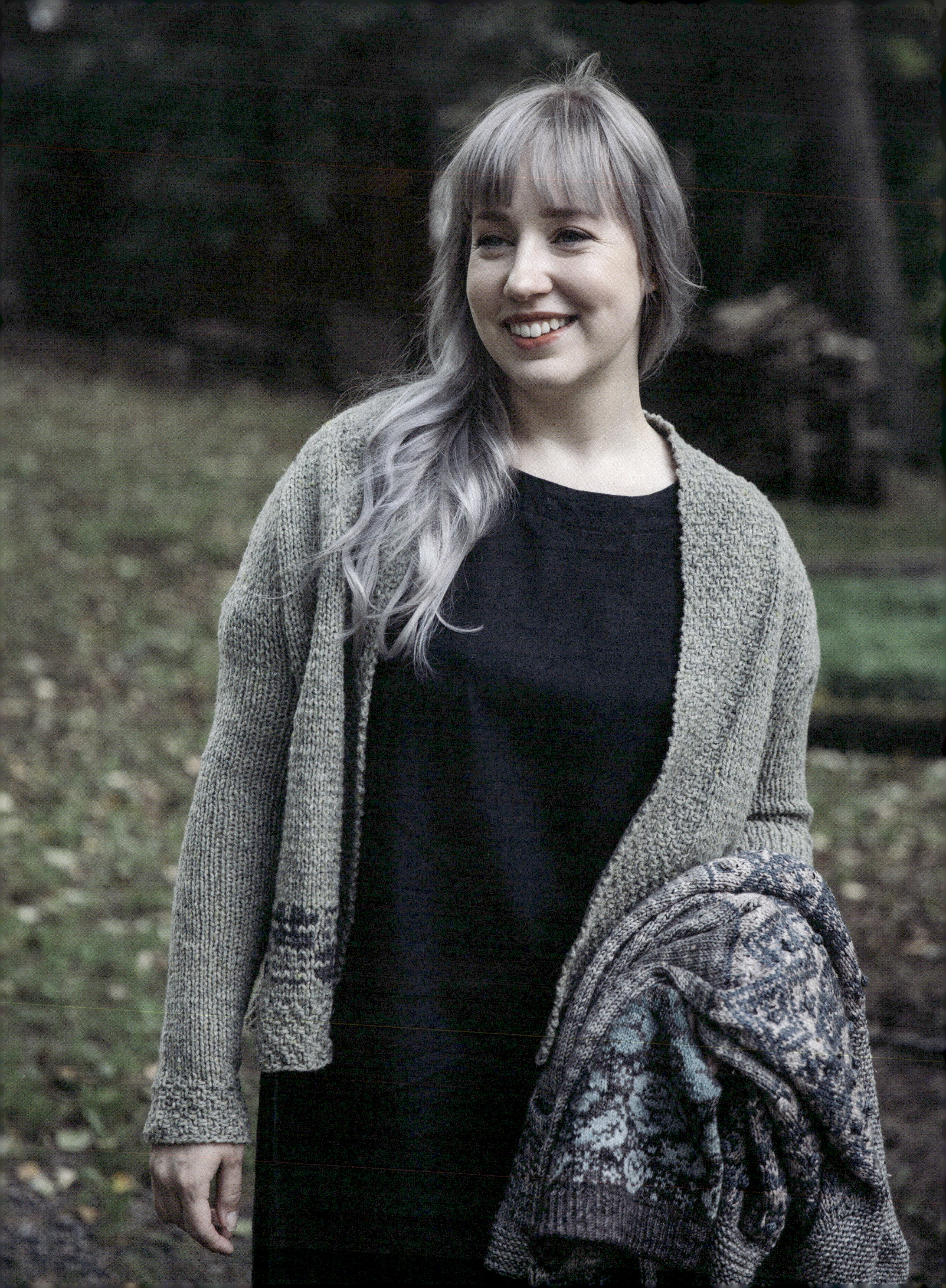

Vorwort

Als Kind wollte ich Modedesignerin sein. Ich zeichnete Kleider und malte sie mit meinen Filzstiften aus. In der Berufsschule liebäugelte ich eine Zeitlang mit dem Nähen, entschied mich dann aber doch fürs Kochen. In der nächsten Stadt hätte ich an der Fachhochschule Strickdesign studieren können, beschloss aber, mich für ein realistischeres Fachgebiet zu bewerben, in dem ich leichter eine Anstellung finden würde, und landete schließlich bei der Statistik, der ich bis zur Promotion treu blieb.

Und jetzt bin ich hier und schreibe das Vorwort für mein erstes Buch – ein Buch voller Strickanleitungen. Vor ein paar Jahren riet mir eine liebe Freundin, meine Träume zu verfolgen. Sie würden immer Träume bleiben, wenn ich nicht wenigsten versuchen würde, sie zu verwirklichen. Der Gedanke war ein wenig beängstigend: Wenn man anfängt, seine Träume zu verfolgen, könnten sie tatsächlich Wirklichkeit werden. Dieses Jahr habe ich beschlossen, die Zügel loszulassen und mich ins kalte Wasser zu stürzen.

Das Jahr 2020 verlief wahrscheinlich für niemanden wie geplant. Immer wieder war ich zutiefst dankbar für die Strickmaschen, die mich erdeten, das beruhigende Klicken der Nadeln und das weiche Garn, das durch meine Finger glitt. Vor allem die farbigen Einstrickmuster haben meinen Geist zur Ruhe gebracht, denn ich musste mich ganz darauf konzentrieren. Dieses Stricken in Jacquard- oder Fair-Isle-Technik bietet grenzenlose Möglichkeiten, verschiedene Stimmungen und mentale Landschaften zu gestalten. Meine Freundinnen necken mich immer, weil ich mich zu blassen „Nicht-Farben“ hingezogen fühle und Streifenmuster mit kontrastarmen Garnen stricke, die ineinander übergehen. Aber ich liebe nun einmal sanfte, harmonische Farbkombinationen. Wenn Ihr Herz für leuchtende Farben und starke Kontraste schlägt, ändern Sie die Farben der Modelle einfach nach Belieben ab. Stricken Sie Ihre Projekte mit Ihren eigenen Lieblingsfarben.

Anna Johanna

Abkürzungen

abk	abketten
anschl	anschlagen
arb	arbeiten
Fb	Farbe(n)
Hinr	Hinreihe(n)
Häkelnd	Häkelnadel
LL	Lauflänge
M	Masche(n)
ML	Masche mit Linksneigung
MM	Maschenmarkierer
MR	Masche mit Rechtsneigung
Nd	Nadel(n)
PM	Patentmasche(n)
R	Reihe(n)
Rd	Runde(n)
Rückr	Rückreihe(n)
Rundstricknd	Rundstricknadel
str	stricken
U	Umschlag/Umschläge
wdh	wiederholen
w&w	wickeln & wenden (in verkürzten Reihen)

1 M links tiefgestochen zunehmen
Das linke Maschenglied der Masche 2 Reihen unter der Masche auf der rechten Nadel auf die linke Nadel heben und rechts verschränkt stricken.

1 ML zunehmen
Den Querfaden zwischen den Maschen von vorne nach hinten aufnehmen und rechts verschränkt bzw. links verschränkt stricken.

1 MR zunehmen
Den Querfaden zwischen den Maschen von hinten nach vorne aufnehmen und rechts bzw. links stricken.

1 PM links
Die Masche mit ihrem Umschlag links zusammenstricken.

1 PM rechts
Die Masche mit ihrem Umschlag rechts zusammenstricken.

2 M links abgehoben zusammenstricken
2 Maschen nacheinander wie zum Rechtsstricken abheben, in dieser Orientierung zurück auf die linke Nadel heben und links verschränkt zusammenstricken.

2 M rechts abgehoben zusammenstr
2 Maschen nacheinander wie zum Rechtsstricken abheben, in dieser Orientierung zurück auf die linke Nadel heben und rechts verschränkt zusammenstricken.

Flachnoppe
[1 Masche rechts, 1 Umschlag, 1 Masche rechts, 1 Umschlag, 1 Masche rechts] in 1 Masche stricken, wenden, 5 Maschen links, wenden, 4 Maschen über die 1. Masche auf der linken Nadel ziehen. Die M auf die rechte Nadel legen.

w&w
Wickeln & wenden: Die nächste Masche abheben, ohne sie zu stricken. Den Faden zwischen den Nadeln auf die andere Seite der Arbeit legen und die Masche zurück auf die linke Nadel heben. Die Arbeit wenden. Die Masche, wenn sie das nächste Mal erreicht wird, mit ihrem Wickelfaden rechts bzw. links zusammenstricken.

Weitere Fotos der Modelle finden Sie im Internet auf Ravelry, lainemagazine.com und annajohanna.mycashflow.fi.

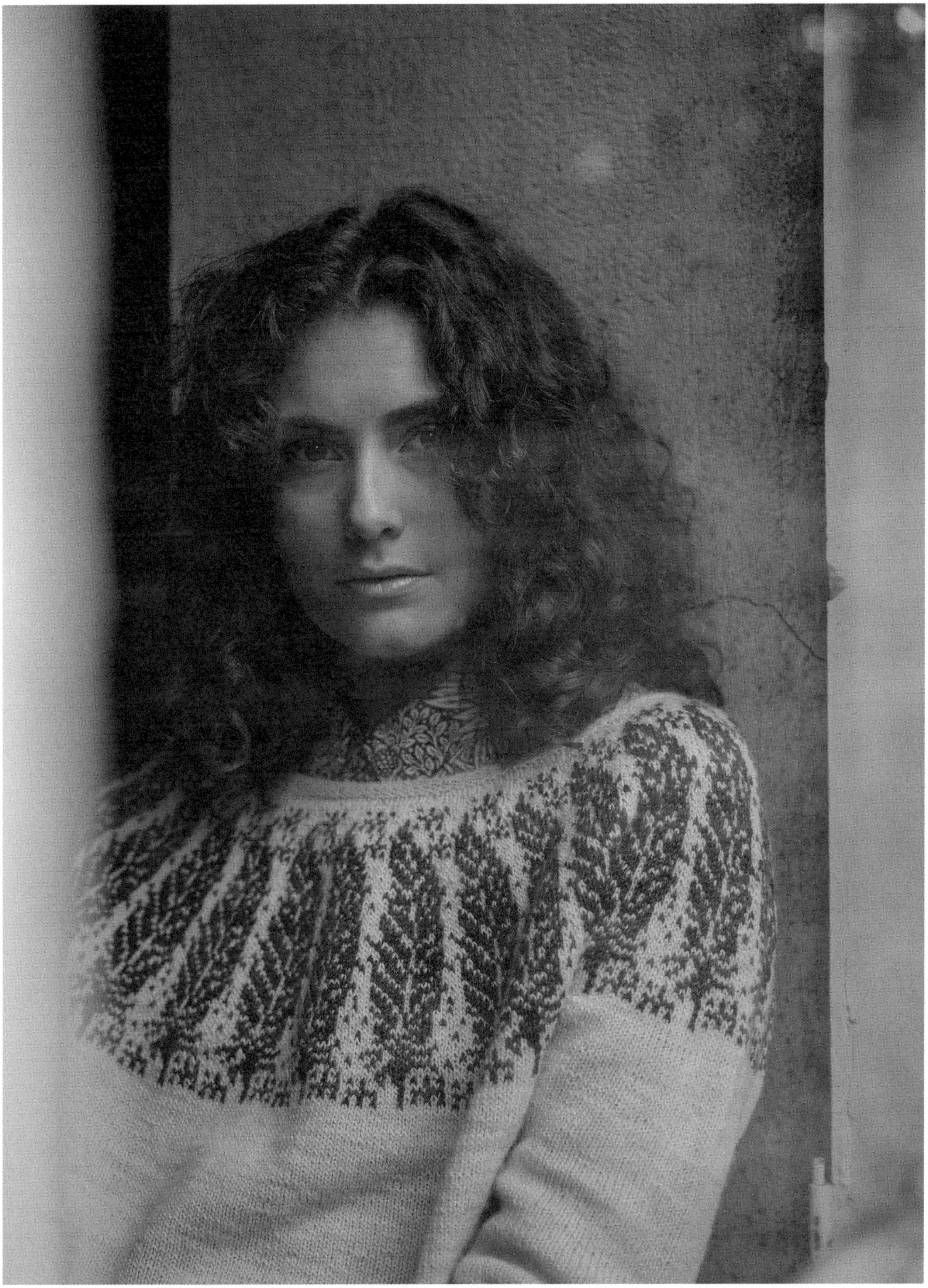

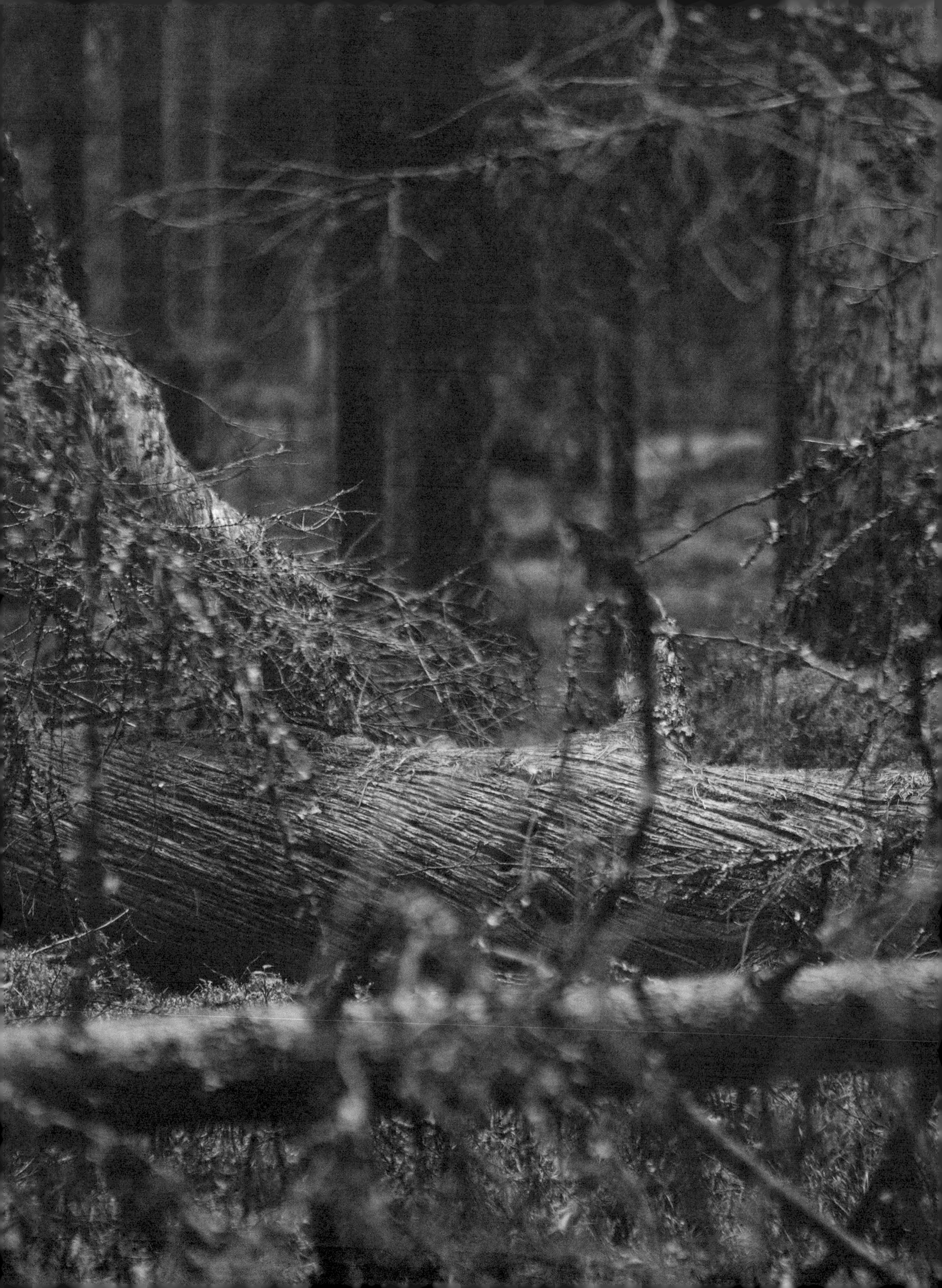

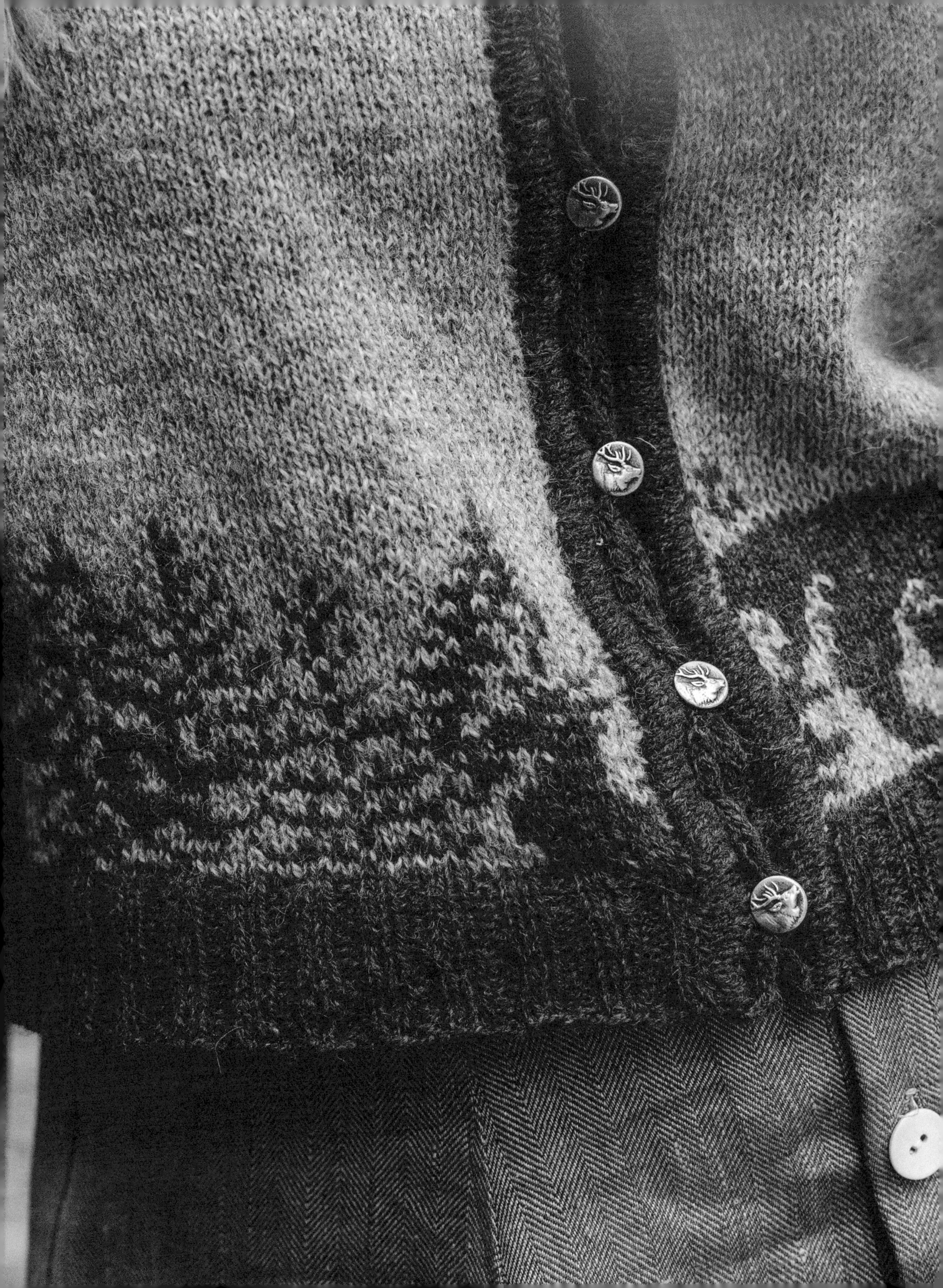

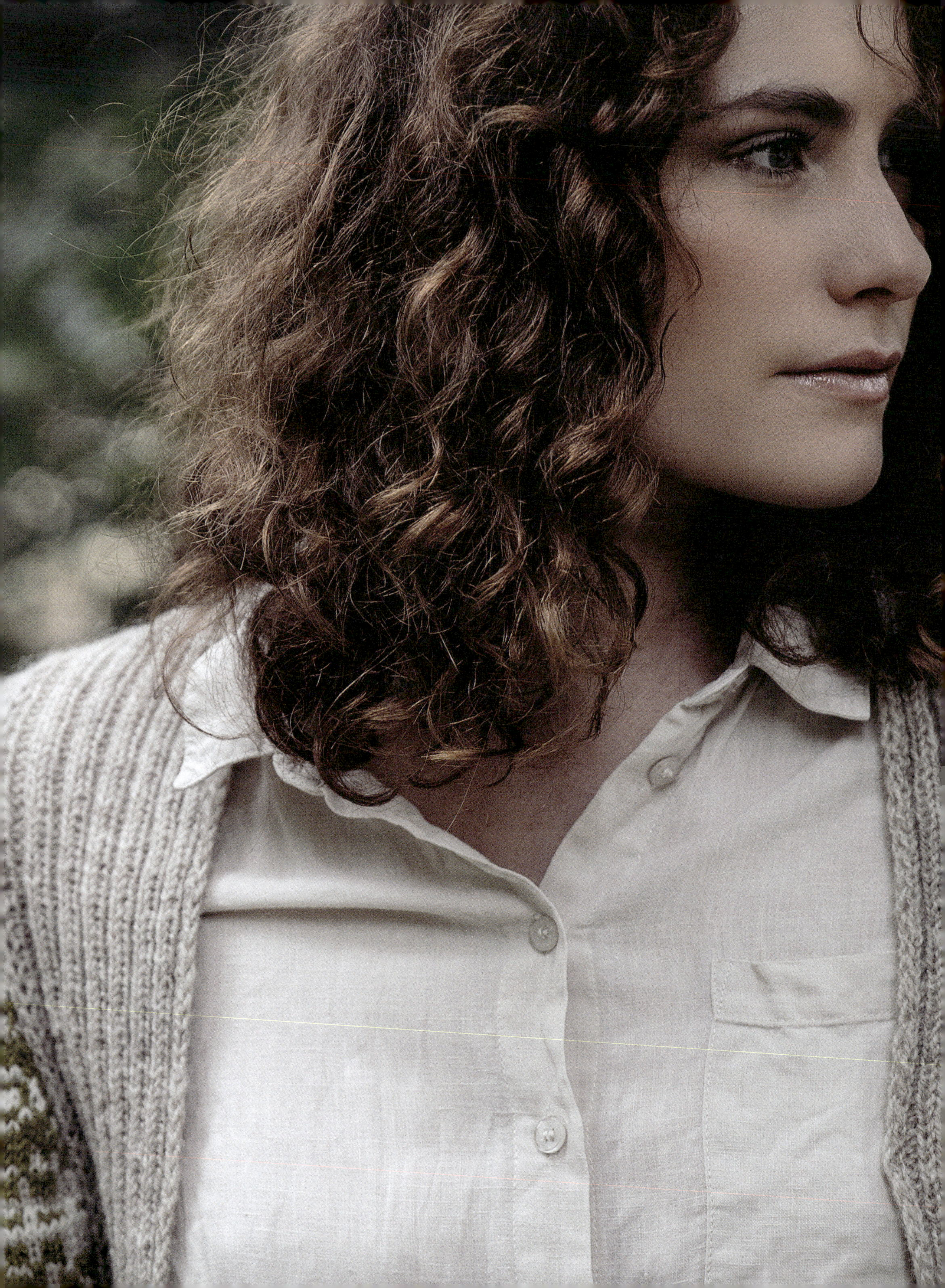

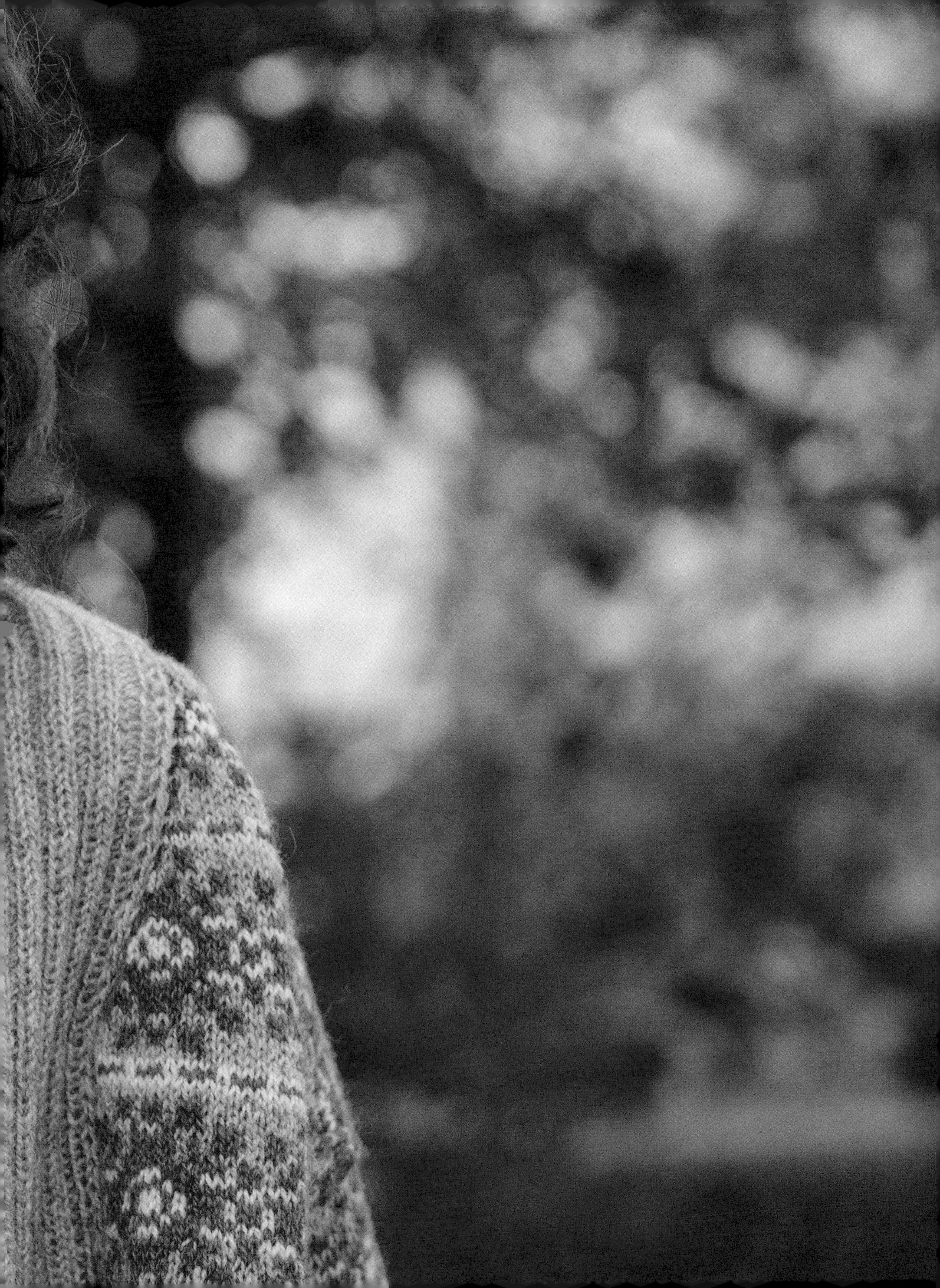

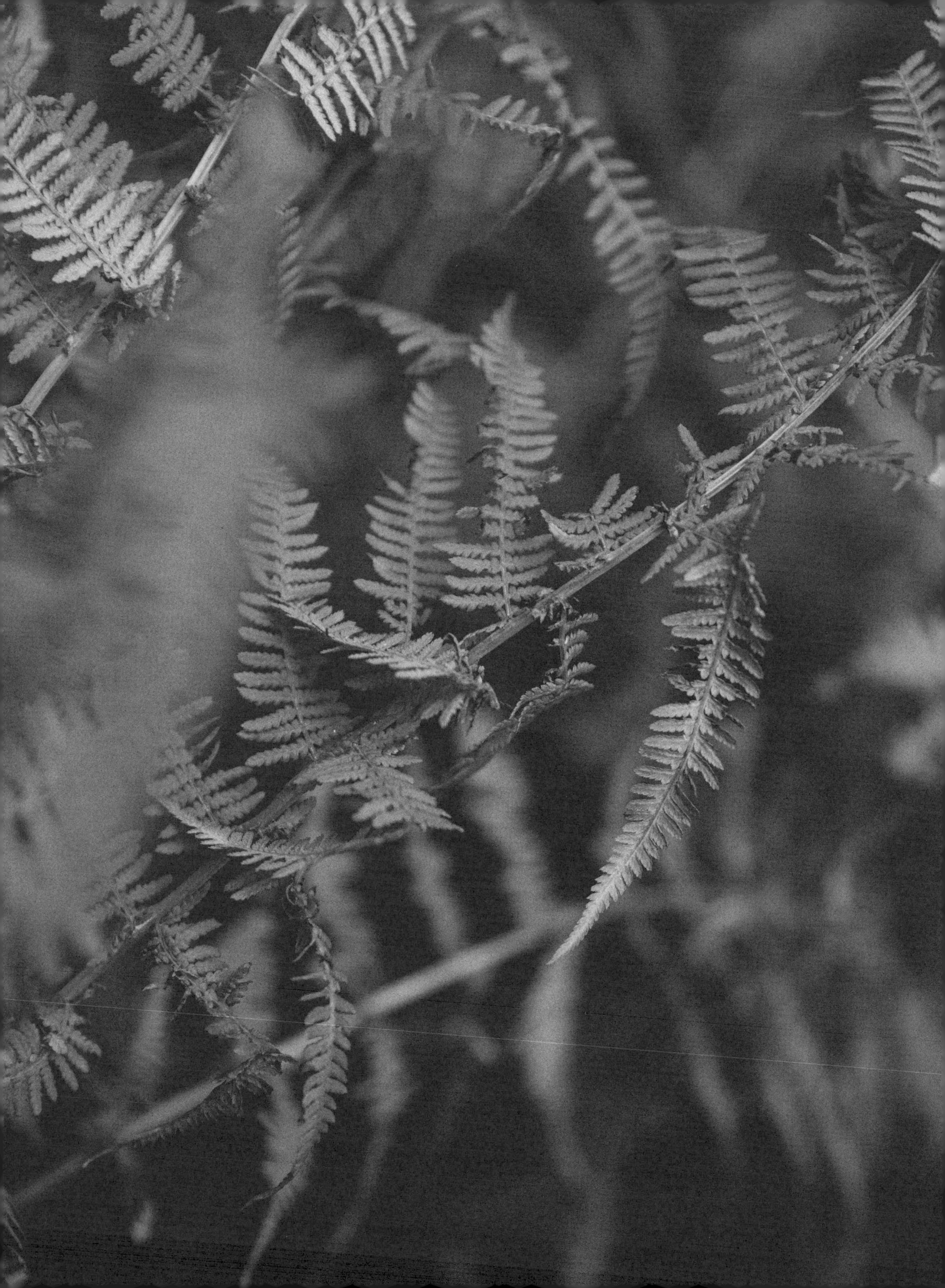

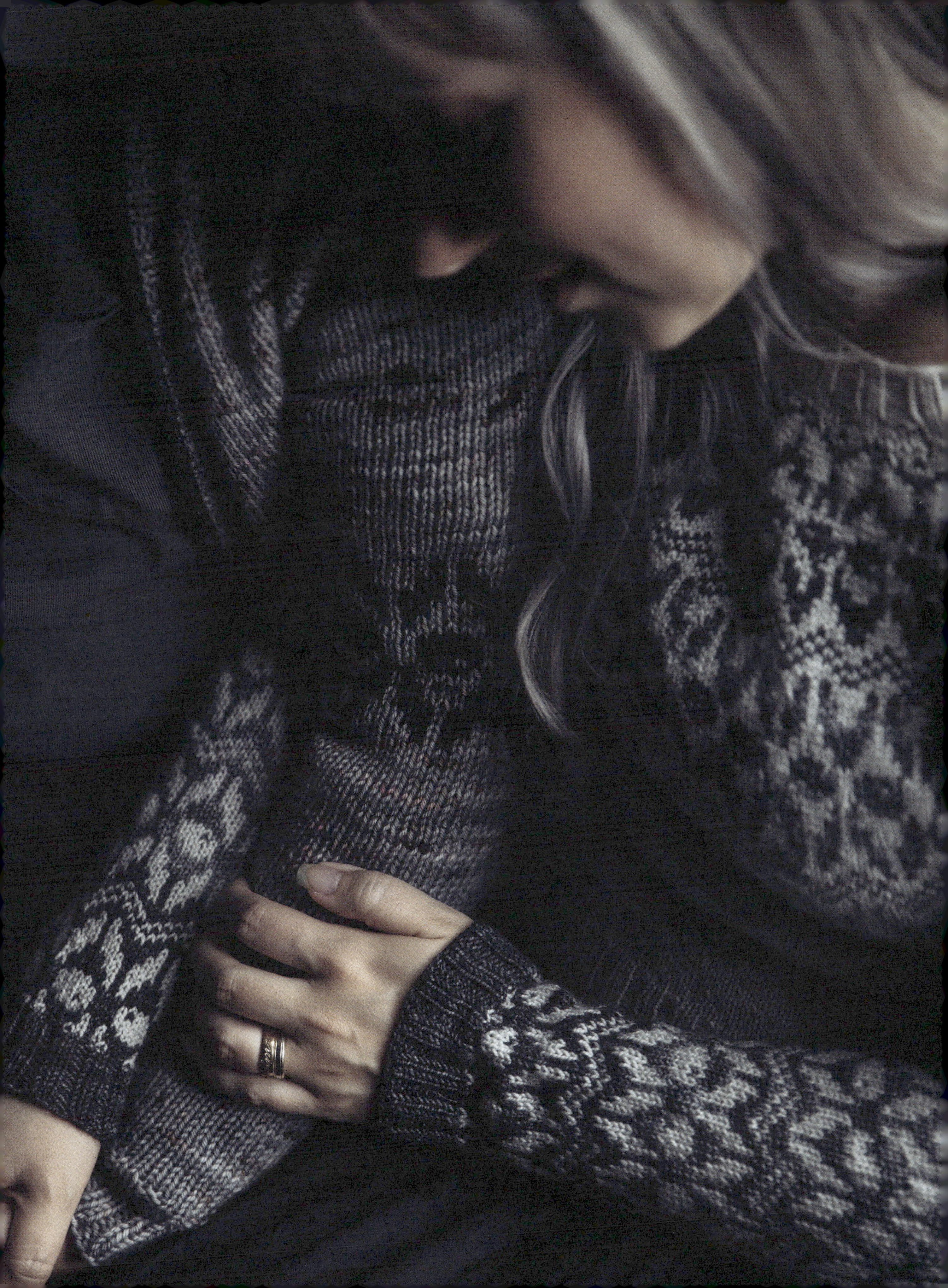

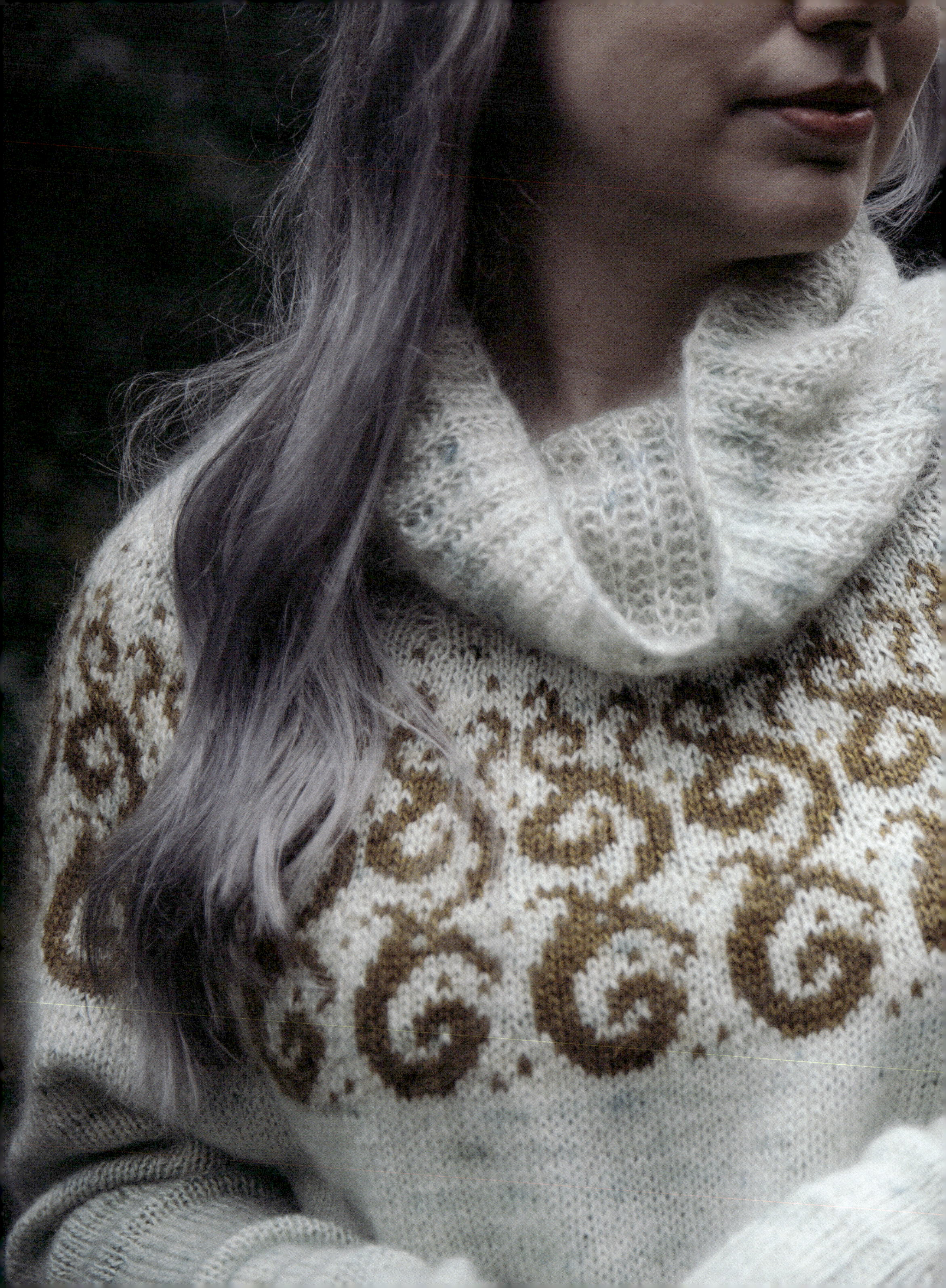

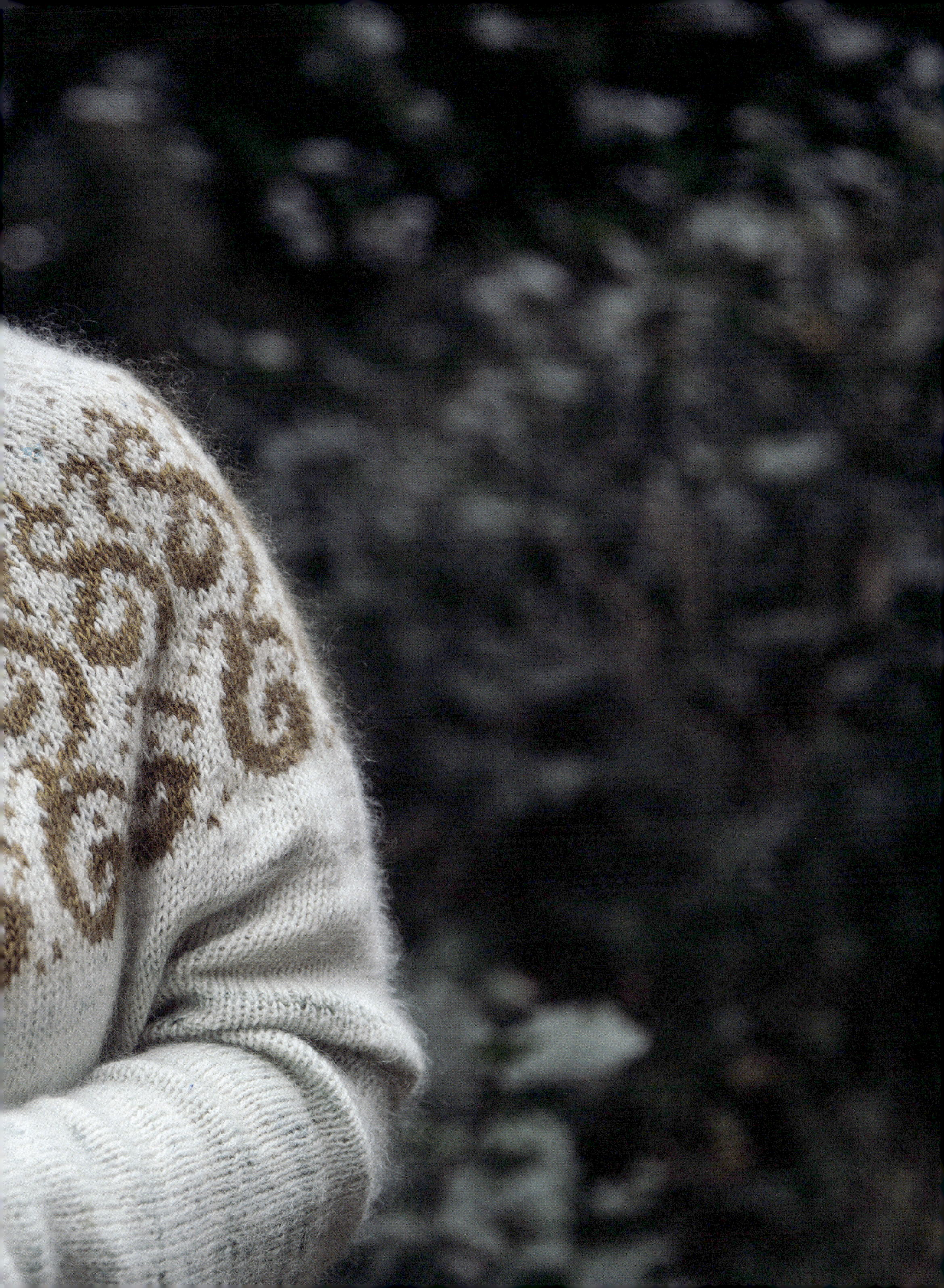

1

MAIJA

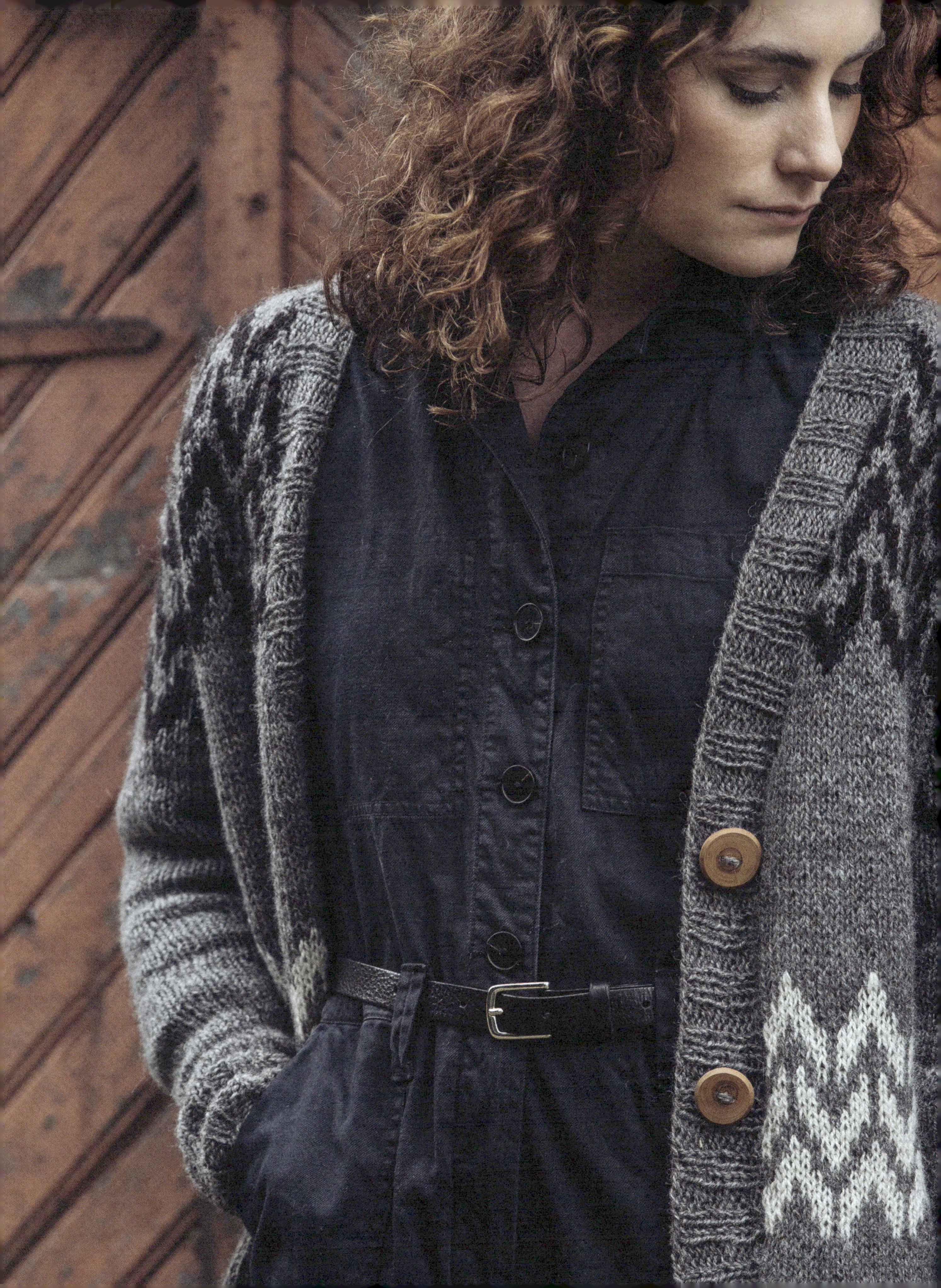

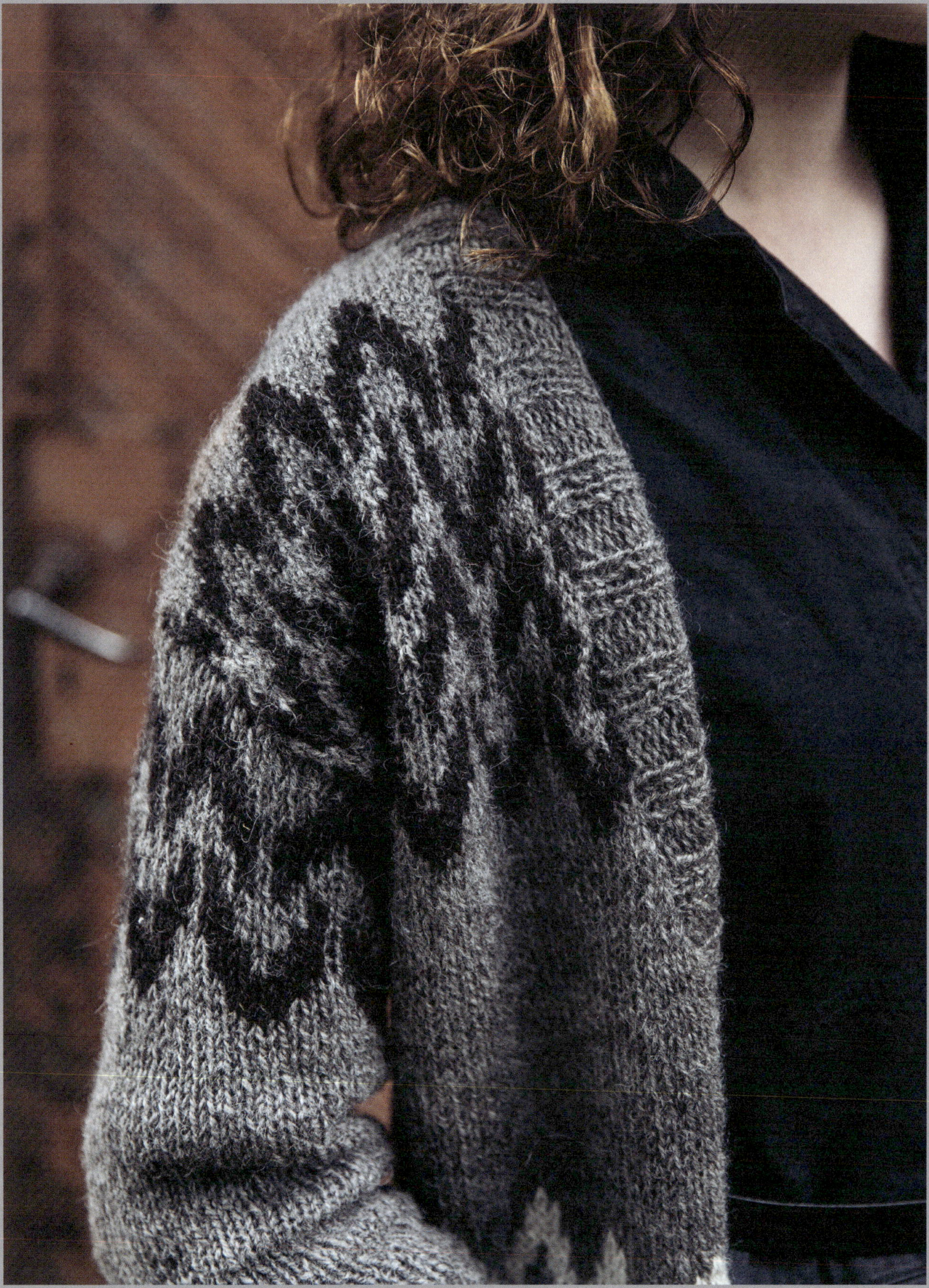

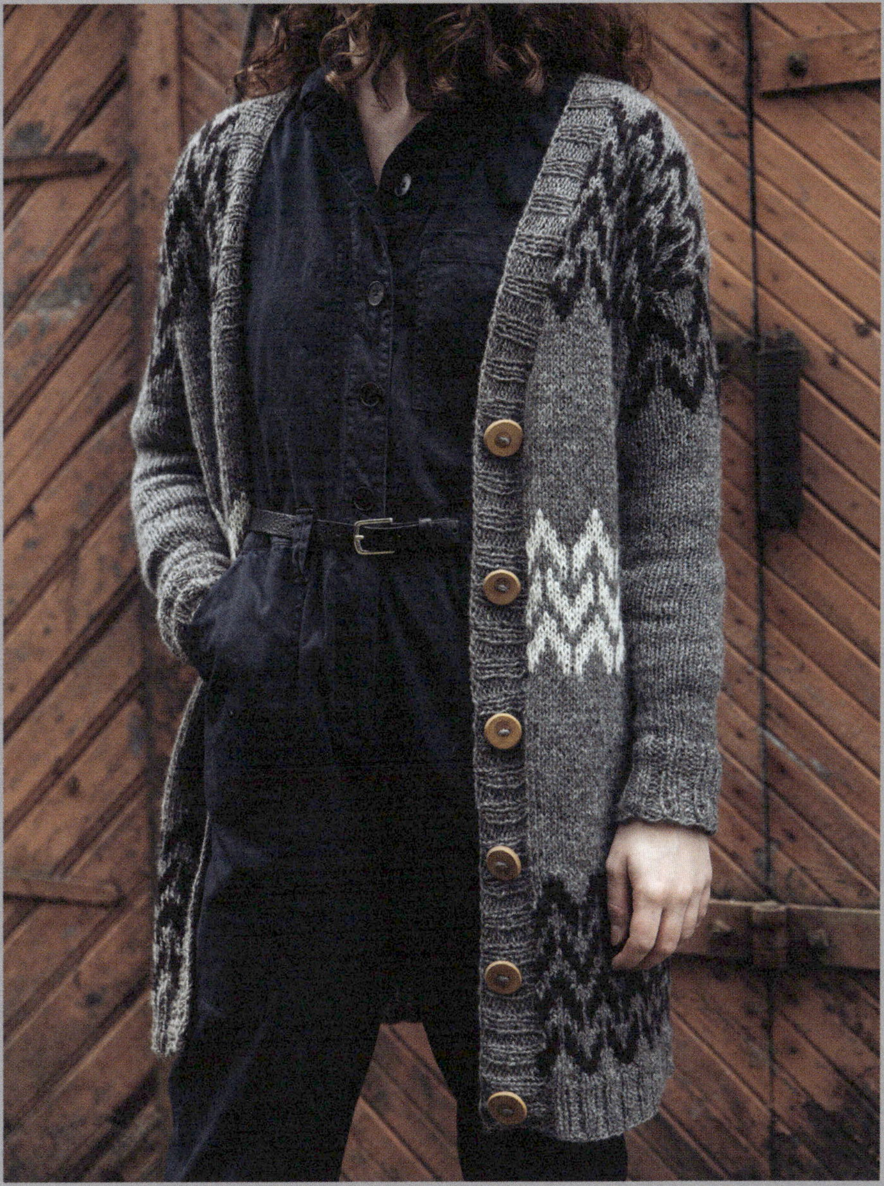

Maija ist ein langer Cardigan mit einem pfiffigen geometrischen Zackenmuster. Er wird nahtlos in Hin- und Rückreihen von oben nach unten gestrickt. Der Cardigan hat lange Ärmel und ist leicht tailliert. Die Schultern werden durch verkürzte Reihen abgeschrägt.

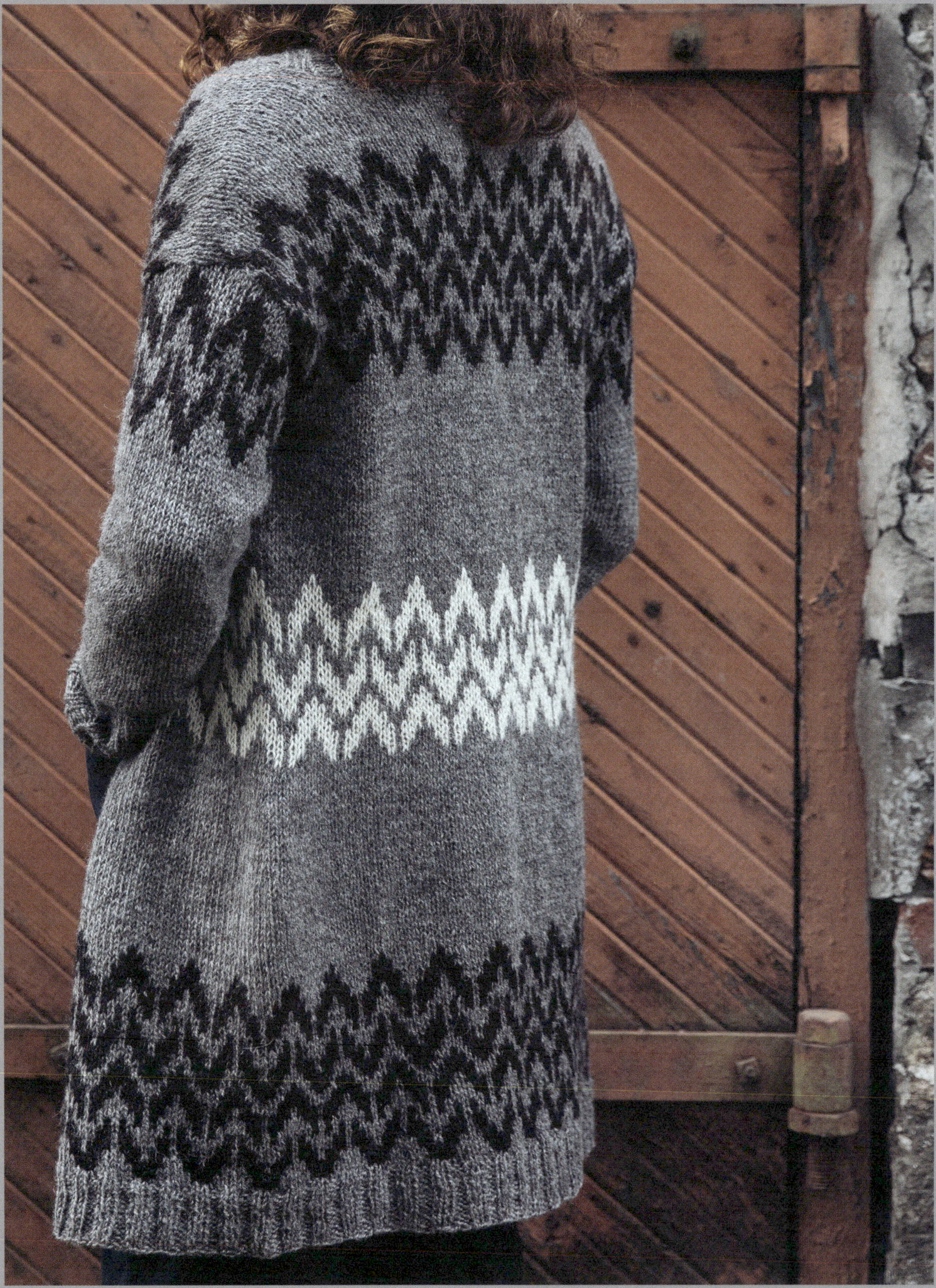

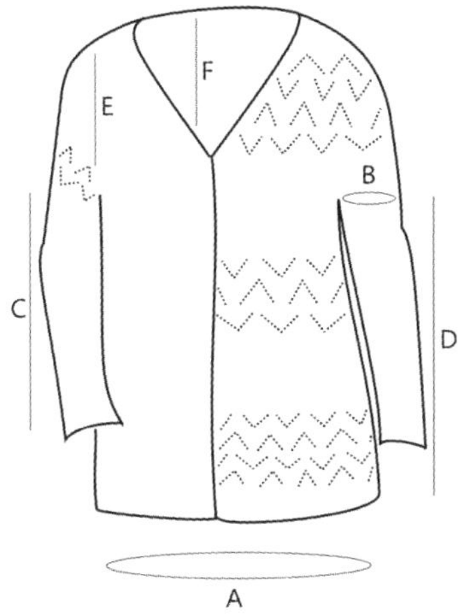

Größe
XXS / XS / S / M1 / M2 / L1 / L2 / XL / 2XL / 3XL / 4XL / 5XL
Die Angaben für die verschiedenen Größen sind durch Schrägstriche voneinander getrennt. Steht nur eine Angabe, gilt diese für alle Größen.
Dieser Cardigan soll locker sitzen. Wählen Sie die Größe, deren Oberweite etwa 15 cm größer ist als Ihr Brustumfang.

Garn
Tukuwool Hakamaa DK (100 % finnische Wolle, 2-fädig; LL 230 m/100 g):
Fb A: Harmaa, 5 / 5 / 5 / 6 / 6 / 6 / 7 / 7 / 8 / 8 / 9 / 10 Stränge
Fb B: Musta, 1 / 1 / 1 / 1 / 1 / 2 / 2 / 2 / 2 / 2 / 2 / 2 Stränge
Fb C: Valkoinen, 1 Strang

Materialverbrauch
Fb A: 975 / 1020 / 1060 / 1180 / 1220 / 1260 / 1390 / 1470 / 1655 / 1720 / 1915 / 2110 m
Fb B: 185 / 190 / 200 / 225 / 230 / 240 / 260 / 275 / 315 / 325 / 360 / 400 m
Fb C: 55 / 55 / 60 / 65 / 70 / 70 / 80 / 80 / 95 / 95 / 105 / 120 m

Stricknadeln
Rundstricknadeln 4,5 mm und 5,0 mm, 100 cm lang
Nadelspiele 4,5 mm und 5,0 mm (optional für die Ärmel)
Passen Sie die Nadelstärke gegebenenfalls an, um die korrekte Maschenprobe zu erzielen.

Maschenprobe
16 M und 22 R mit Nd 4,5 mm glatt rechts und im Jacquardmuster = 10 cm x 10 cm (nach dem Spannen)

Zubehör
2 Maschenmarkierer
Hilfsgarn
Häkelnadel 4,0 mm
Wollnadel
6 Knöpfe, ø 2,5 cm

Maße
A Oberweite: 90 / 95 / 100 / 105 / 110 / 115 / 120 / 130 / 145 / 150 / 160 / 175 cm
A Taillenweite: 85 / 85 / 90 / 95 / 100 / 105 / 110 / 120 / 135 / 145 / 155 / 165 cm
A Hüftweite: 90 / 95 / 100 / 105 / 110 / 115 / 125 / 130 / 145 / 150 / 160 / 170 cm
B Oberarmumfang: 30 / 30 / 30 / 35 / 35 / 35 / 40 / 40 / 45 / 45 / 50 / 55 cm
C Ärmellänge: 41,5 / 42,5 / 42,5 / 43 / 43,5 / 43,5 / 44 / 44,5 / 45 / 45,5 / 47 / 46 cm
D Rumpflänge ab Armausschnitt: 60 cm
E Armausschnitthöhe: 16,5 / 16,5 / 16,5 / 19 / 19 / 19 / 22 / 22 / 23 / 23 / 24,5 / 27,5 cm
F Halsausschnitttiefe: 26,5 / 26,5 / 26,5 / 26,5 / 26,5 / 26,5 / 26,5 / 26,5 / 30 / 30 / 30 / 30 cm

ANLEITUNG

Mit der Häkelnadel und dem Hilfsgarn 2x 21 / 23 / 24 / 26 / 28 / 30 / 32 / 36 / 38 / 40 / 42 / 47 auf der Rundstricknd 4,5 mm provisorisch anschl, dabei den Faden zwischen den beiden M-Gruppen abschneiden.

Einteilungs-R (Hinr): In Fb A die 1. M-Gruppe rechts str, 30 / 30 / 32 / 32 / 32 / 32 / 32 / 32 / 36 / 36 / 36 / 38 M durch Aufschlingen neu anschl und die 2. M-Gruppe rechts str (= 72 / 76 / 80 / 84 / 88 / 92 / 96 / 104 / 112 / 116 / 120 / 132 M).

Einteilungs-R (Rückr): Linke M str bis R-Ende.

RÜCKENTEIL

Weiterstr wie folgt und dabei die Schultern mit verkürzten R abschrägen:

1. R (Hinr): 54 / 56 / 59 / 61 / 64 / 66 / 68 / 73 / 79 / 81 / 84 / 91 M rechts; w&w.

2. R (Rückr): 36 / 36 / 38 / 38 / 40 / 40 / 40 / 42 / 46 / 46 / 48 / 50 M links; w&w.

3. R: Rechte M str bis zur umwickelten M, diese M mit dem Wickelfaden rechts zusammenstr, 2 / 2 / 2 / 2 / 3 / 3 / 3 / 4 / 4 / 4 / 5 / 5 M rechts; w&w.

4. R: Linke M str bis zur umwickelten M, diese M mit dem Wickelfaden links zusammenstr, 2 / 2 / 2 / 2 / 3 / 3 / 3 / 4 / 4 / 4 / 5 / 5 M links; w&w.

Die 3. und 4. R noch 4 x wdh.

13. R (Hinr): Rechte M str bis zur umwickelten M, diese M mit dem Wickelfaden rechts zusammenstr, rechte M str bis R-Ende.

14. R (Rückr): Linke M str bis zur umwickelten M, diese M mit dem Wickelfaden links zusammenstr, linke M str bis R-Ende.

Den Faden in Fb B dazunehmen und glatt rechts in Jacquardtechnik nach dem Zählmuster für die Passe weiterstr, dabei mit der 5. / 7. / 1. / 3. / 5. / 7. / 1. / 5. / 5. / 7. / 5. / 3. M des Zählmusters beginnen. (Die Rückr beginnt mit der 4. / 2. / 8. / 6. / 4. / 2. / 8. / 4. / 4. / 2. / 4. / 6. M des Zählmusters.)

Nach der letzten R des Zählmusters den Faden in Fb B abschneiden und glatt rechts in Fb A weiterstr bis zu einer Höhe von 16,5 / 16,5 / 16,5 / 19 / 19 / 19 / 22 / 22 / 23 / 23 / 24,5 / 27,5 cm an der Armausschnittkante; mit einer Rückr enden. Den Faden abschneiden und die M auf einem Maschenraffer stilllegen.

RECHTES VORDERTEIL

Nun M für das rechte Vorderteil aufnehmen und die Schulter mit verkürzten R abschrägen; gleichzeitig am R-Ende M für den Halsausschnitt zunehmen wie folgt:

Den provisorischen M-Anschlag vorsichtig auflösen und die 21 / 23 / 24 / 26 / 28 / 30 / 32 / 36 / 38 / 40 / 42 / 47 M auf die Rundstricknd 4,5 mm auffassen.

1. R (Rückr): In Fb A linke M str bis R-Ende.

2. R (Hinr): Rechte M str bis R-Ende.

3. R: 3 / 3 / 3 / 3 / 4 / 4 / 4 / 5 / 5 / 5 / 6 / 6 M links; w&w.

4. R: Rechte M str bis zur letzten M, 1 MR zunehmen, 1 M rechts (= 1 M zugenommen).

5. R: Linke M str bis zur umwickelten M, diese M mit dem Wickelfaden links zusammenstr, 2 / 2 / 2 / 2 / 3 / 3 / 3 / 4 / 4 / 4 / 5 / 5 M links; w&w.

6. R: Rechte M str bis R-Ende.

7. R: Wie die 5. R str.

Die 4.–7. R noch 1x wdh (= 23 / 25 / 26 / 28 / 30 / 32 / 34 / 38 / 40 / 42 / 44 / 49 M).

12. R (Hinr): Wie die 4. R str (= 24 / 26 / 27 / 29 / 31 / 33 / 35 / 39 / 41 / 43 / 45 / 50 M).

13. R (Rückr): Wie die 5. R str.

14. R: Rechte M str bis R-Ende.

15. R: Linke M str bis zur umwickelten M, diese M mit dem Wickelfaden links zusammenstr, linke M str bis R-Ende.

Den Faden in Fb B dazunehmen und glatt rechts in Jacquardtechnik nach dem Zählmuster für die Passe weiterstr, dabei mit der 5. / 5. / 6. / 6. / 6. / 6. / 6. / 6. / 8. / 8. / 8. / 1. M des Zählmusters beginnen. Gleichzeitig noch 11 / 11 / 10 / 10 / 10 / 10 / 10 / 10 / 12 / 12 / 12 / 11x in jeder 4. R weiter M für den Halsausschnitt zunehmen wie eingeteilt und die neuen M ins Passenmuster integrieren. Wenn alle Zunahmen für den Halsausschnitt in jeder 4. R abgeschlossen sind, die Zunahmen noch 1 / 1 / 3 / 3 / 3 / 3 / 3 / 3 / 3 / 3 / 3 / 5x in jeder 2. folgenden R wdh (= 36 / 38 / 40 / 42 / 44 / 46 / 48 / 52 / 56 / 58 / 60 / 66 M).

Nach Abschluss des Passenmusters den Faden in Fb B abschneiden und glatt rechts in Fb A weiterstr bis zu einer Höhe von 16,5 / 16,5 / 16,5 / 19 / 19 / 19 / 22 / 22 / 23 / 23 / 24,5 / 27,5 cm an der Armausschnittkante; mit einer Rückr enden. Den Faden abschneiden und die M auf einem Maschenraffer stilllegen. Achtung! Bei einigen Größen sind jetzt noch Zunahmen für den Halsausschnitt übrig, die später noch ausgeführt werden müssen.

LINKES VORDERTEIL

Nun M für das linke Vorderteil aufnehmen und die Schulter mit verkürzten R abschrägen; gleichzeitig am R-Beginn M für den Halsausschnitt zunehmen wie folgt:

Den provisorischen M-Anschlag vorsichtig auflösen und 21 / 23 / 24 / 26 / 28 / 30 / 32 / 36 / 38 / 40 / 42 / 47 M für die linke Schulter auf Nd 4,5 mm auffassen.

1. R (Hinr; Fb A): Rechte M str bis R-Ende.

2. R (Rückr): Linke M str bis R-Ende.

3. R: 3 / 3 / 3 / 3 / 4 / 4 / 4 / 5 / 5 / 5 / 6 / 6 M rechts; w&w.

4. R: Linke M str bis R-Ende.

5. R: 1 M rechts, 1 ML zunehmen, rechte M str bis zur umwickelten M und diese M mit dem Wickelfaden rechts zusam-

menstr, 2 / 2 / 2 / 2 / 3 / 3 / 3 / 4 / 4 / 4 / 5 / 5 M rechts; w&w (= 1 M zugenommen).
6. R: Wie die 4. R str.
7. R: Rechte M str bis zur umwickelten M, diese M mit dem Wickelfaden rechts zusammenstr, 2 / 2 / 2 / 2 / 3 / 3 / 3 / 4 / 4 / 4 / 5 / 5 M rechts; w&w.
Die 4.–7. R noch 1x wdh (= 23 / 25 / 26 / 28 / 30 / 32 / 34 / 38 / 40 / 42 / 44 / 49 M).
12. R (Rückr): Wie die 4. R str.
13. R (Hinr): Wie die 5. R str (= 24 / 26 / 27 / 29 / 31 / 33 / 35 / 39 / 41 / 43 / 45 / 50 M).
14. R: Wie die 4. R str.
15. R: Rechte M str bis zur umwickelten M, diese M mit dem Wickelfaden rechts zusammenstr, rechte M str bis R-Ende.
16. R: Linke M str bis R-Ende.
Den Faden in Fb B dazunehmen und glatt rechts in Jacquardtechnik nach dem Zählmuster für die Passe weiterstr, dabei mit der 5. / 3. / 1. / 7. / 5. / 3. / 1. / 5. / 1. / 7. / 5. / 7. M des Zählmusters beginnen. (Die Rückr beginnt mit der 4. / 6. / 8. / 2. / 4. / 6. / 8. / 4. / 4. / 6. / 4. / 2. M des Zählmusters.) Gleichzeitig noch 11 / 11 / 10 / 10 / 10 / 10 / 10 / 10 / 12 / 12 / 12 / 11x in jeder 4. R weiter M für den Halsausschnitt zunehmen wie eingeteilt und die zugenommenen M ins Passenmuster integrieren. Wenn die Zunahmen in jeder 4. R abgeschlossen sind, die Zunahmen noch 1 / 1 / 3 / 3 / 3 / 3 / 3 / 3 / 3 / 3 / 3 / 5x in jeder 2. folgenden R wdh (= 36 / 38 / 40 / 42 / 44 / 46 / 48 / 52 / 56 / 58 / 60 / 66 M).
Nach Abschluss des Passenmusters den Faden in Fb B abschneiden und glatt rechts in Fb A weiterstr bis zu einer Höhe von 16,5 / 16,5 / 16,5 / 19 / 19 / 19 / 22 / 22 / 23 / 23 / 24,5 / 27,5 cm an der Armausschnittkante; mit einer Rückr enden. Den Faden nicht abschneiden. Achtung! In einigen Größen sind jetzt noch Zunahmen für den Halsausschnitt übrig, die später noch ausgeführt werden müssen

RUMPF

Nun werden die Vorderteile und das Rückenteil miteinander verbunden und in einem Stück nach unten weitergestrickt. In einigen Größen müssen noch weitere Zunahmen für den Halsausschnitt gearbeitet werden. Diese Zunahmen in der gegebenen Einteilung arb, während der Rumpf gestrickt wird.
Einteilungs-R (Hinr; Fb A): Die M des linken Vorderteils rechts str, * 0 / 0 / 0 / 0 / 0 / 0 / 0 / 0 / 2 / 2 / 4 / 4 M durch Aufschlingen neu anschl, MM platzieren, 0 / 0 / 0 / 0 / 0 / 0 / 0 / 0 / 2 / 2 / 4 / 4 M durch Aufschlingen neu anschl *, die M für das Rückenteil zurück auf die Nd heben und rechts str; von * bis * noch 1x wdh, die M für das rechte Vorderteil zurück auf die Nd heben und rechts str. Wenn die M für den Rumpf verbunden und alle Zunahmen für den Halsausschnitt gearbeitet sind, liegen insgesamt 144 / 152 / 160 / 168 / 176 / 184 / 192 / 208 / 232 / 240 / 256 / 280 M auf der Nd.
Einteilungs-R (Rückr): Linke M str bis R-Ende, dabei die MM abheben.
16 / 8 / 6 / 6 / 6 / 6 / 6 / 6 / 6 / 12 / 12 / 6 R glatt rechts str (= in Hinr rechte M, in Rückr linke M str).
Abnahme-R (Hinr): * Rechte M str bis 4 M vor dem MM, 2 M rechts abgehoben zusammenstr, 2 M rechts, MM abheben, 2 M rechts, 2 M rechts zusammenstr *; von * bis * noch 1x wdh, rechte M str bis R-Ende. (= 4 M abgenommen).
Glatt rechts weiterstr und dabei die Abnahme-R noch 1 / 3 / 3 / 3 / 3 / 3 / 3 / 3 / 3 / 1 / 1 / 3x in jeder 16. / 8. / 6. / 6. / 6. / 6. / 6. / 6. / 6. / 12. / 12. / 6. R wdh (= 136 / 136 / 144 / 152 / 160 / 168 / 176 / 192 / 216 / 232 / 248 / 264 M).
In der nächsten Hinr den Faden in Fb C dazunehmen und glatt rechts in Jacquardtechnik nach dem Zählmuster für die Taille weiterstr. Nach der letzten R des Zählmusters den Faden in Fb C abschneiden.
Zunahme-R (Hinr; Fb A): * Rechte M str bis 2 M vor dem MM, 1 MR zunehmen, 2 M rechts, MM abheben, 2 M rechts, 1 ML zunehmen *; von * bis * noch 1x wdh, rechte M str bis R-Ende (= 4 M zugenommen).
Glatt rechts weiterstr und die Zunahme-R noch 1 / 3 / 3 / 3 / 3 / 3 / 5 / 3 / 3 / 1 / 1 / 1x in jeder 12. / 6. / 6. / 6. / 6. / 6. / 4. / 6. / 8. / 16. / 16. / 16. R wdh (= 144 / 152 / 160 / 168 / 176 / 184 / 200 / 208 / 232 / 240 / 256 / 272 M).
Die MM entfernen und glatt rechts weiterstr bis zu einer Höhe von 38 cm vom unteren Ende des Armausschnitts aus oder bis das Strickteil 22 cm kürzer ist als die gewünschte Gesamtlänge.
In der nächsten Hinr den Faden in Fb B dazunehmen und glatt rechts in Jacquardtechnik nach dem Zählmuster für die Passe weiterstr. Nach der letzten R des Zählmusters den Faden in Fb B abschneiden und nur in Fb A weiterstr wie folgt:
Nächste R (Hinr): 1 M rechts, * 2 M links, 2 M rechts *; von * bis * stets wdh bis zu den letzten 3 M, 2 M links, 1 M rechts.
Nächste R (Rückr): 1 M links, * 2 M rechts, 2 M links *; von * bis * stets wdh bis zu den letzten 3 M, 2 M rechts, 1 M links.
Im so eingeteilten Rippenmuster weitere 10 R str. Alle M im Rippenmuster abk.

ÄRMEL

Einteilungs-Rd (von der rechten Seite der Arbeit aus; Fb A): In der Mitte des Stegs unter der Achsel beginnen und mit dem Ndspiel oder der Rundstricknd 5,0 mm 48 / 48 / 48 / 56 / 56 / 56 / 64 / 64 / 72 / 72 / 80 / 88 M aus der Armausschnittkante rechts herausstr. Die Arbeit zur Rd schließen und den Rd-Beginn mit 1 MM kennzeichnen.
Den Faden in Fb B dazunehmen und glatt rechts in Jacquardtechnik nach dem Zählmuster für die Ärmel weiterstr. Nach Abschluss des Zählmusters den Faden in Fb B abschneiden und nur in Fb A weiterstr.
Zum Ndspiel oder der Rundstricknd 4,5 mm wechseln.

Abnahme-Rd (Fb A): 1 M rechts, 2 M rechts zusammenstr, rechte M str bis zu den letzten 3 M, 2 M rechts abgehoben zusammenstr, 1 M rechts (= 2 M abgenommen).
Glatt rechts weiterstr und die Abnahme-Rd noch 9 / 7 / 7 / 11 / 11 / 11 / 13 / 13 / 15 / 15 / 19 / 21x in jeder 5. / 7. / 7. / 5. / 5. / 5. / 4. / 4. / 4. / 4. / 3. / 3. Rd wdh (= 28 / 32 / 32 / 32 / 32 / 32 / 36 / 36 / 40 / 40 / 40 / 44 M).
Danach glatt rechts weiterstr bis zu einer Ärmellänge von 34 / 35 / 35 / 35,5 / 36 / 36 / 36,5 / 37 / 37,5 / 38 / 39,5 / 38,5 cm oder bis der Ärmel 7,5 cm kürzer ist als die gewünschte Gesamtlänge.
Nächste Rd: * 2 M rechts, 2 M links *; von * bis * stets wdh bis Rd-Ende.
Weitere 15 Rd im so eingeteilten Rippenmuster str. Den MM entfernen und alle M im Rippenmuster abk.
Den 2. Ärmel genauso arb.

HALSAUSSCHNITTBLENDE

Einteilungs-R (Hinr): Mit der Rundstricknd 4,5 mm und Fb A von der rechten Seite der Arbeit aus an der Unterkante des rechten Vorderteils beginnend und an der Unterkante des linken Vorderteils endend 272 / 272 / 276 / 284 / 284 / 284 / 292 / 292 / 296 / 296 / 296 / 304 M aus den Kanten der Vorderteile und dem hinteren Halsausschnitt rechts herausstr (jeweils ca. 2 M aus 3 R an den Vorderkanten und 1 M aus jeder M des hinteren Halsausschnitts).
1. R (Rückr): 1 M abheben, * 2 M rechts, 2 M links *; von * bis * stets wdh bis zu den letzten 3 M, 3 M rechts.
2. R: 1 M abheben, * 2 M links, 2 M rechts *; von * bis * stets wdh bis zu den letzten 3 M, 2 M links, 1 M rechts.
3. R: Wie die 1. R str.
4. R (Knopfloch-R): 1 M abheben, 5 / 5 / 5 / 5 / 5 / 5 / 4 / 4 / 4 / 4 / 4 / 6 M im eingeteilten Rippenmuster str, 3 M abk, * 11 / 11 / 11 / 12 / 12 / 12 / 13 / 13 / 12 / 12 / 12 / 12 M im Rippenmuster str, 3 M abk *; von * bis * noch 4x wdh, im Rippenmuster weiterstr bis R-Ende.
5. R (Knopfloch-R): 1 M abheben, * im Rippenmuster str bis zur Lücke, 3 M durch Aufstricken neu anschl *; von * bis * noch 5x wdh, im Rippenmuster str bis R-Ende.
Die 2. und 3. R noch 3x wdh.
Alle M im Rippenmuster abk.

Zählmuster für die Passe

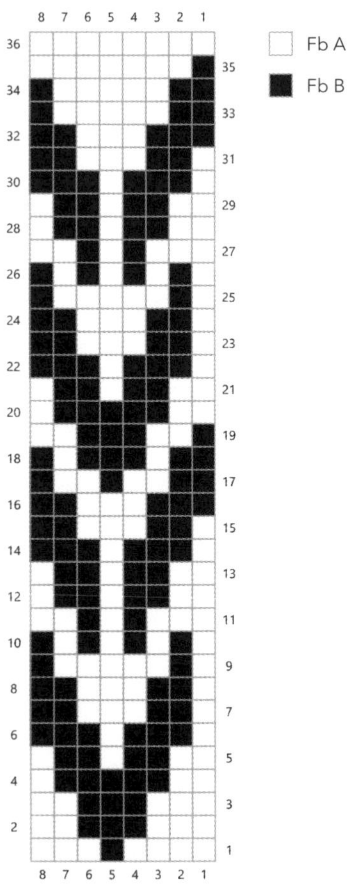

Zählmuster für die Taille

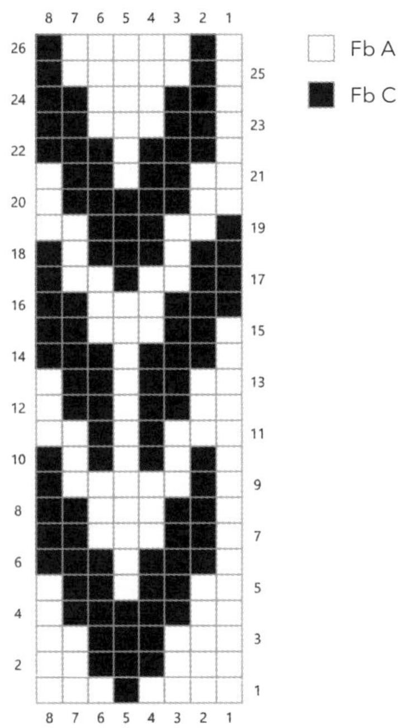

Zählmuster für die Ärmel

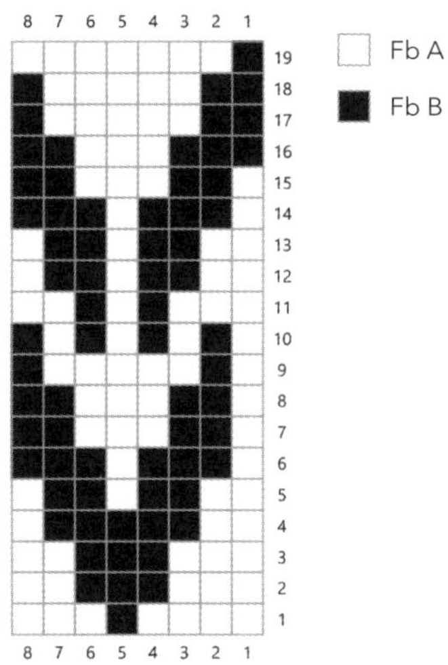

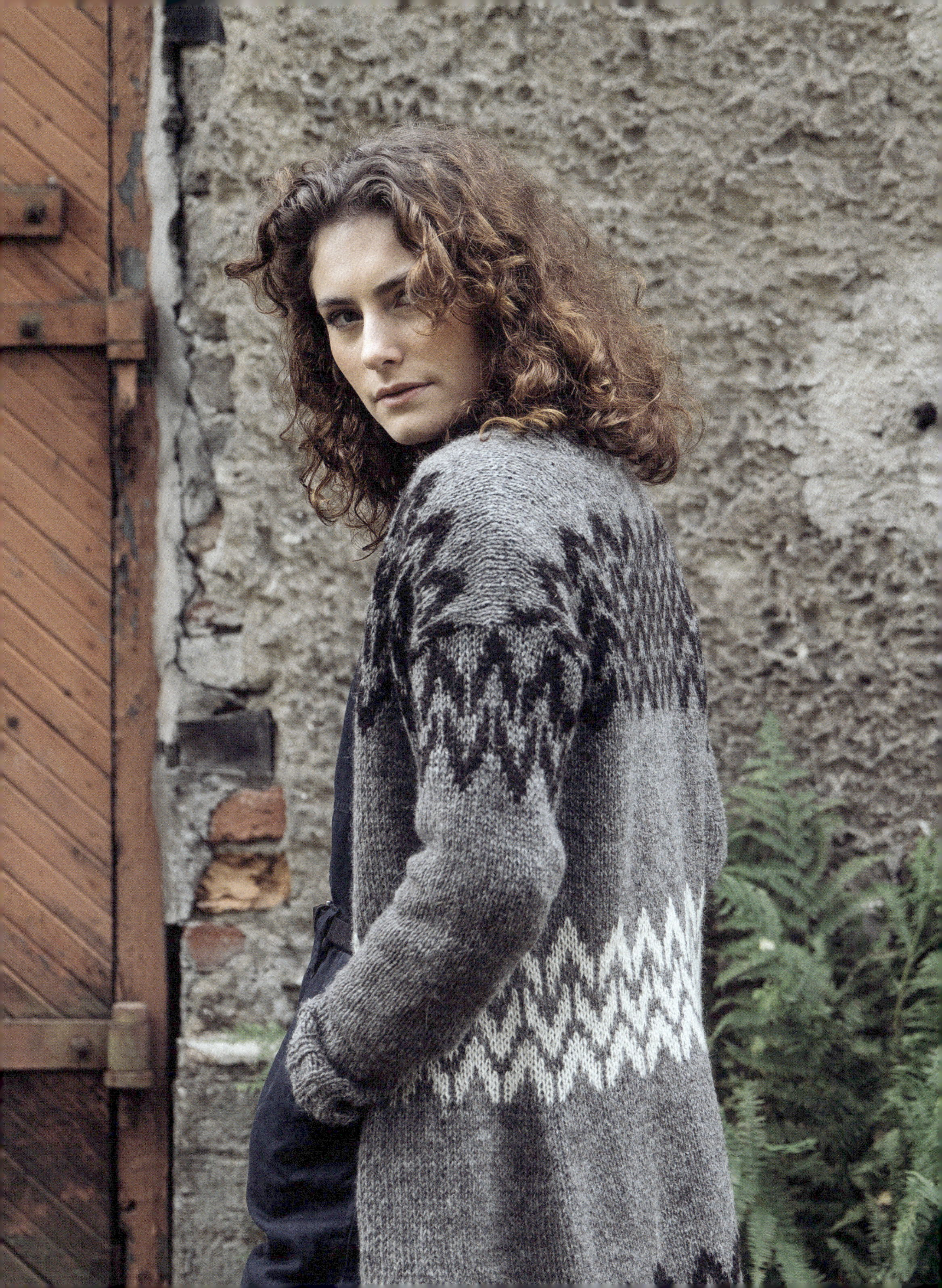

2

REED

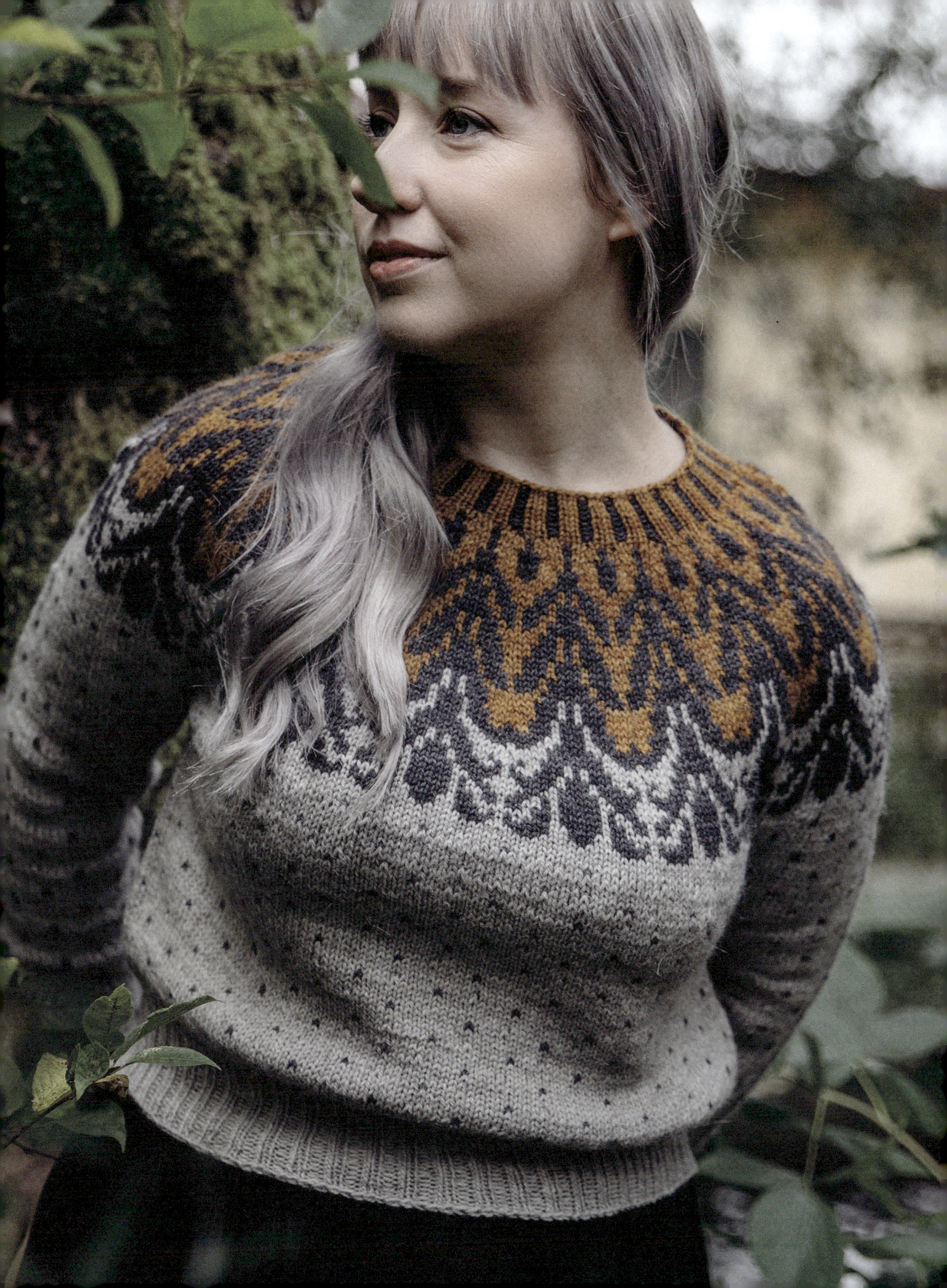

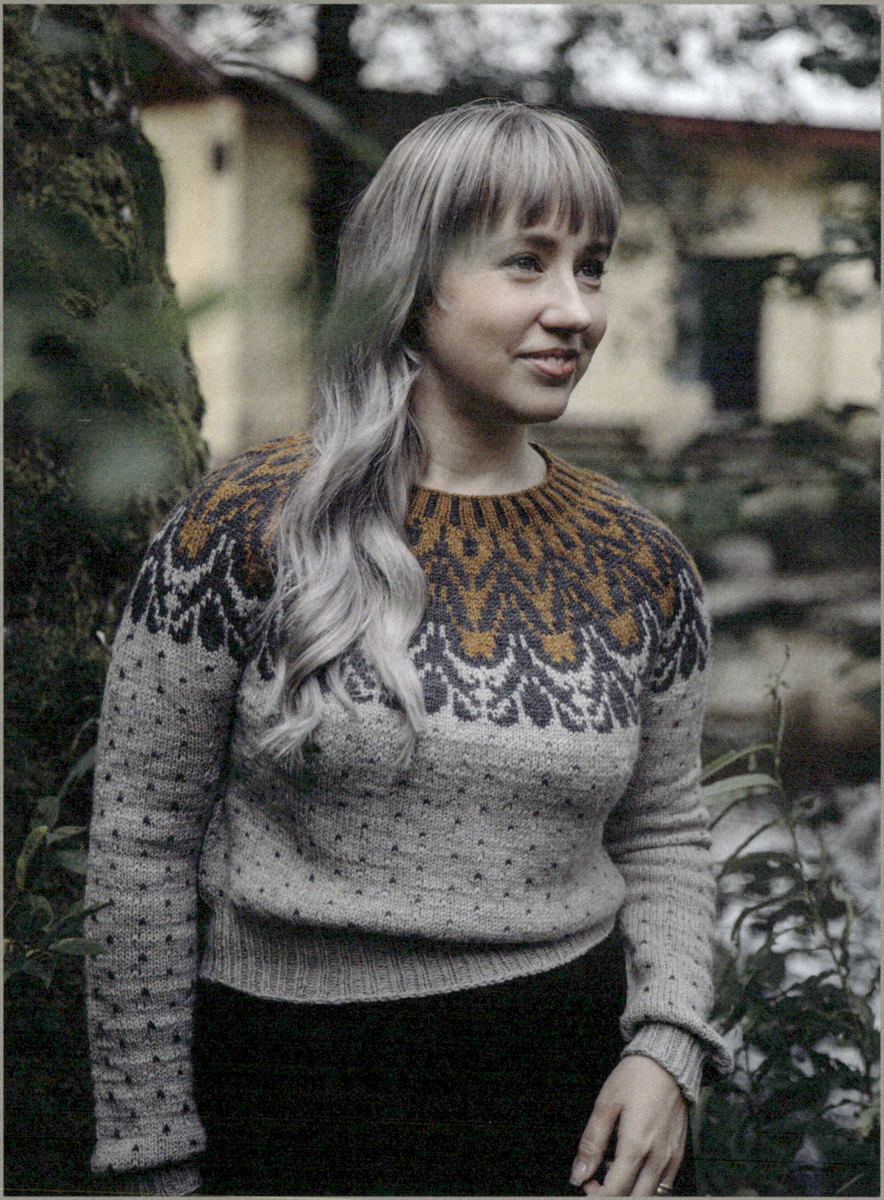

Der Pullover Reed wird nahtlos von oben nach unten gestrickt. An das reizvolle Passenmuster schließt sich unten ein schlichtes Tupfenmuster in Jacquardtechnik an. Das Modell ist modisch kurz und hat lange Ärmel.

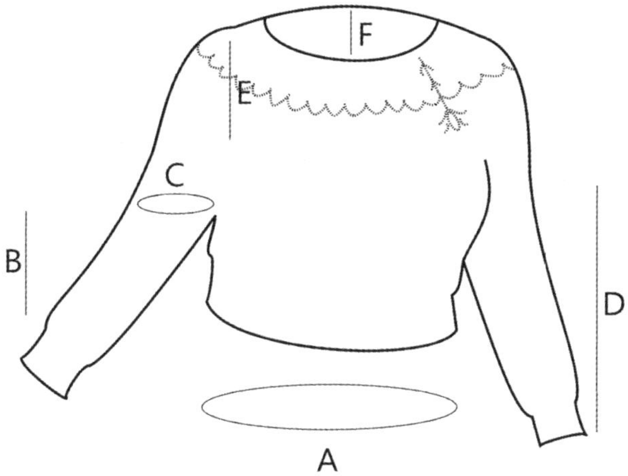

Größe
XXS / XS / S / M1 / M2 / L1 / L2 / XL / 2XL / 3XL / 4XL / 5XL
Die Angaben für die verschiedenen Größen sind durch Schrägstriche voneinander getrennt. Steht nur eine Angabe, gilt diese für alle Größen.
Dieser Pullover soll bequem sitzen. Wählen Sie die Größe, deren Oberweite etwa 12 cm größer ist als Ihr Brustumfang.

Garn
Manos del Uruguay Alpaca Heather (70 % Wolle, 30 % Alpaka; LL 300 m/100 g):
Fb A: Grey (H703), 3 / 3 / 3 / 3 / 3 / 3 / 3 / 4 / 4 / 4 / 5 / 5 Stränge à 100 g;
Manos del Uruguay Alpaca Heather (70 % Wolle, 30 % Alpaka; LL 150 m/50 g):
Fb B: Honeycomb (H2222), 1 / 1 / 1 / 1 / 1 / 1 / 1 / 1 / 2 / 2 / 2 / 2 Stränge à 50 g;
Fb C: Kohl (H2540), 2 / 2 / 2 / 2 / 2 / 2 / 2 / 3 / 3 / 3 / 4 / 4 Stränge à 50 g

Materialverbrauch
Fb A: 660 / 715 / 750 / 765 / 825 / 860 / 900 / 990 / 1105 / 1150 / 1275 / 1375 m
Fb B: 105 / 115 / 120 / 120 / 130 / 130 / 135 / 140 / 190 / 190 / 205 / 215 m
Fb C: 245 / 260 / 275 / 275 / 290 / 290 / 300 / 325 / 415 / 420 / 455 / 480 m

Stricknadeln
Rundstricknadeln 3,5 mm und 4,0 mm, 100 cm lang
Nadelspiel 3,5 mm und 4,0 mm (optional für die Ärmel)
Passen Sie die Nadelstärke gegebenenfalls an, um die korrekte Maschenprobe zu erzielen.

Maschenprobe
21 M x 28 Rd mit Nd 4,0 mm glatt rechts im Jacquardmuster = 10 cm x 10 cm (nach dem Spannen)

Zubehör
4 Maschenmarkierer
Wollnadel

Maße
A Oberweite: 90 / 94,5 / 98,5 / 103 / 107 / 115,5 / 120 / 133 / 141,5 / 150 / 158,5 / 171,5 cm
A Taillenweite: 60 / 63 / 67 / 73 / 77 / 81,5 / 87 / 97 / 110 / 120 / 130 / 138,5 cm
B Rumpflänge ab Armausschnitt: 28 / 28 / 27,5 / 27,5 / 27 / 26,5 / 25,5 / 25,5 / 25,5 / 25,5 / 25,5 / 25,5 cm
C Oberarmumfang: 28,5 / 29,5 / 30,5 / 31,5 / 34,5 / 35 / 37 / 39 / 43 / 45 / 50,5 / 53,5 cm
D Ärmellänge: 44,5 / 45,5 / 45,5 / 45,5 / 46,5 / 46,5 / 47,5 / 47,5 / 47,5 / 47,5 / 47,5 / 47,5 cm
E Armausschnitthöhe: 18,5 / 19,5 / 20 / 20 / 20,5 / 21,5 / 22 / 23,5 / 25 / 25,5 / 26,5 / 28 cm
F Halsausschnitttiefe: 5 cm

ANLEITUNG

Mit Nd 4,0 mm und Fb B 96 / 96 / 102 / 102 / 99 / 99 / 102 / 108 / 108 / 108 / 108 / 108 M anschl. Die Arbeit zur Rd schließen und den Rd-Beginn mit 1 MM kennzeichnen.

Nächste Rd (Vorderseite): * 1 M links in Fb C, 2 M rechts in Fb B *; von * bis * stets wdh bis Rd-Ende.

Weitere 3 / 5 / 7 / 7 / 8 / 8 / 8 / 8 / 8 / 8 / 8 / 8 Rd im so eingeteilten zweifarbigen Rippenmuster str.

Nächste Rd (Fb B): Rechte M str.

Nächste Rd (nur für Größe XXS / M2 / L1 / L2 / XL / 2XL / 3XL / 4XL / 5XL): * 4 / – / – / – / 11 / 11 / 8 / 9 / 4 / 4 / 3 / 2 M rechts, 1 M links tiefgestochen zunehmen, 4 / – / – / – / 11 / 11 / 9 / 9 / 5 / 5 / 3 / 3 M rechts, 1 M links tiefgestochen zunehmen *; von * bis * stets wdh bis zu den letzten 0 / – / – / – / 0 / 0 / 0 / 0 / 0 / 0 / 0 / 3 M, rechte M str bis Rd-Ende (= 120 / – / – / – / 108 / 108 / 114 / 120 / 132 / 132 / 144 / 150 M).

Nächste Rd (Fb B): Rechte M str.

PASSE

Glatt rechts in Jacquardtechnik nach dem Zählmuster für die Passe für die gewählte Größe weiterstr, dabei den Rapport des Zählmusters 15 / 16 / 17 / 17 / 18 / 18 / 19 / 20 / 22 / 22 / 24 / 25x innerhalb der Rd arb (= 270 / 288 / 306 / 306 / 324 / 324 / 342 / 360 / 396 / 396 / 432 / 450 M).

Nach der letzten Rd des Passenmusters den Faden in Fb B abschneiden, MM platzieren und die Arbeit mit verkürzten R formen wie folgt. Die 1. verkürzte R wird bis in die Ärmel, die letzte bis ins Vorderteil gearbeitet.

Einteilungs-Rd (von der rechten Seite der Arbeit aus; Fb A): 43 / 45 / 48 / 49 / 51 / 52 / 55 / 59 / 64 / 65 / 69 / 74 M rechts (für das Rückenteil), MM platzieren, 50 / 54 / 57 / 55 / 60 / 58 / 61 / 62 / 70 / 68 / 78 / 78 M rechts (für den rechten Ärmel), MM platzieren, 85 / 90 / 96 / 98 / 102 / 104 / 110 / 118 / 128 / 130 / 138 / 147 M rechts (für das Vorderteil), MM platzieren, 50 / 54 / 57 / 55 / 60 / 58 / 61 / 62 / 70 / 68 / 78 / 78 M rechts (für den linken Ärmel), MM platzieren, rechte M str bis Rd-Ende, MM entfernen, rechte M str bis zum nächsten MM. Der Rd-Beginn liegt nun zwischen dem Rückenteil und dem rechten Ärmel.

1. R (Hinr): Rechte M str bis 10 M vor MM; w&w.

2. R (Rückr): * Linke M str bis MM, MM abheben *; von * bis * noch 1x wdh, linke M str bis 10 M vor MM; w&w.

3. R: Rechte M str bis zur umwickelten M, dabei die MM abheben, die umwickelte M mit dem Wickelfaden rechts zusammenstr, 4 M rechts; w&w.

4. R: Linke M str bis zur umwickelten M, dabei die MM abheben, die umwickelte M mit dem Wickelfaden links zusammenstr, 4 M links; w&w.

Die 3. und 4. R noch 2x wdh.

9. R: Rechte M str bis zur umwickelten M, dabei die MM abheben, die umwickelte M mit dem Wickelfaden rechts zusammenstr, 8 M rechts; w&w.

10. R: Linke M str bis zur umwickelten M, dabei die MM abheben, die umwickelte M mit dem Wickelfaden links zusammenstr, 8 M links; w&w.

Die 9. und 10. R noch 1x wdh.

Nächste Rd (Vorderseite): * Rechte M str bis zur umwickelten M, dabei die MM abheben, die umwickelte M mit dem Wickelfaden rechts zusammenstr *; von * bis * noch 1x wdh, rechte M str bis Rd-Ende.

Glatt rechts in Rd weiterstr bis zu einer Vorderteilhöhe von 18,5 / 19,5 / 20 / 20 / 20,5 / 21,5 / 22 / 23,5 / 25 / 25,5 / 26,5 / 28 cm (von der Oberkante der Halsausschnittblende gemessen).

RUMPF

Einteilungs-Rd (Vorderseite): MM entfernen, die nächsten 50 / 54 / 57 / 55 / 60 / 58 / 61 / 62 / 70 / 68 / 78 / 78 M auf einem Maschenraffer stilllegen, 4 / 5 / 3 / 5 / 5 / 9 / 8 / 11 / 10 / 14 / 14 / 16 M durch Aufschlingen neu anschl, MM platzieren, 5 / 4 / 4 / 5 / 5 / 9 / 8 / 11 / 11 / 14 / 15 / 16 M durch Aufschlingen neu anschl, MM entfernen, rechte M str bis MM, MM entfernen, die nächsten 50 / 54 / 57 / 55 / 60 / 58 / 61 / 62 / 70 / 68 / 78 / 78 M auf einem Maschenraffer stilllegen, 5 / 5 / 4 / 5 / 6 / 9 / 8 / 11 / 10 / 14 / 14 / 17 M durch Aufschlingen neu anschl, MM platzieren, 5 / 4 / 4 / 5 / 5 / 8 / 8 / 10 / 10 / 13 / 14 / 17 M durch Aufschlingen neu anschl, MM entfernen, rechte M str bis MM. Der Rd-Beginn liegt nun in der Mitte der Unterkante des rechten Armausschnitts.

Nun liegen insgesamt 189 / 198 / 207 / 216 / 225 / 243 / 252 / 279 / 297 / 315 / 333 / 360 M auf der Nd: 95 / 99 / 104 / 108 / 113 / 122 / 126 / 140 / 149 / 158 / 167 / 180 M für das Vorderteil und 94 / 99 / 103 / 108 / 112 / 121 / 126 / 139 / 148 / 157 / 166 / 180 M für das Rückenteil.

Wenn Sie möchten, können Sie an dieser Stelle Brustabnäher str. Die Abnäher an der Stelle Ihres größten Brustumfangs entsprechend der Körbchengröße arb. Achtung: Wenn Ihr größter Brustumfang noch nicht an dieser Stelle liegt, den Rumpf weiterstr und die Abnäher später arb. Hinweise zum Tupfenmuster siehe Ende dieser Anleitung. Es empfiehlt sich, den Faden in Fb C nach jeder Abnäher-R abzuschneiden und ihn nicht in Rückr auf der linken Seite der Arbeit mitzuführen. Wenn Sie keine Abnäher str wollen, gleich mit „Nach den Brustabnähern“ weiterarb.

Brustabnäher C/D

1. R (Hinr): 12 / 12 / 13 / 14 / 14 / 16 / 16 / 18 / 19 / 20 / 21 / 23 M rechts in Fb A, im Tupfenmuster weiterstr bis 12 / 12 / 13 / 14 / 14 / 16 / 16 / 18 / 19 / 20 / 21 / 23 M vor dem MM an der linken Seite; w&w.

2. R (Rückr): Im Tupfenmuster str bis 12 / 12 / 13 / 14 / 14 / 16 / 16 / 18 / 19 / 20 / 21 / 23 M vor dem MM an der rechten Seite; w&w.
3. R: Im Tupfenmuster str bis 6 / 6 / 6 / 6 / 7 / 8 / 8 / 8 / 9 / 10 / 10 / 11 M vor der letzten umwickelten M; w&w.
4. R: Im Tupfenmuster str bis 6 / 6 / 6 / 6 / 7 / 8 / 8 / 8 / 9 / 10 / 10 / 11 M vor der letzten umwickelten M; w&w.
Die 3. und 4. R noch 1x wdh.
7. R (Hinr): * Im Tupfenmuster str bis zur umwickelten M, diese M mit dem Wickelfaden rechts zusammenstr *; von * bis * noch 2x wdh, im Tupfenmuster weiterstr bis Rd-Ende und in Rd über alle M weiterstr.
8. Rd: Im Tupfenmuster str bis Rd-Ende, dabei die letzten umwickelten M mit ihren Wickelfäden rechts zusammenstr.

Brustabnäher E/F
1. R (Hinr): 12 / 12 / 13 / 14 / 14 / 16 / 16 / 18 / 19 / 20 / 21 / 23 M rechts in Fb A, im Tupfenmuster str bis 12 / 12 / 13 / 14 / 14 / 16 / 16 / 18 / 19 / 20 / 21 / 23 M vor dem MM an der linken Seite; w&w.
2. R (Rückr): Im Tupfenmuster str bis 12 / 12 / 13 / 14 / 14 / 16 / 16 / 18 / 19 / 20 / 21 / 23 M vor dem MM an der rechten Seite; w&w.
3. R: Im Tupfenmuster str bis 2 / 2 / 2 / 2 / 2 / 2 / 3 / 3 / 3 / 3 / 4 / 4 M vor der letzten umwickelten M; w&w.
4. R: Im Tupfenmuster str bis 2 / 2 / 2 / 2 / 2 / 2 / 3 / 3 / 3 / 3 / 4 / 4 M vor der letzten umwickelten M; w&w.
Die 3. und 4. R noch 5x wdh.
15. R (Hinr): * Im Tupfenmuster str bis zur umwickelten M, die umwickelte M mit dem Wickelfaden rechts zusammenstr *; von * bis * noch 6x wdh, im Tupfenmuster weiterstr bis Rd-Ende und in Rd über alle M weiterstr.
16. Rd: Im Tupfenmuster str bis Rd-Ende, dabei die letzten umwickelten M mit ihren Wickelfäden rechts zusammenstr.

Brustabnäher G/H
1. R (Hinr): 12 / 12 / 13 / 14 / 14 / 16 / 16 / 18 / 19 / 20 / 21 / 23 M rechts in Fb A, im Tupfenmuster str bis 12 / 12 / 13 / 14 / 14 / 16 / 16 / 18 / 19 / 20 / 21 / 23 M vor dem MM an der linken Seite; w&w.
2. R (Rückr): Im Tupfenmuster str bis 12 / 12 / 13 / 14 / 14 / 16 / 16 / 18 / 19 / 20 / 21 / 23 M vor dem MM an der rechten Seite; w&w.
3. R: Im Tupfenmuster str bis 1 / 1 / 1 / 1 / 1 / 2 / 2 / 2 / 2 / 2 / 2 / 2 M vor der letzten umwickelten M; w&w.
4. R: Im Tupfenmuster str bis 1 / 1 / 1 / 1 / 1 / 2 / 2 / 2 / 2 / 2 / 2 / 2 M vor der letzten umwickelten M; w&w.
Die 3. und 4. R noch 9x wdh.
23. R (Hinr): * Im Tupfenmuster str bis zur umwickelten M, die umwickelte M mit dem Wickelfaden rechts zusammenstr *; von * bis * noch 10x wdh, im Tupfenmuster weiterstr bis Rd-Ende und in Rd über alle M weiterstr.
24. Rd: Im Tupfenmuster str bis Rd-Ende, dabei die letzten umwickelten M mit ihren Wickelfäden rechts zusammenstr.

Nach den Brustabnähern
Im Tupfenmuster weiterstr bis zu einer Rumpfhöhe von 20,5 / 20,5 / 20 / 20 / 19,5 / 19 / 18 / 18 / 18 / 18 / 18 / 18 cm ab der Unterkante des Armausschnitts oder bis der Rumpf 7,5 cm kürzer ist als die gewünschte Gesamthöhe. Nicht mit einer 1. oder 5. Rd des Rupfenmusters enden. Den Faden in Fb C abschneiden.
Nächste Rd (von der rechten Seite der Arbeit aus; Fb A): 7 / 0 / 3 / 8 / 1 / 7 / 4 / 4 / 1 / 8 / 2 / 6 M rechts, * 2 M rechts zusammenstr, 1 / 1 / 1 / 1 / 2 / 1 / 2 / 2 / 3 / 3 / 4 / 3 M rechts, 2 M rechts zusammenstr, 0 / 1 / 1 / 1 / 1 / 1 / 1 / 1 / 2 / 2 / 3 / 3 M rechts *; von * bis * stets wdh bis 8 / 3 / 5 / 10 / 0 / 7 / 3 / 3 / 4 / 6 / 0 / 4 M vor dem MM, 0 / 1 / 1 / 1 / 0 / 0 / 0 / 0 / 1 / 0 / 0 / 0 x 2 M rechts zusammenstr, rechte M str bis MM, MM entfernen, 1 / 0 / 2 / 6 / 2 / 7 / 2 / 5 / 9 / 2 / 1 / 4 M rechts, ** 2 M rechts zusammenstr, 1 / 1 / 1 / 1 / 2 / 1 / 2 / 2 / 2 / 3 / 4 / 3 M rechts, 2 M rechts zusammenstr, 1 / 1 / 1 / 1 / 1 / 1 / 1 / 1 / 2 / 3 / 3 / 3 M rechts **; von ** bis ** stets wdh bis 3 / 3 / 5 / 6 / 5 / 6 / 5 / 8 / 11 / 5 / 0 / 6 M vor dem MM, 1 / 1 / 1 / 0 / 1 / 0 / 1 / 1 / 1 / 1 / 0 / 1 x 2 M rechts zusammenstr, rechte M str bis Rd-Ende (= 126 / 132 / 141 / 153 / 162 / 171 / 183 / 204 / 231 / 252 / 273 / 291 M).
Zur Rundstricknd 3,5 mm wechseln.
Nächste Rd: * 1 M links, 1 M rechts verschränkt, 1 M rechts *; von * bis * stets wdh bis Rd-Ende.
Weitere 19 Rd im so eingeteilten Rippenmuster str. Alle M im Rippenmuster abk.
Nach Belieben die fehlenden Tupfen des Tupfenmusters im Maschenstich auf die verkürzten R des Rückenteils sticken.

ÄRMEL
Die M für einen Ärmel auf das Ndspiel 4,0 mm nehmen.
Einteilungs-Rd (Vorderseite): In der Mitte des Stegs unter der Achsel beginnend mit dem Faden in Fb A 5 / 4 / 4 / 6 / 6 / 8 / 8 / 10 / 10 / 13 / 14 / 17 M aus dem Armausschnitt rechts herausstr, die Ärmel-M rechts str, 5 / 4 / 3 / 5 / 6 / 8 / 9 / 10 / 10 / 13 / 14 / 17 M aus dem Armausschnitt rechts herausstr, MM platzieren und die Arbeit zu Rd schließen (= 60 / 62 / 64 / 66 / 72 / 74 / 78 / 82 / 90 / 94 / 106 / 112 M).
Den Faden in Fb C dazunehmen und glatt rechts in Jacquardtechnik 12 / 11 / 9 / 13 / 8 / 7 / 6 / 5 / 5 / 4 / 3 / 2 Rd des Tupfenmusters nach dem Zählmuster str.
Abnahme-Rd: 1 M rechts, 2 M rechts zusammenstr, im Tupfenmuster str bis zu den letzten 3 M, 2 M rechts abgehoben zusammenstr, 1 M rechts (= 2 M abgenommen).

Zählmuster für die Passe (Größe XXS–XL)

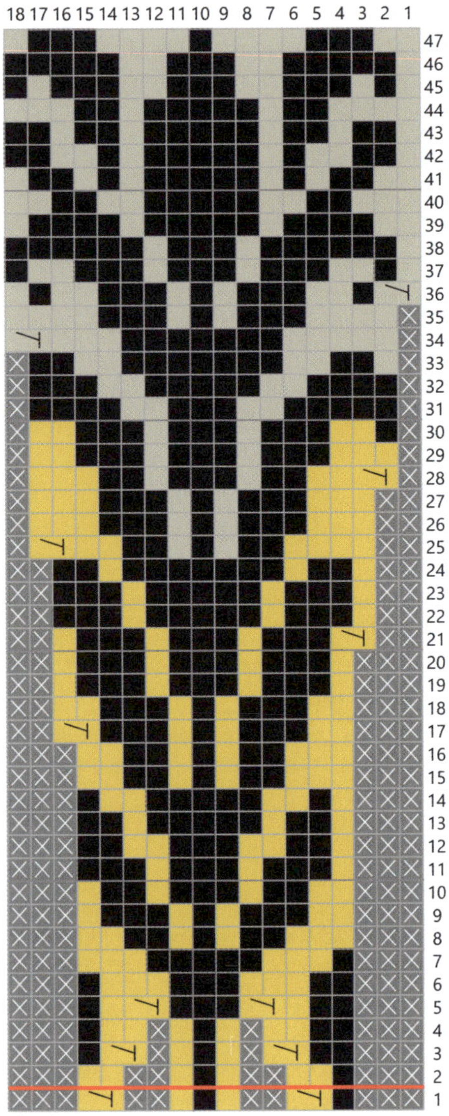

Zählmuster für die Passe (Größe 2XL–5XL)

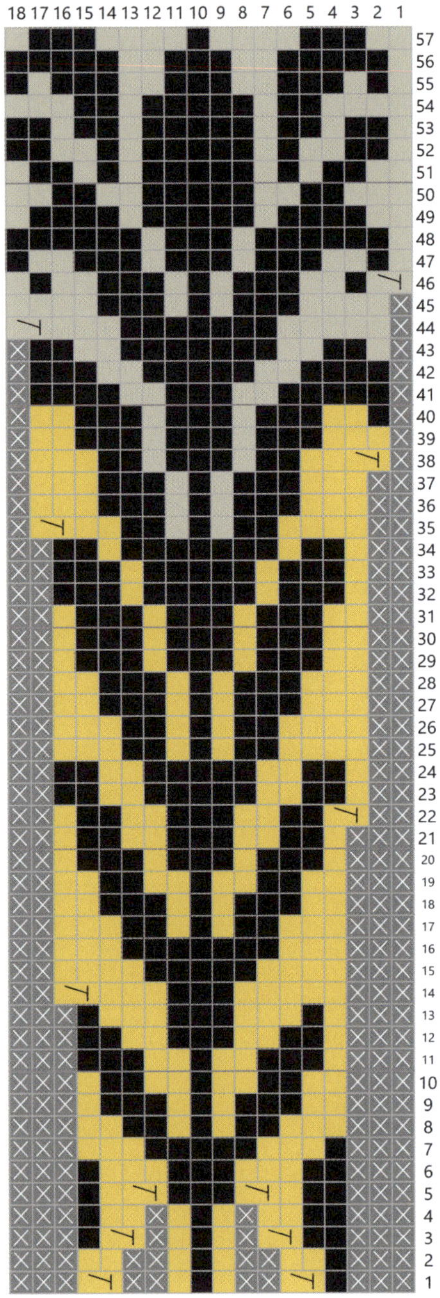

Zählmuster für das Tupfenmuster

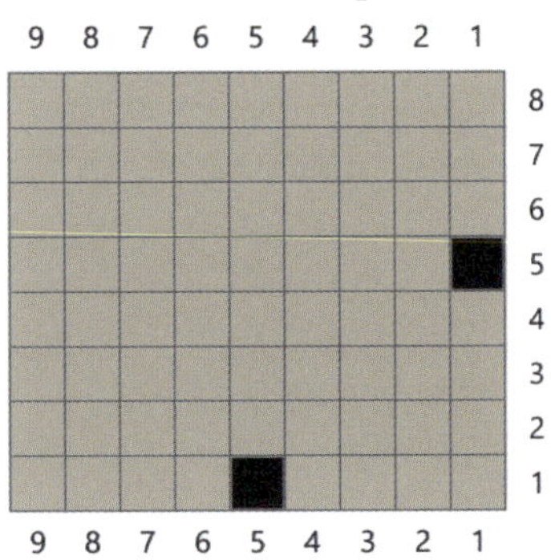

- 1 M rechts, 1 M links tiefgestochen zunehmen
- Fb A
- Fb B
- Fb C
- Für Größe XXS mit der 2. Rd beginnen, für alle anderen Größen mit der 1. Rd beginnen
- keine M

Im Tupfenmuster weiterstr und dabei die Abnahme-Rd noch 5 / 6 / 7 / 5 / 8 / 9 / 11 / 13 / 14 / 16 / 19 / 22x in jeder 13. / 12. / 10. / 14. / 9. / 8. / 7. / 6. / 6. / 5. / 4. / 3. Rd wdh (= 48 / 48 / 48 / 54 / 54 / 54 / 54 / 54 / 60 / 60 / 66 / 66 M).
Im Tupfenmuster ohne weitere Abnahmen weiterstr bis zu einer Ärmellänge von 39 / 40 / 40 / 40 / 41 / 41 / 42 / 42 / 42 / 42 / 42 / 42 cm ab der Unterkante des Armausschnitts oder bis der Ärmel 5,5 cm kürzer ist als die gewünschte Gesamtlänge. Mit einer 3., 4., 7. oder 8. Rd des Tupfenmusters enden. Den Faden in Fb C abschneiden.
Abnahme-Rd (Fb A): * 2 / 2 / 2 / 2 / 2 / 2 / 2 / 2 / 3 / 3 / 3 / 3 M rechts, 2 M rechts zusammenstr, 2/ 2 / 2 / 3 / 3 / 3 / 3 / 3 / 3 / 3 / 4 / 4 M rechts, 2 M rechts zusammenstr *; von * bis * stets wdh bis Rd-Ende (= 36 / 36 / 36 / 42 / 42 / 42 / 42 / 42 / 48 / 48 / 54 / 54 M).
Zum Ndspiel 3,5 mm wechseln.
Nächste Rd: * 1 M links, 1 M rechts verschränkt, 1 M rechts *; von * bis * stets wdh bis Rd-Ende.

Weitere 15 Rd im so eingeteilten Rippenmuster str. Alle M im Rippenmuster abk.
Den 2. Ärmel genauso arb.

MUSTER FÜR DEN RUMPF
Die Tupfen des Tupfenmusters werden in jeder 4. Rd eingestrickt, aber die Platzierung der M in Fb C wechselt. Diese kontrastfarbene M wird in jeder Muster-Rd genau in der Mitte zwischen 2 kontrastfarbenen M der vorhergehenden Muster-Rd gearbeitet.
Weil durch die Abnahmen für die Ärmelschrägen die M-Zahl variiert, beginnt der Musterrapport nicht immer mit der 1. M des Zählmusters.

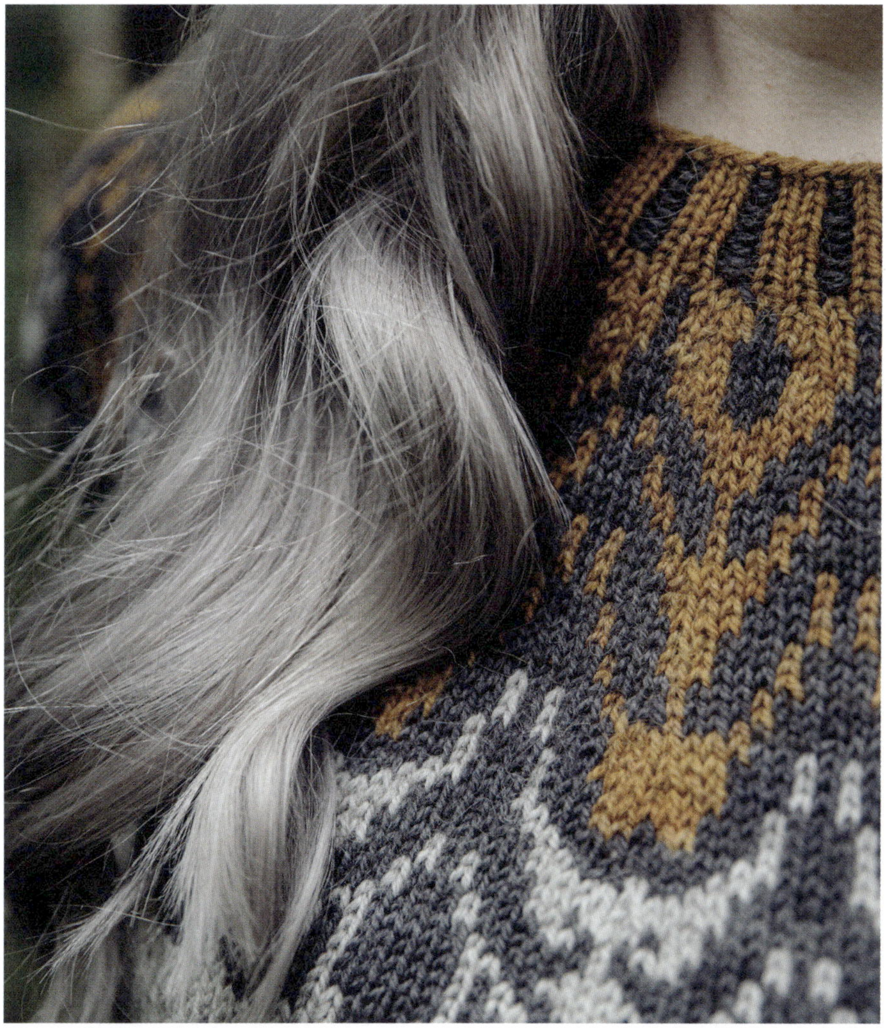

3 JOJO

Jojo ist ein klassischer Cardigan, der von oben nach unten in Hin- und Rückreihen gearbeitet wird. Er hat Raglanärmel, einen V-Ausschnitt und ein farbiges Einstrickmuster auf Rumpf und Ärmeln. Die Front- und Halsausschnittblende mit den Knopflöchern wird nachträglich angestrickt.

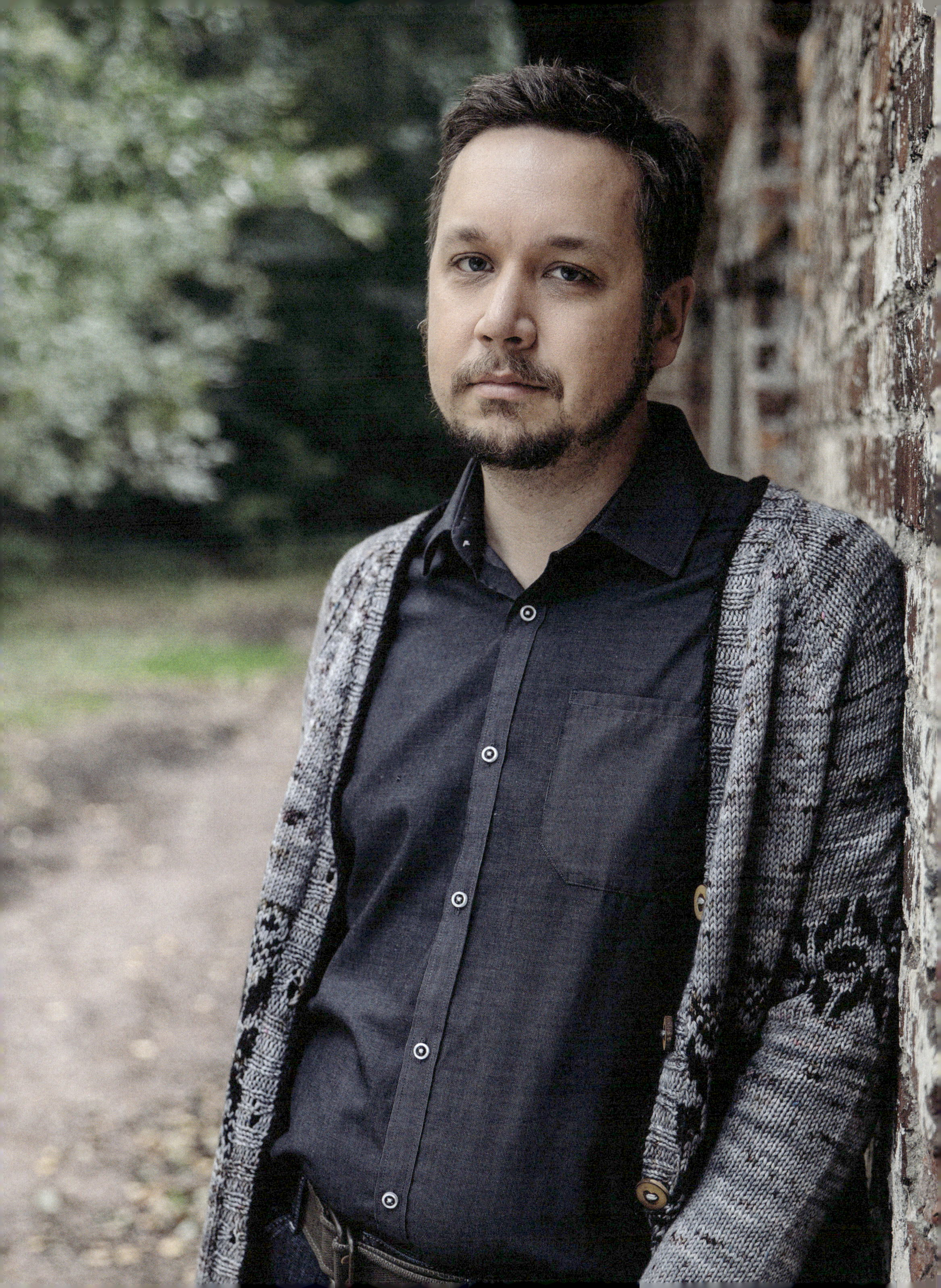

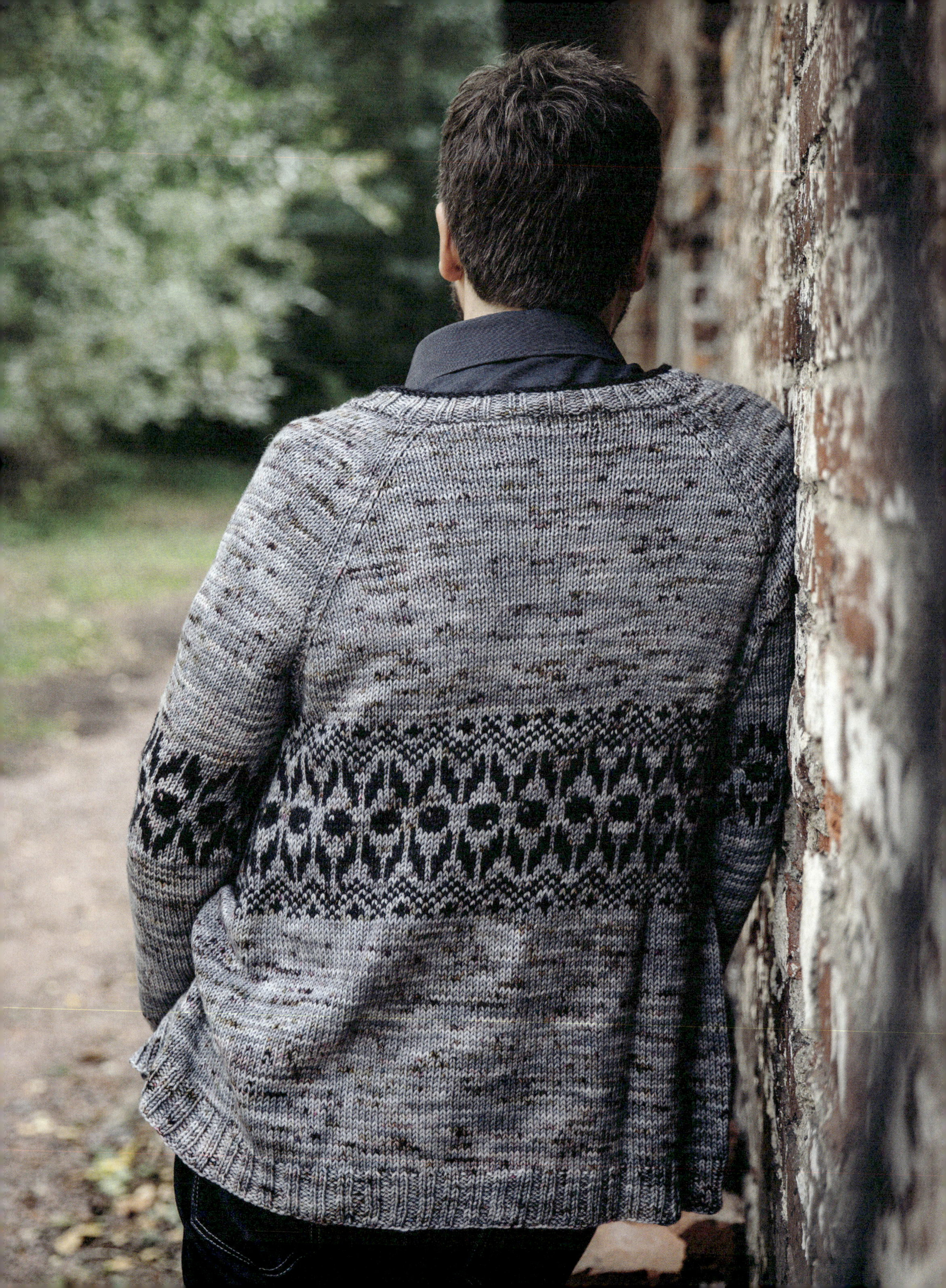

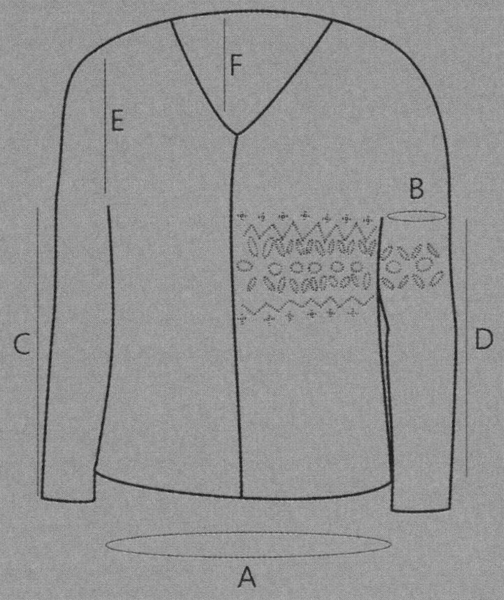

Größe
XXS / XS / S / M1 / M2 / L1 / L2 / XL / 2XL / 3XL / 4XL / 5XL
Die Angaben für die verschiedenen Größen sind durch Schrägstriche voneinander getrennt. Steht nur eine Angabe, gilt diese für alle Größen.
Dieser Cardigan soll locker sitzen. Wählen Sie die Größe, deren Oberweite etwa 5 cm größer ist als der tatsächliche Brustumfang.

Garn
Hedgehog Fibres Merino DK (100 % Superwash-Merinowolle; LL 200 m/115 g):
Fb A: Construct, 5 / 5 / 5 / 5 / 6 / 6 / 6 / 6 / 7 / 7 / 8 / 8 Stränge;
Fb B: Graphite, 1 Strang

Materialverbrauch
Fb A: 830 / 855 / 925 / 960 / 1050 / 1095 / 1135 / 1180 / 1300 / 1395 / 1480 / 1565 m.
Fb B: 135 / 140 / 145 / 150 / 150 / 155 / 160 / 165 / 170 / 180 / 190 / 200 m.

Stricknadeln
Rundstricknadel 4,0 mm, 100 cm lang
Nadelspiel 4,0 mm (optional für die Ärmel)
Passen Sie die Nadelstärke gegebenenfalls an, um die korrekte Maschenprobe zu erzielen.

Maschenprobe
19 M und 25 R in Hin- und Rückr glatt rechts = 10 cm x 10 cm (nach dem Spannen)
19 M und 22 R in Hin- und Rückr glatt rechts in Jacquardtechnik = 10 cm x 10 cm (nach dem Spannen)

Zubehör
4 Maschenmarkierer
Wollnadel
6 Knöpfe, ø 2 cm

Maße
A Oberweite: 92,5 / 97 / 101 / 105,5 / 113,5 / 118 / 122 / 126,5 / 139 / 147,5 / 156 / 164 cm
B Oberarmumfang: 32,5 / 32,5 / 36 / 36 / 40 / 40 / 42 / 42 / 44 / 47,5 / 49,5 / 50,5 cm
C Ärmellänge: 46 / 46 / 47,5 / 47,5 / 50 / 50 / 51,5 / 51,5 / 52 / 52 / 52 / 52 cm
D Rumpflänge ab Armausschnitt: 45 cm
E Armausschnitthöhe: 24 / 25,5 / 25,5 / 26,5 / 26,5 / 28 / 28 / 29 / 30,5 / 32 / 33 / 34,5 cm
F Halsausschnitttiefe: 20 cm

ANLEITUNG

Mit Nd 4,0 mm und Fb A 78 / 74 / 74 / 72 / 72 / 70 / 72 / 68 / 66 / 66 / 66 / 66 M anschl.

Einteilungs-R (Rückr): 2 M links, 1 M rechts, MM platzieren (rechtes Vorderteil), 1 M rechts, 22 / 18 / 18 / 16 / 16 / 14 / 16 / 12 / 8 / 8 / 6 / 4 M links, 1 M rechts, MM platzieren (rechter Ärmel), 1 M rechts, 22 / 26 / 26 / 28 / 28 / 30 / 28 / 32 / 38 / 38 / 42 / 46 M links, 1 M rechts, MM platzieren (Rückenteil), 1 M rechts, 22 / 18 / 18 / 16 / 16 / 14 / 16 / 12 / 8 / 8 / 6 / 4 M links, 1 M rechts, MM platzieren (linker Ärmel), 1 M rechts, 2 M links (linkes Vorderteil).

RAGLAN-ZUNAHMEN UND HALSAUSSCHNITT

Nun die Raglan-Zunahmen für Rumpf und Ärmel arb und gleichzeitig am R-Beginn und R-Ende M für den Halsausschnitt zunehmen, wie im Anschluss an die Angaben für die Raglanschrägen beschrieben.

1. Gruppe von Raglan-Zunahmen

1. R (Hinr; Zunahmen für Rumpf und Ärmel): * Rechte M str bis 2 M vor dem MM, 1 MR zunehmen, 2 M rechts, MM abheben, 2 M rechts, 1 ML zunehmen *; von * bis * noch 3x wdh, rechte M str bis R-Ende.
2. R (Rückr): * Linke M str bis 1 M vor MM, 1 M rechts, MM abheben, 1 M rechts *; von * bis * noch 3x wdh, linke M str bis R-Ende.
Die 1. und 2. R noch 3 / 1 / 7 / 8 / 12 / 12 / 10 / 15 / 19 / 19 / 22 / 24x wdh, dabei gleichzeitig die Zunahmen für den Halsausschnitt arb. Nun liegen für jeden Ärmel 32 / 24 / 36 / 36 / 44 / 42 / 40 / 46 / 50 / 50 / 54 / 56 M, für das Rückenteil 32 / 32 / 44 / 48 / 56 / 58 / 52 / 66 / 80 / 80 / 90 / 98 M und für jedes der beiden Vorderteile 8 / 5 / 13 / 16 / 22 / 22 / 19 / 27 / 35 / 35 / 43 / 49 M auf der Nd.

2. Gruppe von Raglan-Zunahmen

1. R (Hinr; Zunahmen für den Rumpf): * Rechte M str bis 2 M vor dem MM, 1 MR zunehmen, 2 M rechts, MM abheben, rechte M str bis MM, MM abheben, 2 M rechts, 1 ML zunehmen *; von * bis * noch 1x wdh, rechte M str bis R-Ende.
2. R (Rückr): * Linke M str bis 1 M vor dem MM, 1 M rechts, MM abheben, 1 M rechts *; von * bis * noch 3x wdh, linke M str bis R-Ende.
3. R (Zunahmen für Rumpf und Ärmel): * Rechte M str bis 2 M vor dem MM, 1 MR zunehmen, 2 M rechts, MM abheben, 2 M rechts, 1 ML zunehmen *; von * bis * noch 3x wdh, rechte M str bis R-Ende.
4. R: Wie die 2. R str.
Die 1.–4. R noch 12 / 10 / 9 / 9 / 9 / 9 / 11 / 9 / 8 / 9 / 8 / 8x wdh und dabei gleichzeitig die Zunahmen für den Halsausschnitt arb. Nun liegen für jeden Ärmel 58 / 46 / 56 / 56 / 64 / 62 / 64 / 66 / 68 / 70 / 72 / 74 M, für das Rückenteil 84 / 76 / 84 / 88 / 96 / 98 / 100 / 106 / 116 / 120 / 126 / 134 M und für jedes der beiden Vorderteile 42 / 36 / 42 / 44 / 48 / 49 / 50 / 53 / 58 / 60 / 63 / 67 M auf der Nd.

3. Gruppe von Raglan-Zunahmen (nur Größe XS / S / M1 / L1)

1. R (Hinr): Rechte M str bis R-Ende, dabei die MM abheben.
2. R (Rückr): * Linke M str bis 1 M vor dem MM, 1 M rechts, MM abheben, 1 M rechts *; von * bis * noch 3x wdh, linke M str bis R-Ende.
3. R (Zunahmen für Rumpf und Ärmel: * Rechte M str bis 2 M vor dem MM, 1 MR zunehmen, 2 M rechts, MM abheben, 2 M rechts, 1 ML zunehmen *; von * bis * noch 3x wdh, rechte M str bis R-Ende.
4. R: Wie die 2. R str.
Die 1.–4. R noch – / 3 / 1 / 1 / – / 0 / – / – / – / – / – / –x wdh, dabei gleichzeitig die Zunahmen für den Halsausschnitt arb. Nun liegen für jeden Ärmel – / 54 / 60 / 60 / – / 64 / – / – / – / – / – / – M, für das Rückenteil – / 84 / 88 / 92 / – / 100 / – / – / – / – / – / – M und für jedes der beiden Vorderteile – / 42 / 44 / 46 / – / 50 / – / – / – / – / – / – M auf der Nd.

ZUNAHMEN FÜR DEN HALSAUSSCHNITT

Mit den Zunahmen für den Halsausschnitt am Beginn und am Ende der 5. / 5. / 5. / 5. / 5. / 3. / 5. / 3. / 3. / 3. / 3. / 3. R beginnen, während gleichzeitig die Raglan-Zunahmen für Rumpf und Ärmel gearbeitet werden.

Zunahme-R für den Halsausschnitt (Hinr): 1 M rechts, 1 ML zunehmen, rechte M str bis zur letzten M, dabei die MM abheben und die Raglan-Zunahmen arb wie eingeteilt, 1 MR zunehmen, 1 M rechts.
Die Zunahmen für den Halsausschnitt noch 6 / 2 / 2 / 0 / 0 / 0 / 0 / 0 / 0 / 0 / 0 / 0x in jeder 6. R, dann 2 / 8 / 8 / 11 / 11 / 11 / 11 / 10 / 7 / 7 / 5 / 3x in jeder 4. R und schließlich 0 / 0 / 0 / 0 / 0 / 1 / 0 / 3 / 9 / 9 / 13 / 17x in jeder 2. R arb.
Wenn alle Zunahmen für den Halsausschnitt und die Raglanschrägen beendet sind, haben Sie insgesamt 284 / 276 / 296 / 304 / 320 / 328 / 328 / 344 / 368 / 380 / 396 / 416 M auf der Nd: 84 / 84 / 88 / 92 / 96 / 100 / 100 / 106 / 116 / 120 / 126 / 134 M für das Rückenteil, 42 / 42 / 44 / 46 / 48 / 50 / 50 / 53 / 58 / 60 / 63 / 67 M für jedes der beiden Vorderteile und 58 / 54 / 60 / 60 / 64 / 64 / 64 / 66 / 68 / 70 / 72 / 74 M für die Ärmel.

RUMPF

Einteilungs-R (Hinr): * Rechte M str bis MM, MM entfernen, die nächsten 58 / 54 / 60 / 60 / 64 / 64 / 64 / 66 / 68 / 70 / 72 / 74 M auf einem Maschenraffer stilllegen, 4 / 8 / 8 / 8 / 12 / 12 / 16 / 14 / 16 / 20 / 22 / 22 M durch Aufschlingen neu anschl, MM entfernen *; von * bis * noch 1x wdh, rechte M str bis R-Ende (= 176 / 184 / 192 / 200 / 216 / 224 / 232 / 240 / 264 / 280 / 296 / 312 M).

Einteilungs-R (Rückr): Linke M str bis R-Ende.

Den Faden in Fb B dazunehmen und glatt rechts in Jacquardtechnik nach dem Zählmuster für den Rumpf weiterstr, dabei den Musterrapport 11 / 11,5 / 12 / 12,5 / 13,5 / 14 / 14,5 / 15 / 16,5 / 17,5 / 18,5 / 19,5x in jeder R arb. Für Größen mit halben Rapporten endet der letzte Rapport nach der 8. M des Zählmusters.

Den Faden in Fb B abschneiden und glatt rechts weiterstr bis zu einer Rumpfhöhe von 40 cm ab Unterkante des Armausschnitts oder bis der Rumpf 5 cm kürzer ist als die gewünschte Gesamtlänge; mit einer Rückr enden.

Nächste R (Hinr): 1 M rechts, * 2 M links, 2 M rechts *; von * bis * stets wdh bis zu den letzten 3 M, 2 M links, 1 M rechts.

Nächste R (Rückr): 1 M links, * 2 M rechts, 2 M links *; von * bis * stets wdh bis zu den letzten 3 M, 2 M rechts, 1 M links.

Weitere 10 R im so eingeteilten Rippenmuster str. Alle M im Rippenmuster abk.

ÄRMEL

Die M für einen Ärmel wieder auf die Nd nehmen.

Einteilungs-Rd (Vorderseite): In der Mitte des Stegs unter der Achsel beginnend in Fb A 2 / 4 / 4 / 4 / 6 / 6 / 8 / 7 / 8 / 10 / 11 / 11 M aus der Kante rechts herausstr, die Ärmel-M rechts str, dann weitere 2 / 4 / 4 / 4 / 6 / 6 / 8 / 7 / 8 / 10 / 11 / 11 M aus der Kante unter der Achsel rechts herausstr, MM platzieren und die Arbeit zur Rd schließen (= 62 / 62 / 68 / 68 / 76 / 76 / 80 / 80 / 84 / 90 / 94 / 96 M).

Nur Größe XXS / XS / S / M1 / M2 / L1 / 2XL / 3XL / 4XL

8 / 8 / 6 / 6 / 5 / 5 / – / – / 5 / 4 / 4 / – Rd rechte M str.

Abnahme-Rd: 1 M rechts, 2 M rechts zusammenstr, rechte M str bis zu den letzten 3 M, 2 M rechts abgehoben zusammenstr, 1 M rechts (= 2 M abgenommen).

Glatt rechts weiterstr und die Abnahmen noch 2 / 2 / 1 / 1 / 1 / 1 / – / – / 1 / 0 / 2 / –x in jeder 9. / 9. / 7. / 7. / 6. / 6. / – / – / 6. / 5. / 5. / – Rd wdh (= 56 / 56 / 64 / 64 / 72 / 72 / – / – / 80 / 88 / 88 / – M).

Alle Größen

Den Faden in Fb B dazunehmen und glatt rechts in Jacquardtechnik nach dem Zählmuster für die Ärmel weiterstr, dabei den Musterrapport 3,5 / 3,5 / 4 / 4 / 4,5 / 4,5 / 5 / 5 / 5 / 5,5 / 5,5 / 6x in der Rd arb. Den Faden in Fb B abschneiden.

Abnahme-Rd (Fb A): 1 M rechts, 2 M rechts zusammenstr, rechte M str bis zu den letzten 3 M, 2 M rechts abgehoben zusammenstr, 1 M rechts (= 2 M abgenommen).

Glatt rechts weiterstr und dabei die Abnahmen noch 5 / 5 / 9 / 9 / 11 / 11 / 13 / 13 / 13 / 15 / 15 / 19x in jeder 9. / 9. / 7. / 7. / 6. / 6. / 6. / 6. / 6. / 5. / 5. / 4. Rd wdh (= 44 / 44 / 44 / 44 / 48 / 48 / 52 / 52 / 52 / 56 / 56 / 56 M).

Glatt rechts weiterstr bis zu einer Ärmellänge von 41 / 41 / 42,5 / 42,5 / 45 / 45 / 46,5 / 46,5 / 47 / 47 / 47 / 47 cm ab Unterkante des Armausschnitts oder bis der Ärmel 5 cm kürzer ist als die gewünschte Gesamtlänge.

Nächste Rd: * 2 M rechts, 2 M links *; von * bis * stets wdh bis Rd-Ende.

Weitere 11 Rd im so eingeteilten Rippenmuster str. Alle M im Rippenmuster abk.

Den 2. Ärmel genauso arb.

KNOPFBLENDE

Einteilungs-R (Hinr; Fb A): An der Unterkante des rechten Vorderteils beginnend und an der Unterkante des linken Vorderteils endend 308 / 308 / 308 / 312 / 312 / 312 / 316 / 312 / 316 / 324 / 324 / 332 M aus den Vorderkanten der Vorderteile und dem Halsausschnitt rechts herausstr (ca. 2 M aus 3 R der Vorderteile und 1 M aus 1 M der Ärmel und des hinteren Halsausschnitts).

1. R (Rückr): 1 M links, * 2 M rechts, 2 M links *; von * bis * stets wdh bis zu den letzten 3 M, 2 M rechts, 1 M links.

2. R: 1 M abheben, * 2 M links, 2 M rechts *; von * bis * stets wdh bis zu den letzten 3 M, 2 M links, 1 M rechts.

3. R: 1 M abheben, * 2 M rechts, 2 M links *; von * bis * stets wdh bis zu den letzten 3 M, 2 M rechts, 1 M links.

4. R (Knopfloch-R): 1 M abheben, 5 / 6 / 6 / 4 / 4 / 5 / 5 / 6 / 5 / 6 / 7 / 6 M im Rippenmuster str, 2 M abk, * 12 / 12 / 12 / 13 / 13 / 13 / 13 / 13 / 14 / 14 / 14 / 15 M im Rippenmuster str, 2 M abk *; von * bis * noch 4x wdh, im Rippenmuster str bis R-Ende.

5. R (Knopfloch-R): 1 M abheben, * im Rippenmuster str bis zur Lücke, 2 M durch Aufstricken neu anschl *; von * bis * noch 5x wdh, im Rippenmuster str bis R-Ende.

Die 2. und 3. R noch 3 / 3 / 3 / 3 / 3 / 3 / 3 / 3 / 4 / 4 / 5 / 5x wdh. Den Faden in Fb A abschneiden.

Abketten mit I-Cord (Hinr; Fb B): 3 M anschl, * 2 M rechts, 2 M rechts verschränkt zusammenstr, die 3 M zurück auf die linke Nd heben *; von * bis * stets wdh, bis alle Blenden-M abgekettet sind. Den Faden abschneiden; das Fadenende durch die verbleibenden 3 M führen und fest anziehen.

Zählmuster für die Taille

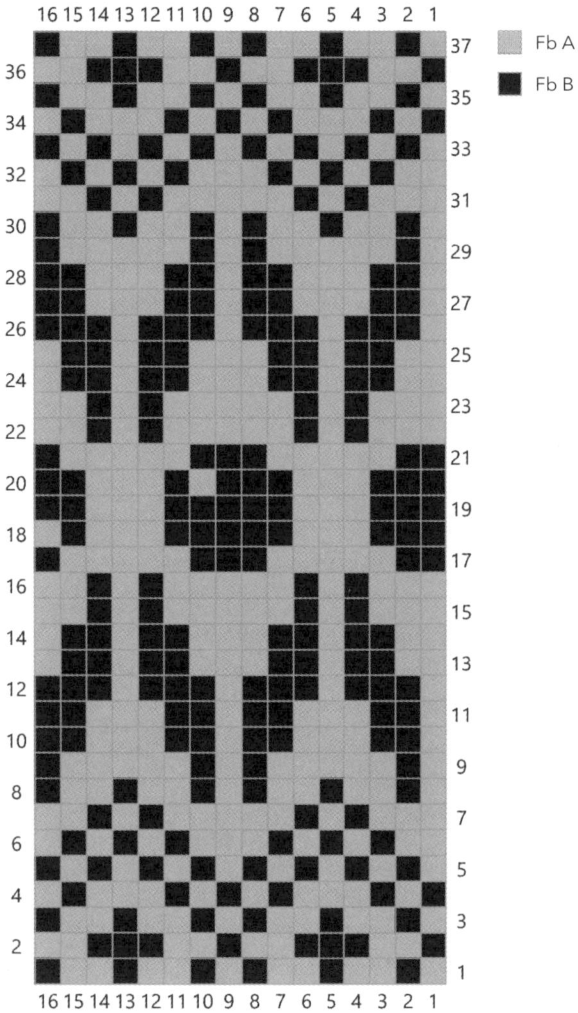

Zählmuster für die Ärmel

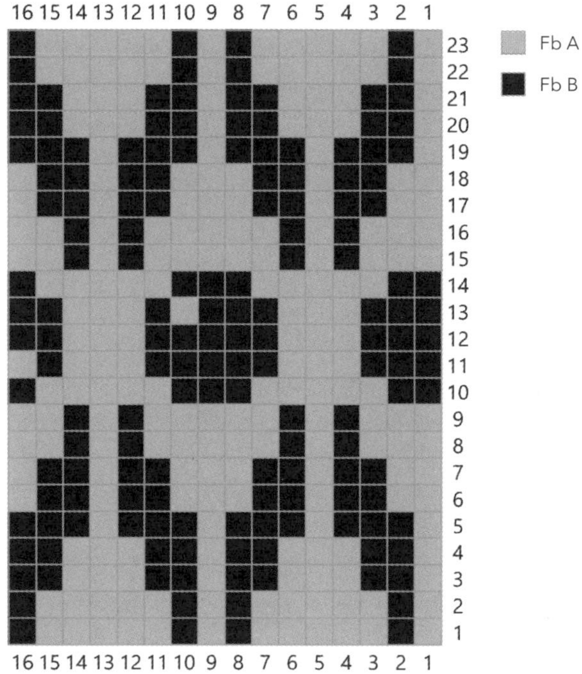

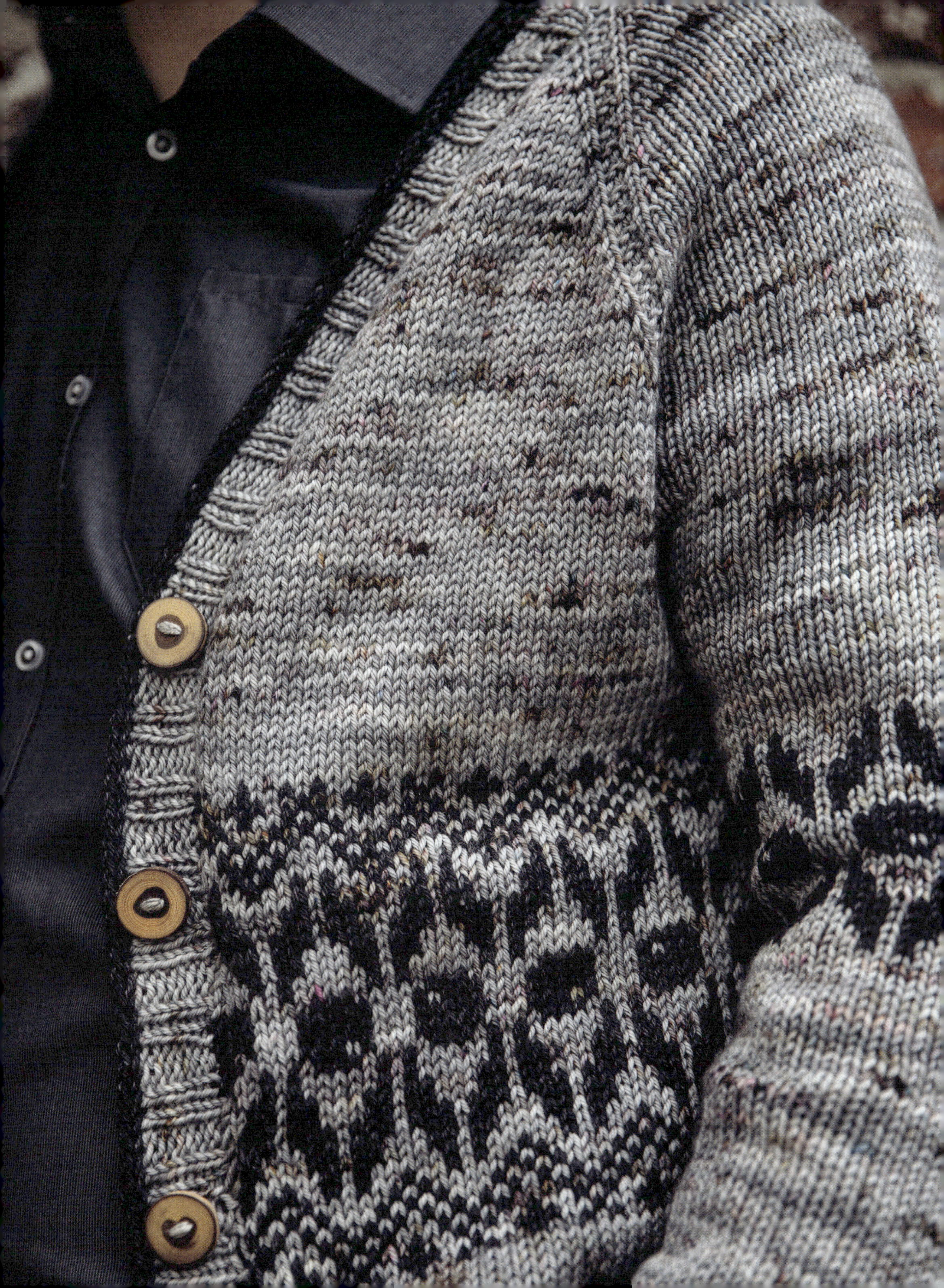

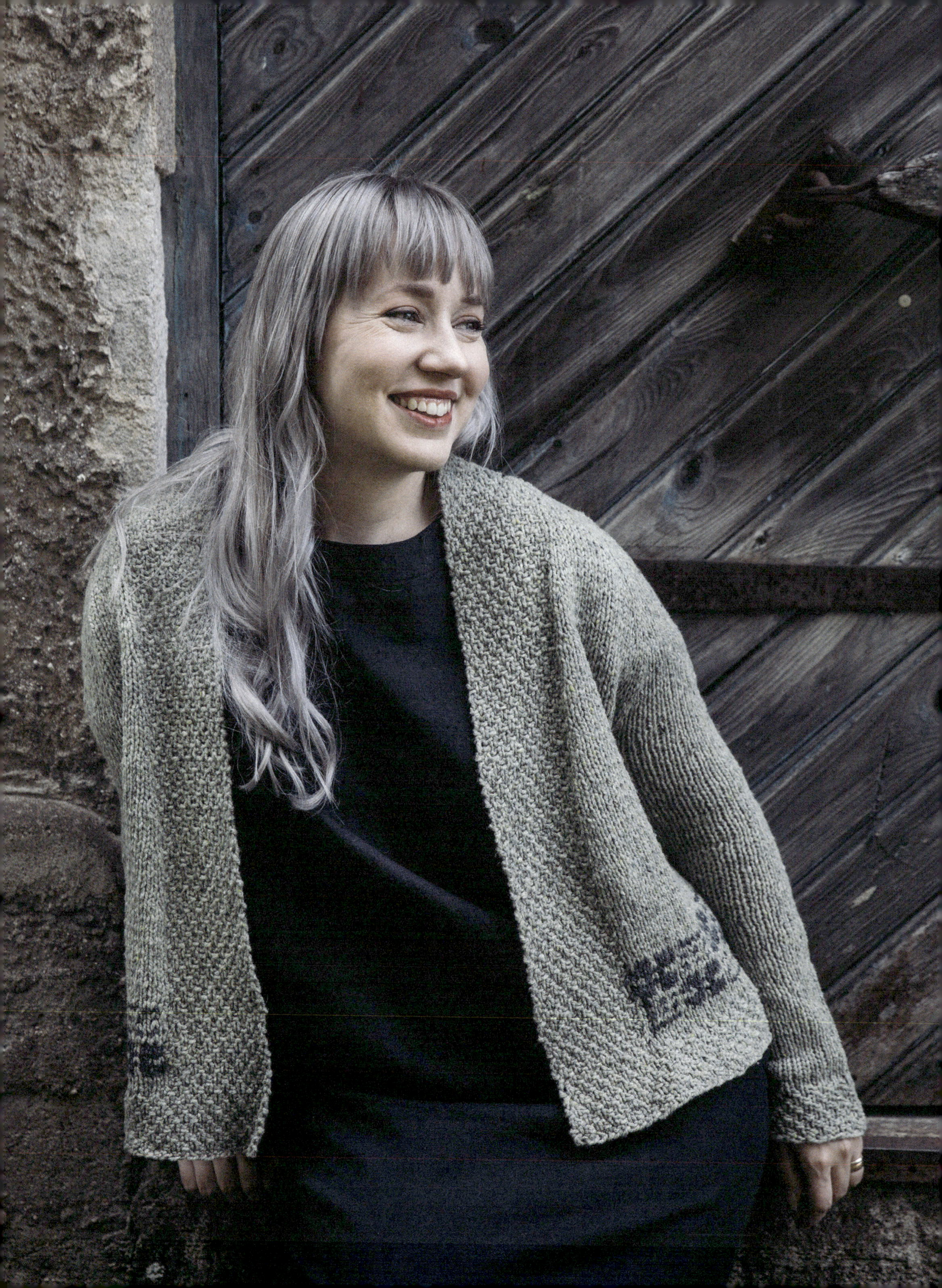

4

CLOVER

Clover ist ein klassischer Cardigan, der von oben nach unten in Hin- und Rückreihen gestrickt wird. Er hat Raglanärmel und einen Schnitt in leichter A-Linie. Oberhalb des Saumes ist eine hübsche Bordüre aus stilisierten Kleeblattmotiven eingestrickt. Schalkragen, Saum- und Ärmelblenden sind im doppelten Perlmuster gearbeitet.

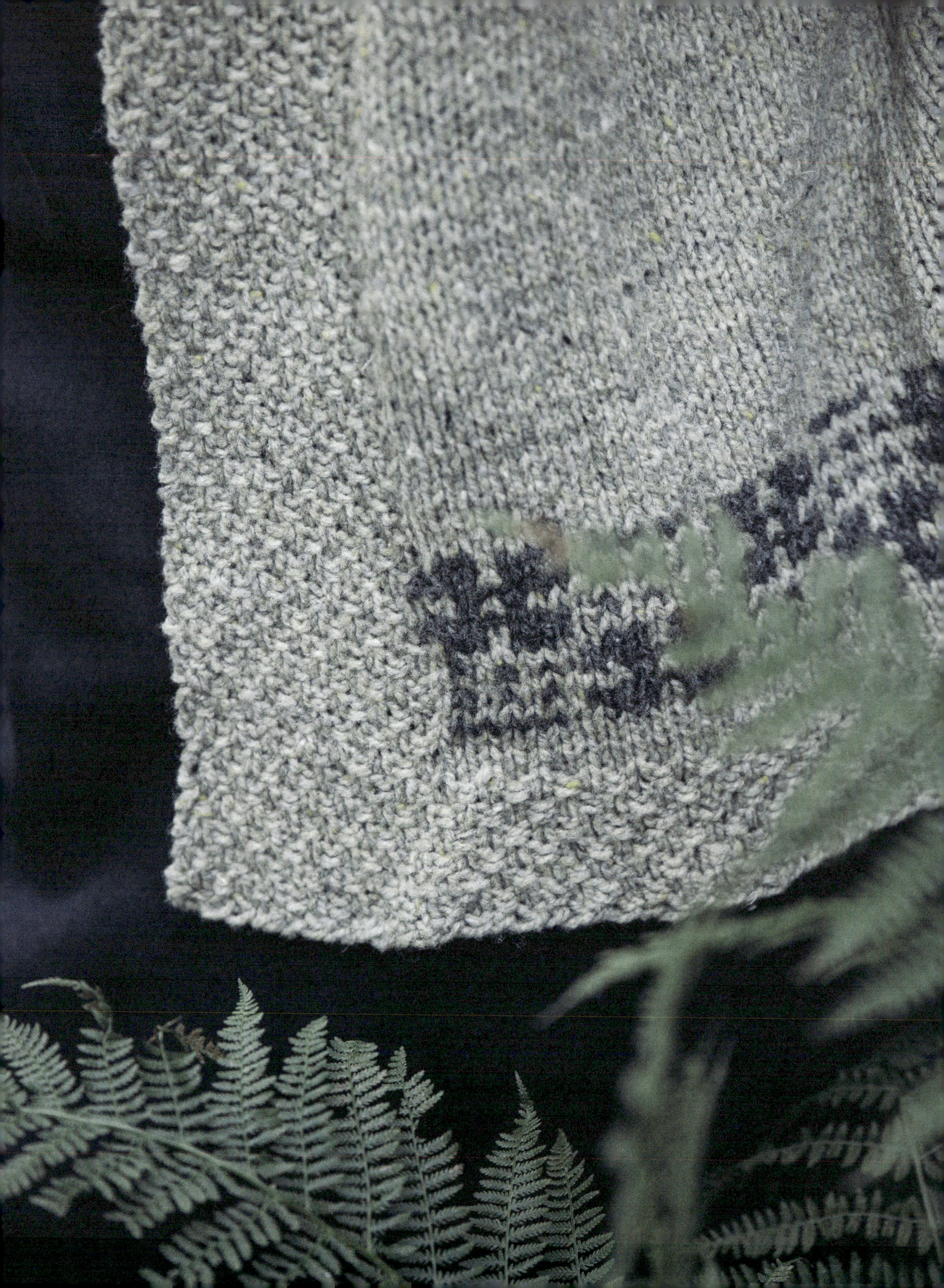

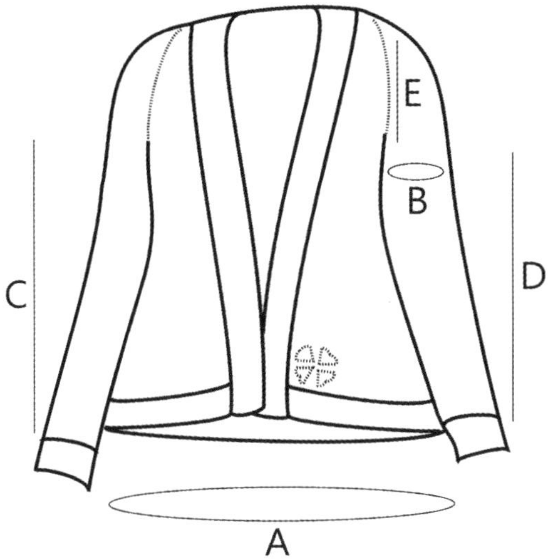

Größe
XS / S / M / L / XL / 2XL / 3XL / 4XL / 5XL
Die Angaben für die verschiedenen Größen sind durch Schrägstriche voneinander getrennt. Steht nur eine Angabe, gilt diese für alle Größen.
Dieser Cardigan soll locker sitzen. Wählen Sie die Größe, deren Oberweite etwa 14–22 cm größer ist als Ihr Brustumfang.

Garn
Brooklyn Tweed Shelter (100 % Wolle; LL 128 m/50 g):
Fb A: Foothills, 5 / 5 / 6 / 6 / 7 / 7 / 8 / 8 / 9 Stränge
Fb B: Soot, 1 Strang

Materialverbrauch
Fb A: 550 / 620 / 660 / 740 / 800 / 890 / 950 / 1025 / 1100 m
Fb B: 25 / 30 / 35 / 40 / 45 / 50 / 55 / 60 / 70 m

Stricknadeln
Rundstricknadel 5 mm, 100 cm lang
Nadelspiel 5 mm (optional für die Ärmel)
Passen Sie die Nadelstärke gegebenenfalls an, um die korrekte Maschenprobe zu erzielen.

Maschenprobe
12 M und 21 R in Hin- und Rückr glatt rechts
= 10 cm x 10 cm (nach dem Spannen)

Zubehör
6 Maschenmarkierer
Häkelnadel 5,0 mm
Hilfsgarn
Wollnadel

Maße
A Oberweite: 90 / 98,5 / 111,5 / 125 / 130 / 145 / 151,5 / 166,5 / 176,5 cm
A Hüftweite: 105 / 116,5 / 128,5 / 140 / 151,5 / 163,5 / 163,5 / 175 / 198,5 cm
B Oberarmumfang: 28,5 / 30 / 35 / 38,5 / 40 / 43,5 / 45 / 51,5 / 53,5 cm
C Ärmellänge: 44 / 45 / 45,5 / 45,5 / 46,5 / 46,5 / 46,5 / 46,5 / 46,5 cm
D Rumpflänge ab Armausschnitt: 34,5 cm
E Armausschnitthöhe: 18 / 19 / 21 / 22 / 23 / 25 / 25,5 / 26,5 / 27,5 cm

Großes Perlmuster
Bei diesem Muster werden jeweils 2 Reihen 1 Masche rechts, 1 Masche links im Wechsel gestrickt. Anschließend werden 2 Reihen 1 Masche links, 1 Masche rechts im Wechsel gearbeitet.
1. R (Hinr): * 1 M rechts, 1 M links *; von * bis * stets wdh bis R-Ende.
2. R (Rückr): Alle M str, wie sie erscheinen.
3. R: * 1 M links, 1 M rechts *; von * bis * stets wdh bis R-Ende.
4. R: Alle M str, wie sie erscheinen.

ANLEITUNG

Mit der Rundstricknd 5,0 mm, einer Häkelnd und Hilfsgarn 14 M provisorisch anschl.

1. R (Hinr, Fb A): * 1 M rechts, 1 M links *; von * bis * stets wdh bis R-Ende.

2. R (Rückr): Alle M str, wie sie erscheinen.

3. R: * 1 M links, 1 M rechts *; von * bis * stets wdh bis R-Ende.

4. R: Alle M str, wie sie erscheinen.

Die 1.–4. R noch 6x wdh. Den Faden abschneiden und die M auf einem Maschenraffer stilllegen.

Den provisorischen M-Anschlag vorsichtig auflösen und 14 M auf die Nd auffassen.

Die 1.–4. R insgesamt 7x arb. Den Faden nicht abschneiden.

RAGLAN-ZUNAHMEN UND HALSAUSSCHNITT

Nun mit den Raglan-Zunahmen für Rumpf und Ärmel beginnen, wie unten eingeteilt. Gleichzeitig am R-Beginn und am R-Ende die Zunahmen für den Halsausschnitt arb, wie im Anschluss an die Angaben für die Raglanschrägen beschrieben. Für den Kragen im großen Perlmuster rechte und linke M in jeder 2. R versetzen.

Einteilungs-R (Hinr): 7 x [1 M rechts, 1 M links], MM platzieren, die Arbeit um 90 Grad drehen und aus der Längsseite 3 M rechts herausstr, MM platzieren (linkes Vorderteil), 8 / 6 / 6 / 6 / 6 / 6 / 6 / 4 / 4 M rechts herausstr, MM platzieren (linker Ärmel), 22 / 24 / 24 / 24 / 24 / 24 / 24 / 26 / 26 M rechts herausstr, MM platzieren (Rückenteil), 8 / 6 / 6 / 6 / 6 / 6 / 6 / 4 / 4 M rechts herausstr, MM platzieren (rechter Ärmel), 3 M rechts herausstr, MM platzieren (rechtes Vorderteil), * 1 M rechts, 1 M links *; von * bis * stets wdh bis R-Ende (= 72 / 70 / 70 / 70 / 70 / 70 / 70 / 68 / 68 M).

Einteilungs-R (Rückr): * 1 M rechts, 1 M links *; von * bis * stets wdh bis MM, MM abheben, ** linke M str bis MM, MM abheben **; von ** bis ** noch 4x wdh; von * bis * stets wdh bis R-Ende.

1. Gruppe von Raglan-Zunahmen

1. R (Zunahmen für Rumpf und Ärmel): Im großen Perlmuster str bis MM, MM abheben, * rechte M str bis 1 M vor dem MM, 1 MR zunehmen, 1 M rechts, MM abheben, 1 M rechts, 1 ML zunehmen *; von * bis * noch 3x wdh, rechte M str bis MM, MM abheben, im großen Perlmuster str bis R-Ende.

2. R (Rückr): Im großen Perlmuster str bis MM, MM abheben, * linke M str bis MM, MM abheben *; von * bis * noch 4x wdh, im großen Perlmuster str bis R-Ende.

Die 1. und 2. R noch 2 / 5 / 5 / 8 / 5 / 7 / 4 / 13 / 10x wdh und gleichzeitig die Zunahmen für den Halsausschnitt arb.

Nun liegen 14 / 18 / 18 / 24 / 18 / 22 / 16 / 32 / 26 M für jeden Ärmel, 28 / 36 / 36 / 42 / 36 / 40 / 34 / 54 / 48 M für das Rückenteil und jeweils 20 / 24 / 24 / 28 / 24 / 26 / 23 / 34 / 30 M für jedes Vorderteil auf der Nd.

2. Gruppe von Raglan-Zunahmen

1. R (Hinr; Zunahmen für den Rumpf): Im großen Perlmuster str bis MM, MM abheben, * rechte M str bis 1 M vor dem MM, 1 MR zunehmen, 1 M rechts, MM abheben, rechte M str bis MM, MM abheben, 1 M rechts, 1 ML zunehmen *; von * bis * noch 1x wdh, rechte M str bis MM, MM abheben, im großen Perlmuster str bis R-Ende.

2. R (Rückr): Im großen Perlmuster str bis MM, MM abheben, * linke M str bis MM, MM abheben *; von * bis * noch 4x wdh, im großen Perlmuster str bis R-Ende.

3. R (Zunahmen für Rumpf und Ärmel): Im großen Perlmuster str bis MM, MM abheben, * rechte M str bis 1 M vor dem MM, 1 MR zunehmen, 1 M rechts, MM abheben, 1 M rechts, 1 ML zunehmen *; von * bis * noch 3x wdh, rechte M str bis MM, MM abheben, im großen Perlmuster str bis R-Ende.

4. R: Wie die 2. R str.

Die 1.–4. R noch 1 / 0 / 1 / 3 / 4 / 6 / 7 / 5 / 8x wdh und gleichzeitig die Zunahmen für den Halsausschnitt arb.

Nun liegen jeweils 18 / 20 / 22 / 32 / 28 / 36 / 32 / 44 / 44 M für jeden Ärmel, 36 / 40 / 44 / 58 / 56 / 68 / 66 / 78 / 84 M für das Rückenteil und jeweils 25 / 27 / 29 / 38 / 36 / 43 / 42 / 49 / 51 M für jedes Vorderteil auf der Nd.

3. Gruppe von Raglan-Zunahmen (nur Größe XS / S / M / L / XL / 2XL / 3XL / 4XL)

1. R (Hinr): Im großen Perlmuster str bis MM, MM abheben, * rechte M str bis MM, MM abheben *; von * bis * noch 4x wdh, MM abheben, im großen Perlmuster str bis R-Ende.

2. R (Rückr): Im großen Perlmuster str bis MM, MM abheben, * linke M str bis MM, MM abheben *; von * bis * noch 4x wdh, im großen Perlmuster str bis R-Ende.

3. R (Zunahmen für Rumpf und Ärmel): Im großen Perlmuster str bis MM, MM abheben, * rechte M str bis 1 M vor dem MM, 1 MR zunehmen, 1 M rechts, MM abheben, 1 M rechts, 1 ML zunehmen *; von * bis * noch 3x wdh, rechte M str bis MM, MM abheben, im großen Perlmuster str bis R-Ende.

4. R: Wie die 2. R str.

Die 1.–4. R noch 5 / 5 / 5 / 2 / 3 / 1 / 2 / 0 / –x wdh und gleichzeitig die Zunahmen für den Halsausschnitt arb.

Nun liegen jeweils 30 / 32 / 34 / 38 / 36 / 40 / 38 / 46 / – M für jeden Ärmel, 48 / 52 / 56 / 64 / 64 / 72 / 72 / 80 / – M für das Rückenteil und jeweils 33 / 36 / 38 / 42 / 41 / 46 / 46 / 51 / – M für die beiden Vorderteile auf der Nd.

ZUNAHMEN FÜR DEN HALSAUSSCHNITT

Am Beginn und am Ende der 9. / 7. / 7. / 7. / 9. / 9. / 9. / 7. / 9. R mit den Zunahmen für den Halsausschnitt beginnen und diese Zunahmen gleichzeitig mit den Raglan-Zunahmen für Rumpf und Ärmel arb.

Zunahmen für den Halsausschnitt (Hinr): Im großen Perlmuster str bis MM, MM abheben, 1 M rechts, 1 ML zunehmen, * rechte M str bis MM, MM abheben *; von * bis * noch 3x wdh, rechte M str bis 1 M vor dem MM, 1 MR zunehmen, 1 M rechts, MM abheben, im großen Perlmuster str bis R-Ende (= 2 M zugenommen).

Die Zunahmen für den Halsausschnitt noch 7 / 8 / 8 / 8 / 8 / 8 / 8 / 9 / 9x in jeder 10. / 8. / 8. / 8. / 10. / 10. / 10. / 8. / 10. R wdh.

Hinweis: Die Zunahmen für den Halsausschnitt werden auch dann noch weitergeführt, wenn die Ärmel-M bereits auf Maschenraffern stillgelegt sind.

RUMPF

Einteilungs-R (Hinr): Im großen Perlmuster str bis MM, MM abheben, *rechte M str bis MM, MM entfernen, die nächsten 30 / 32 / 34 / 38 / 36 / 40 / 38 / 46 / 44 M auf einem Maschenraffer stilllegen, 2 / 2 / 4 / 4 / 6 / 6 / 8 / 8 / 10 M durch Aufschlingen neu anschl, MM platzieren, 2 / 2 / 4 / 4 / 6 / 6 / 8 / 8 / 10 M durch Aufschlingen neu anschl, MM entfernen *; von * bis * noch 1x wdh, rechte M str bis MM, MM abheben, im großen Perlmuster str bis R-Ende (= 122 / 132 / 148 / 164 / 170 / 188 / 196 / 214 / 226 M).

Einteilungs-R (Rückr): Im großen Perlmuster str bis MM, MM abheben, * linke M str bis MM, MM abheben *; von * bis * noch 2x wdh, im großen Perlmuster str bis R-Ende.

In der gegebenen Einteilung im großen Perlmuster für den Kragen und glatt rechts über alle anderen M weiterstr und die Zunahmen für den Halsausschnitt fortführen. 18 / 10 / 12 / 14 / 8 / 10 / 26 / 40 / 8 R in dieser Einteilung str.

Zunahme-R (Hinr): Im großen Perlmuster str bis MM, MM abheben, * rechte M str bis 1 M vor dem MM, 1 MR zunehmen, 1 M rechts, MM abheben, 1 M rechts, 1 ML zunehmen *; von * bis * noch 1x wdh, rechte M str bis MM, MM abheben, im großen Perlmuster str bis R-Ende (= 4 M zugenommen).

In der gegebenen Einteilung weiterstr und die Zunahmen noch 1 / 2 / 2 / 1 / 3 / 2 / 0 / 0 / 3x in jeder 20. / 12. / 14. / 16. / 10. / 12. / 28. / 42. / 10. R wdh. Wenn alle Zunahmen für den Halsausschnitt und den Rumpf abgeschlossen sind, liegen insgesamt 140 / 152 / 168 / 180 / 196 / 208 / 208 / 224 / 252 M auf der Nd.

In der gegebenen Einteilung weiterstr bis zu einer Rumpfhöhe von 20 cm ab Unterkante des Armausschnitts oder bis der Rumpf 14,5 cm kürzer ist als die gewünschte Gesamtlänge.

Nächste R (Hinr; nur in Größe S / L / 2XL / 3XL): Im großen Perlmuster str bis MM, MM abheben, rechte M str bis 1 M vor dem MM, 1 MR zunehmen, 1 M rechts, MM abheben, rechte M str bis MM, MM abheben, 1 M rechts, 1 ML zunehmen, rechte M str bis MM, MM abheben, im großen Perlmuster str bis R-Ende (= – / 154 / – / 182 / – / 210 / 210 / – / – M).

Nächste R (Rückr; nur in Größe S / L / 2XL / 3XL): Im großen Perlmuster str bis MM, MM abheben, * linke M str bis MM, MM abheben *; von * bis * noch 2x wdh, im großen Perlmuster str bis R-Ende.

Die MM für die Seiten entfernen.

Den Faden in Fb B dazunehmen und die Kleeblattbordüre glatt rechts in Jacquardtechnik str wie folgt:

Nächste R (Hinr): Im großen Perlmuster str bis MM, MM abheben, die Kleeblattbordüre nach dem Zählmuster arb bis MM, MM abheben, im großen Perlmuster str bis R-Ende.

Nach der letzten R des Zählmusters den Faden in Fb B abschneiden und weitere 5 R in Fb A in der gegebenen Einteilung str; mit einer Rückr enden.

Zuletzt 12 R im großen Perlmuster über alle M str. Ob die R mit 1 M rechts oder 1 M links beginnt, hängt davon ab, welche R des großen Perlmusters zuletzt an den Frontblenden gestrickt wurde.

Alle M im großen Perlmuster abk.

ÄRMEL

Die M für einen Ärmel wieder auf die Nd nehmen.

Einteilungs-Rd (Vorderseite): Mit dem Faden in Fb A in der unteren Mitte des Armausschnitts beginnend 2 / 2 / 4 / 4 / 6 / 6 / 8 / 8 / 10 M aus der Kante rechts herausstr, die Ärmel-M rechts str, dann weitere 2 / 2 / 4 / 4 / 6 / 6 / 8 / 8 / 10 M aus der Kante bis zur unteren Mitte des Armausschnitts rechts herausstr, MM platzieren und die Arbeit zur Rd schließen (= 34 / 36 / 42 / 46 / 48 / 52 / 54 / 62 / 64 M).

10 / 10 / 10 / 10 / 10 / 6 / 6 / 6 / 6 Rd rechte M str.

Abnahme-Rd: 1 M rechts, 2 M rechts zusammenstr, rechte M str bis zu den letzten 3 M, 2 M rechts abgehoben zusammenstr, 1 M rechts. (= 2 M abgenommen).

Glatt rechts weiterstr und die Abnahme-Rd noch 2 / 3 / 6 / 6 / 7 / 9 / 8 / 12 / 13x in jeder 34. / 23. / 12. / 12. / 10. / 8. / 9. / 6. / 6. Rd wdh (= 28 / 28 / 28 / 32 / 32 / 32 / 36 / 36 / 36 M)

Glatt rechts gerade weiterstr bis zu einer Ärmellänge von 38,5 / 39,5 / 40 / 40 / 41 / 41 / 41 / 41 / 41 cm ab Unterkante des Armausschnitts oder bis der Ärmel 5,5 cm kürzer ist als die gewünschte Gesamtlänge.

1. Rd: * 1 M rechts, 1 M links *; von * bis * stets wdh bis Rd-Ende.

2. Rd: Wie die 1. Rd str.

3. Rd: * 1 M links, 1 M rechts *; von * bis * stets wdh bis Rd-Ende.

4. Rd: Wie die 3. Rd str.

Die 1.–4. Rd noch 2x wdh. Alle M im großen Perlmuster abk.

Den 2. Ärmel genauso arb.

Zählmuster für die Kleeblattbordüre

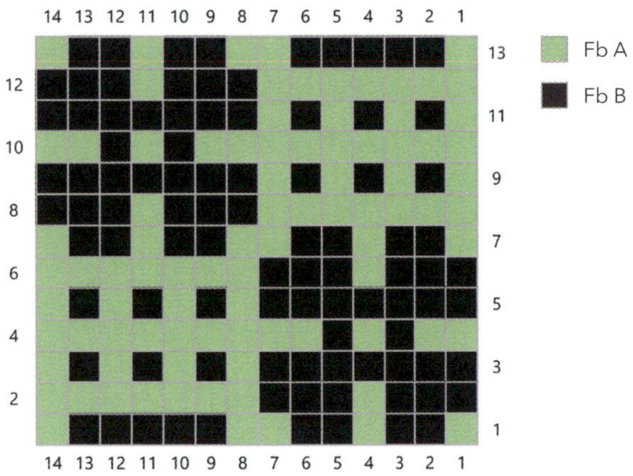

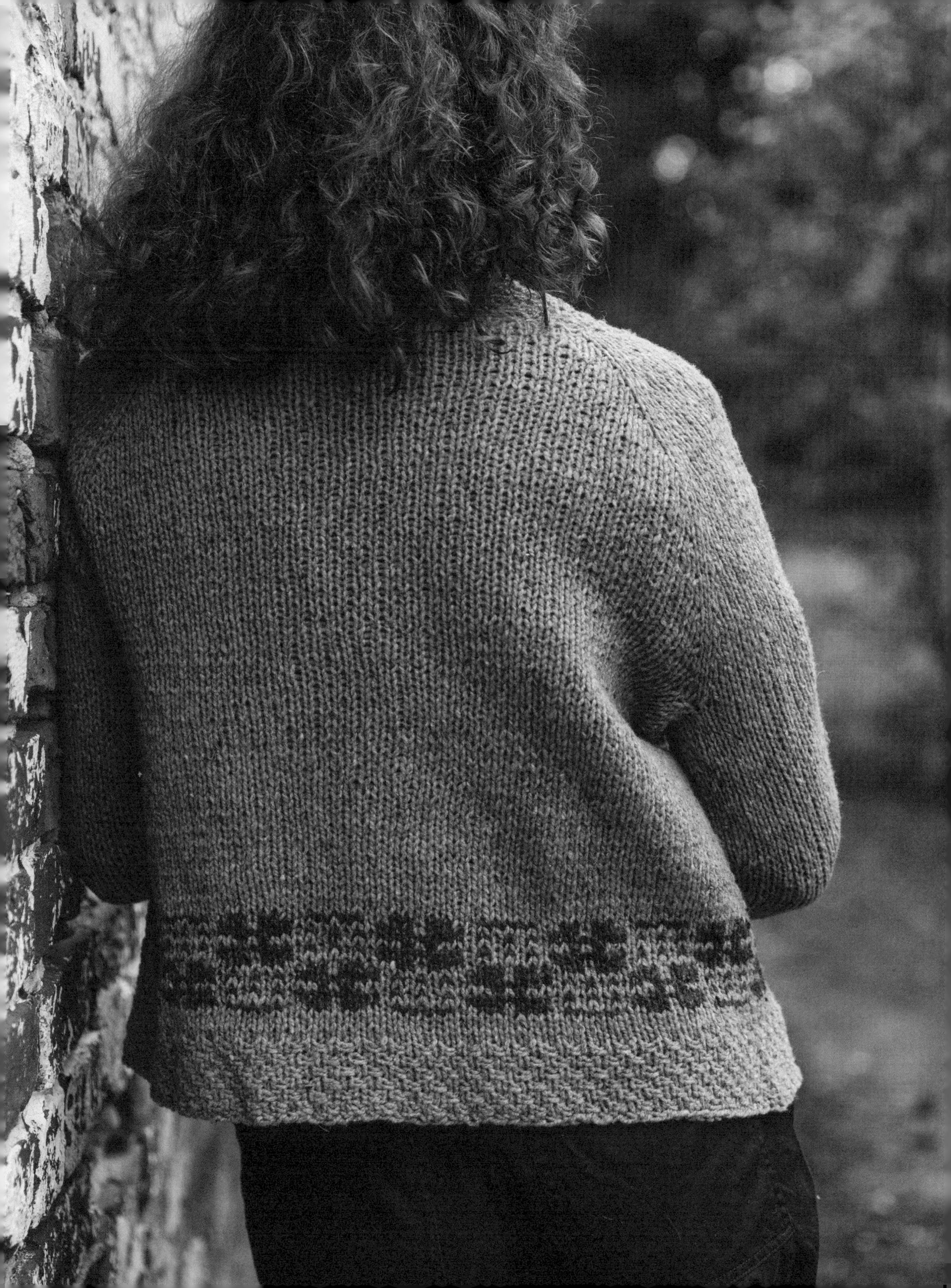

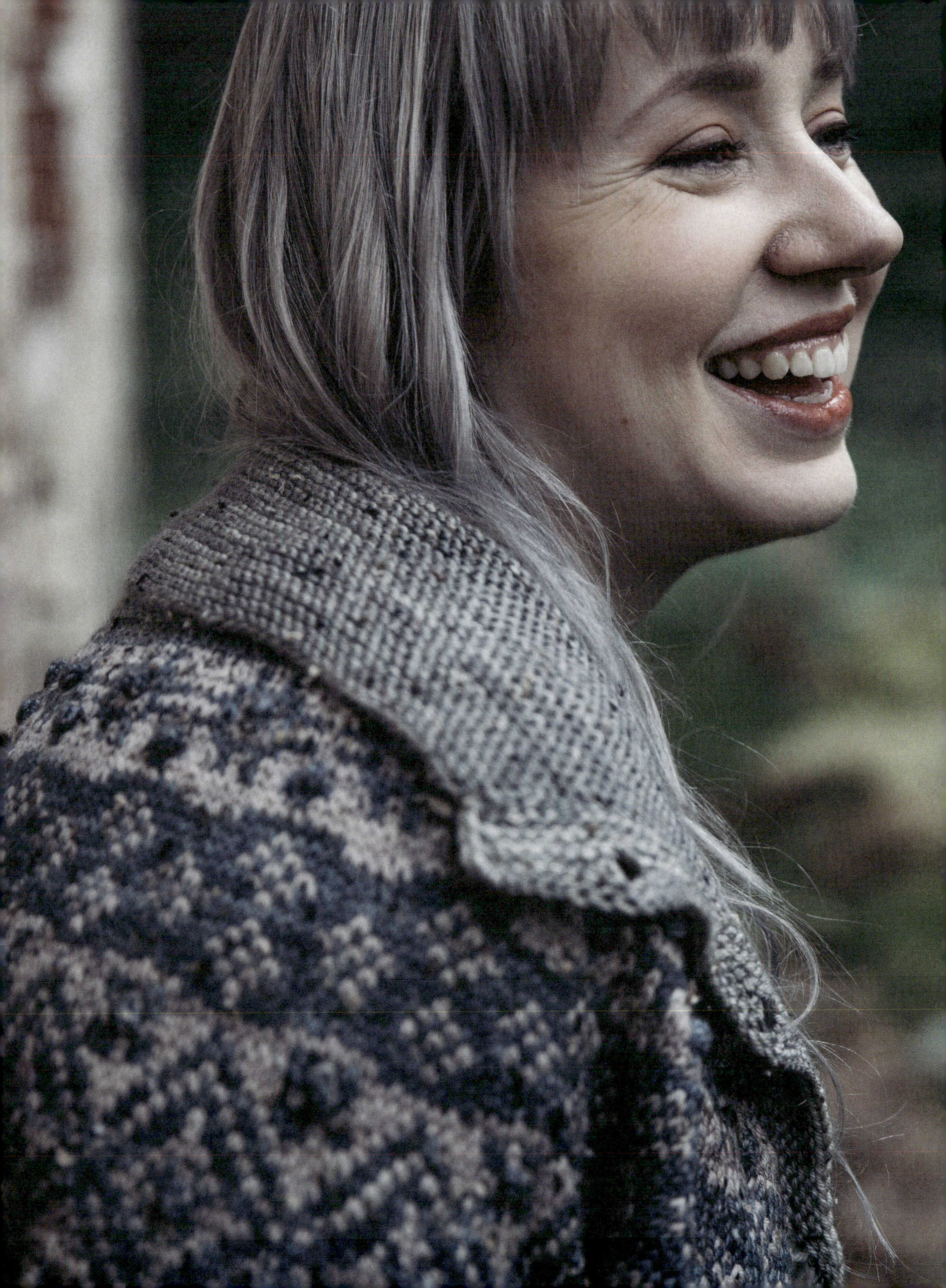

5

PIRTA

Der Cardigan Pirta wird von oben nach unten mit Steekmaschen nahtlos in Runden gestrickt. Er hat einen hohen Stehkragen und eine Rundpasse mit zweifarbigem Einstrickmuster. Im unteren Teil des Rumpfes, in den auch die Taschen integriert sind, wiederholt sich das Muster partiell. Wenn der Cardigan fertig gestrickt ist, wird der Steek aufgeschnitten, und die Frontblenden werden angestrickt.

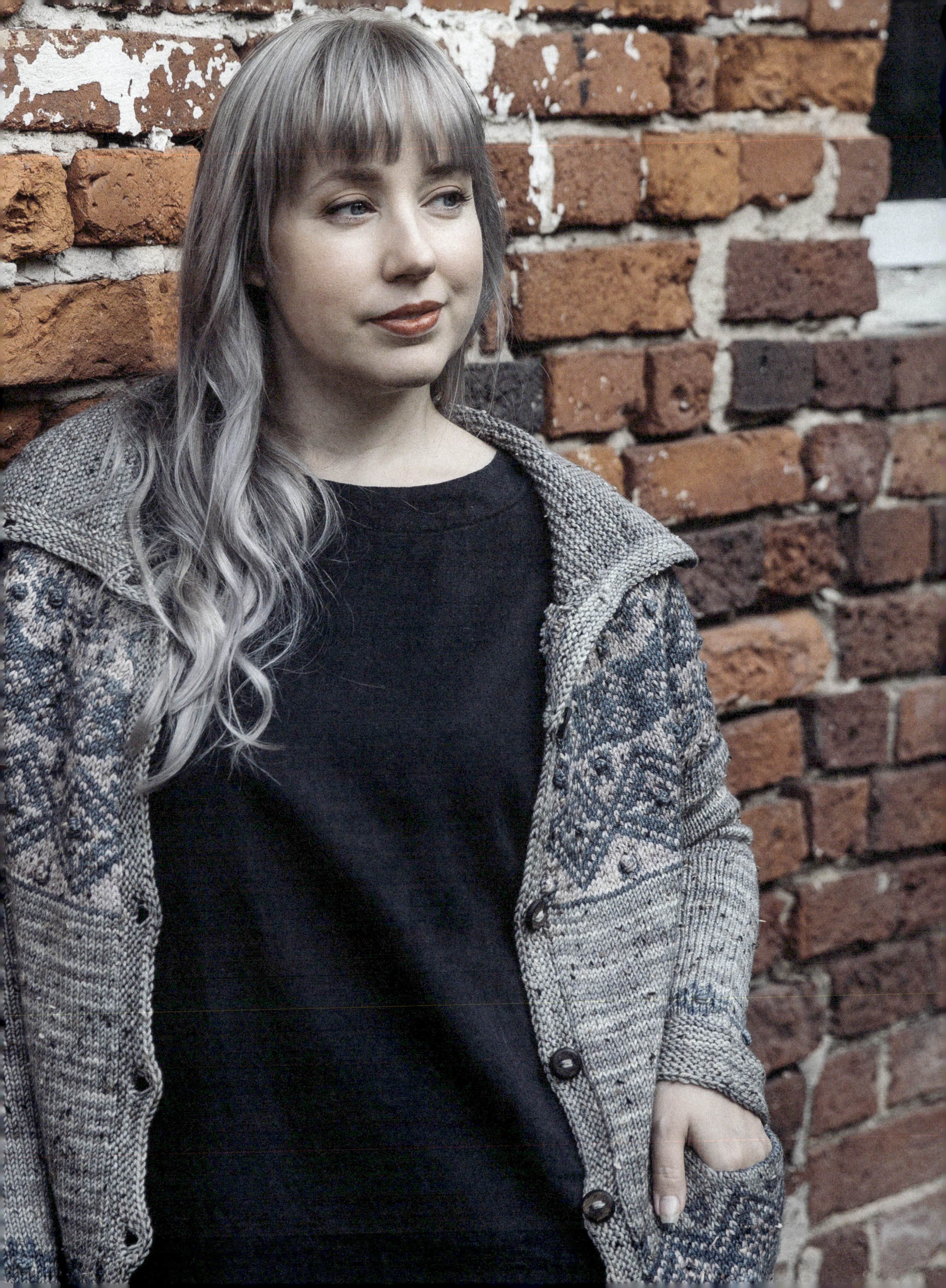

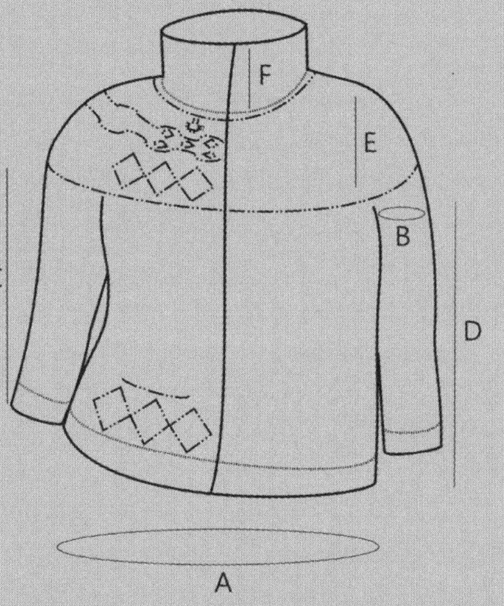

Größe
XXS / XS / S / M1 / M2 / L1 / L2 / XL / 2XL / 3XL / 4XL / 5XL
Die Angaben für die verschiedenen Größen sind durch Schrägstriche voneinander getrennt. Steht nur eine Angabe, gilt diese für alle Größen.
Dieser Cardigan soll bequem sitzen. Wählen Sie die Größe, deren Oberweite etwa 5 cm größer ist als Ihr Brustumfang.

Garn
Kässäkerho Pom Pom Donegal DK (85 % Merinowolle, 15 % Viskose; LL 212 m/100 g):
Fb A: Hiekka, 4 / 4 / 4 / 4 / 4 / 4 / 5 / 5 / 5 / 6 / 6 / 7 Stränge
Fb B: Teräs, 2 / 2 / 2 / 2 / 2 / 2 / 2 / 2 / 3 / 3 / 3 / 3 Stränge
Fb C: Haave, 1 / 1 / 1 / 1 / 1 / 1 / 1 / 1 / 2 / 2 / 2 / 2 Stränge

Materialverbrauch
Fb A: 660 / 700 / 735 / 770 / 810 / 845 / 885 / 960 / 1045 / 1095 / 1175 / 1275 m
Fb B: 280 / 285 / 315 / 320 / 335 / 350 / 355 / 390 / 515 / 520 / 560 / 590 m
Fb C: 145 / 150 / 165 / 165 / 175 / 185 / 185 / 205 / 275 / 275 / 300 / 310 m

Stricknadeln
Rundstricknadel 4,0 mm, 100 cm lang
Nadelspiel 4,0 mm (optional für die Ärmel und Taschen)
Passen Sie die Nadelstärke gegebenenfalls an, um die korrekte Maschenprobe zu erzielen.

Maschenprobe
20 M und 26 Rd in Rd glatt rechts und in Jacquardtechnik = 10 cm x 10 cm (nach dem Spannen)

Zubehör
6 Maschenmarkierer
7–8 Knöpfe, ø 2,5 cm
Wollnadel

Maße
A Oberweite: 82 / 86 / 92 / 98 / 102 / 106 / 112 / 122 / 134 / 142 / 150 / 166 cm
A Hüftweite: 84 / 90 / 96 / 102 / 102 / 108 / 114 / 126 / 138 / 144 / 150 / 168 cm
B Oberarmumfang: 27 / 29 / 30 / 31 / 33 / 35 / 36 / 39 / 43 / 45 / 49 / 53 cm
C Ärmellänge: 43 / 44 / 44 / 44 / 45 / 45 / 45,5 / 46 / 46 / 46 / 46 / 46 cm
D Rumpflänge ab Armausschnitt: 35 cm
E Armausschnitthöhe: 19 / 19,5 / 20 / 20,5 / 21 / 22 / 22,5 / 23,5 / 25 / 26 / 27 / 28,5 cm
F Kragenhöhe: 15 cm

Aufschneiden des Steeks
Um den Steek zu verstärken, mit der Nähmaschine zwei vertikale Nähte arbeiten, die den Steek in drei Teile aufteilen. (Zur Sicherheit kann man dieselbe Linie mehrere Male auf- und abnähen.) Statt mit einer Nähmaschine kann man den Steek auch mit einer Häkelnadel verstärken, in dem man links und rechts von der Mitte des Steek vertikale Linien aus Kettmaschen aufhäkelt. Dann den Steek mit einer scharfen Schere mittig zwischen den beiden Nähten oder Kettmaschenlinien aufschneiden. Die Kanten zur linken Seite des Strickteils umfalten und mit einem Faden in Fb A annähen. Wer mag, versteckt die offene Kante hinter einem aufgenähten dekorativen Band.

ANLEITUNG

In Fb A 96 / 96 / 100 / 100 / 100 / 100 / 100 / 100 / 96 / 96 / 104 / 100 M anschl.
Nächste R (Hinr): Rechte M str bis R-Ende.
Nächste R (Rückr): Rechte M str bis R-Ende.
Kraus rechts weiterstr bis zu einer Höhe von 15 cm.
Nun die Nackenpartie durch verkürzte R erhöhen wie folgt:
1. R (Hinr): 75 / 75 / 78 / 78 / 77 / 77 / 77 / 77 / 73 / 74 / 81 / 76 M rechts; w&w.
2. R (Rückr): 54 / 54 / 56 / 56 / 54 / 54 / 54 / 54 / 50 / 52 / 58 / 52 M rechts; w&w.
3. R: Rechte M str bis zur umwickelten M und diese M rechts str (den Wickelfaden nicht aufnehmen), 2 / 2 / 2 / 2 / 2 / 2 / 2 / 2 / 2 / 2 / 2 / 3 M rechts; w&w.
4. R: Rechte M str bis zur umwickelten M und diese M rechts str (den Wickelfaden nicht aufnehmen), 2 / 2 / 2 / 2 / 2 / 2 / 2 / 2 / 2 / 2 / 2 / 3 M rechts; w&w.
Die 3. und 4. R noch 2x wdh.
Nächste Rd (Vorderseite): Rechte M str bis zur umwickelten M und diese M rechts str (den Wickelfaden nicht aufnehmen), rechte M str bis R-Ende. Die Arbeit nicht wenden, sondern MM platzieren, 5 M durch Aufschlingen neu anschl (= Steek-M), MM platzieren und die Arbeit zur Rd schließen. Der Rd-Beginn liegt direkt nach den Steek-M.
Nächste Rd: Rechte M str bis zur umwickelten M und diese M rechts str (den Wickelfaden nicht aufnehmen), rechte M str bis MM, MM abheben, 1 M links, 3 M rechts, 1 M links.
Hinweis: Die 5 Steek-M zwischen den MM sind nie in die M-Zahl einbezogen. Die Steek-M stets [1 M links, 3 M rechts, 1 M links] str. In Rd, die mit 2 Fb gearbeitet werden, die Steek-M arb wie folgt: 2 x [Fb B, Fb C], Fb B.
Nächste Rd (nur Größe S / M1 / M2 / L1 / L2 / XL / 5XL): * – / – / 12 / 12 / 7 / 5 / 5 / 3 / – / – / – / 12 M rechts, 1 M links tiefgestochen zunehmen, – / – / 13 / 13 / 7 / 5 / 5 / 3 / – / – / – / 13 M rechts, 1 M links tiefgestochen zunehmen *; von * bis * stets wdh bis – / – / 0 / 0 / 2 / 0 / 0 / 4 / – / – / – / 0 M vor MM, rechte M str bis MM, MM abheben, die Steek-M str (= – / – / 108 / 108 / 114 / 120 / 120 / 132 / – / – / – / 108 M).
Nächste Rd (Nur Größe S / M1 / M2 / L1 / L2 / XL / 5XL): Rechte M str bis MM, MM abheben, die Steek-M str.
Den Faden in Fb A abschneiden.

PASSE

Nächste Rd (Vorderseite): In den Fb B und C glatt rechts in Jacquardtechnik nach dem Zählmuster für die Passe für die gewählte Größe weiterstr, dabei den Rapport des Zählmusters 16 / 16 / 18 / 18 / 19 / 20 / 20 / 22 / 24 / 24 / 26 / 27x innerhalb der Rd arb, MM abheben, die Steek-M str, MM abheben.
Nach der letzten Rd des Zählmusters liegen insgesamt 256 / 256 / 288 / 288 / 304 / 320 / 320 / 352 / 384 / 384 / 416 / 432 M auf der Nd. Die Fäden in Fb B und C abschneiden.
In Fb A glatt rechts weiterstr bis zu einer Vorderteilhöhe von 19 / 19,5 / 20 / 20,5 / 21 / 22 / 22,5 / 23,5 / 25 / 26 / 27 / 28,5 cm, von der Oberkante der Passe aus gemessen.

RUMPF

Einteilungs-Rd (Vorderseite): 39 / 39 / 44 / 45 / 47 / 49 / 50 / 55 / 60 / 61 / 65 / 69 M rechts, * die nächsten 50 / 50 / 56 / 54 / 58 / 62 / 60 / 66 / 72 / 70 / 78 / 78 M auf einem Maschenraffer stilllegen, 2 / 4 / 2 / 4 / 4 / 4 / 6 / 6 / 7 / 10 / 10 / 14 M durch Aufschlingen neu anschl, MM platzieren, 2 / 4 / 2 / 4 / 4 / 4 / 6 / 6 / 7 / 10 / 10 / 14 M durch Aufschlingen neu anschl *; 78 / 78 / 88 / 90 / 94 / 98 / 100 / 110 / 120 / 122 / 130 / 138 M rechts; von * bis * noch 1x wdh, rechte M str bis MM, MM abheben, die Steek-M str (= 164 / 172 / 184 / 196 / 204 / 212 / 224 / 244 / 268 / 284 / 300 / 332 M).
Wenn Sie möchten, können Sie an dieser Stelle Brustabnäher str. Die Abnäher an der Stelle des größten Brustumfangs entsprechend Ihrer Körbchengröße arb. Achtung: Wenn Ihr größter Brustumfang noch nicht an dieser Stelle liegt, den Rumpf weiterstr und die Abnäher später arb. Die Steek-M werden in den Angaben für die Brustabnäher nicht erwähnt; sie werden in der gegebenen Einteilung gestrickt. Wenn Sie keine Abnäher str wollen, gleich mit „Nach den Brustabnähern“ weiterarb.

Brustabnäher C/D

1. R (Hinr): Rechte M str bis 11 / 11 / 12 / 13 / 13 / 14 / 14 / 16 / 17 / 18 / 19 / 21 M vor dem linken Seiten-MM; w&w.
2. R (Rückr): Linke M str bis 11 / 11 / 12 / 13 / 13 / 14 / 14 / 16 / 17 / 18 / 19 / 21 M vor dem rechten Seiten-MM; w&w.
3. R: Rechte M str bis 5 / 6 / 6 / 6 / 6 / 6 / 7 / 8 / 8 / 9 / 10 / 10 M vor der zuletzt umwickelten M; w&w.
4. R: Linke M str bis 5 / 6 / 6 / 6 / 6 / 6 / 7 / 8 / 8 / 9 / 10 / 10 M vor der zuletzt umwickelten M; w&w.
Die 3. und 4. R noch 1x wdh.
7. R (Hinr): Rechte M str bis R-Ende. Nicht wenden.
8. Rd (Vorderseite): Rechte M str bis Rd-Ende, dabei die umwickelten M mit ihren Wickelfäden rechts zusammenstr.

Brustabnäher E/F

1. R (Hinr): Rechte M str bis 11 / 11 / 12 / 13 / 13 / 14 / 14 / 16 / 17 / 18 / 19 / 21 M vor dem linken Seiten-MM; w&w.
2. R (Rückr): Linke M str bis 11 / 11 / 12 / 13 / 13 / 14 / 14 / 16 / 17 / 18 / 19 / 21 M vor dem rechten Seiten-MM; w&w.
3. R: Rechte M str bis 2 / 3 / 3 / 3 / 3 / 3 / 4 / 4 / 4 / 4 / 5 / 5 M vor der zuletzt umwickelten M; w&w.
4. R: Linke M str bis 2 / 3 / 3 / 3 / 3 / 3 / 4 / 4 / 4 / 4 / 5 / 5 M vor der zuletzt umwickelten M; w&w.
Die 3. und 4. R noch 3x wdh.

11. R (Hinr): Rechte M str bis R-Ende. Nicht wenden.
12. Rd (Vorderseite): Rechte M str bis Rd-Ende, dabei die umwickelten M mit den Wickelfäden rechts zusammenstr.

Brustabnäher G/H
1. R (Hinr): Rechte M str bis 11 / 11 / 12 / 13 / 13 / 14 / 14 / 16 / 17 / 18 / 19 / 21 M vor dem linken Seiten-MM; w&w.
2. R (Rückr): Linke M str bis 11 / 11 / 12 / 13 / 13 / 14 / 14 / 16 / 17 / 18 / 19 / 21 M vor dem rechten Seiten-MM; w&w.
3. R: Rechte M str bis 1 / 2 / 2 / 2 / 2 / 2 / 2 / 2 / 2 / 3 / 3 / 3 M vor der zuletzt umwickelten M; w&w.
4. R: Linke M str bis 1 / 2 / 2 / 2 / 2 / 2 / 2 / 2 / 2 / 3 / 3 / 3 M vor der zuletzt umwickelten M; w&w.
Die 3. und 4. R noch 6x wdh.
17. R (Hinr): Rechte M str bis R-Ende. Nicht wenden.
18. Rd (Vorderseite): Rechte M str bis Rd-Ende, dabei die umwickelten M mit den Wickelfäden rechts zusammenstr.

Nach den Brustabnähern
Nächste Rd (Vorderseite): * Rechte M str bis MM, MM abheben *; von * bis * noch 2x wdh, die Steek-M str.

Nur Größe XXS / XS / S / M1 / L1 / L2 / XL / 2XL / 3XL / 5XL
Weitere 23 / 15 / 15 / 15 / – / 23 / 23 / 15 / 15 / 23 / – / 23 Rd in der gegebenen Einteilung str.
Zunahme-Rd: * Rechte M str bis 3 M vor dem MM, 1 MR zunehmen, 3 M rechts, MM abheben, 3 M rechts, 1 ML zunehmen *; von * bis * noch 1x wdh, rechte M str bis MM, MM abheben, die Steek-M str (= 4 M zugenommen).
Mustergemäß weiterstr, dabei die Zunahme-Rd noch 0 / 1 / 1 / 1 / – / 0 / 0 / 1 / 1 / 0 / – / 0x in jeder 25. / 17. / 17. / 17. / – / 25. / 25. / 17. / 17. / 25. / – / 25. Rd wdh (= 168 / 180 / 192 / 204 / – / 216 / 228 / 252 / 276 / 288 / – / 336 M).

Alle Größen
Mustergemäß in der gegebenen Einteilung weiterstr bis zu einer Rumpfhöhe von 19,5 cm ab Unterkante des Armausschnitts oder bis der Rumpf 15,5 cm kürzer ist als die gewünschte Gesamtlänge.
Die Seiten-MM entfernen.

UNTERE BORDÜRE
Einteilungs-Rd (Vorderseite): In Fb A 12 / 12 / 12 / 18 / 18 / 18 / 18 / 18 / 18 / 18 / 24 / 24 M rechts, mit dem Hilfsgarn 24 M rechts str, diese 24 M zurück auf die linke Nd heben und in Fb A rechte M str bis zu den letzten 36 / 36 / 36 / 42 / 42 / 42 / 42 / 42 / 42 / 42 / 48 / 48 M vor dem Steek-MM, mit dem Hilfsgarn 24 M rechts str, diese 24 M zurück auf die linke Nd heben und in Fb A rechte M str bis zum MM, MM abheben, die Steek-M str.
1. Rd: Rechte M str bis MM, MM abheben, die Steek-M str.
2. Rd: Wie die 1. Rd str.
3. Rd: Den Faden in Fb B dazunehmen und glatt rechts in Jacquardtechnik nach dem Zählmuster für die untere Bordüre str bis MM, MM abheben, die Steek-M str.
In der gegebenen Einteilung weiterstr bis zum Ende der letzten Rd des Zählmusters.
Die Fäden in Fb B und C abschneiden.
24. Rd (Fb A): Rechte M str bis MM, MM abheben, die Steek-M str.
25.–28. Rd: Wie die 24. Rd str.
29. Rd: Rechte M str bis MM, MM entfernen, die 5 Steek-M abk, MM entfernen.
30. R (Hinr): Rechte M str bis R-Ende.
31. R (Rückr): Rechte M str bis R-Ende.
Die letzten 2 R noch 5x wdh. Alle M in einer elastischen Technik abk.

ÄRMEL
Die M für einen Ärmel zurück auf die Nd nehmen.
Einteilungs-Rd (Vorderseite): In Fb A in der unteren Mitte des Armausschnitts beginnend 2 / 4 / 2 / 4 / 4 / 4 / 6 / 6 / 7 / 10 / 10 / 14 M aus der Kante rechts herausstr, die Ärmel-M rechts str, dann weitere 2 / 4 / 2 / 4 / 4 / 4 / 6 / 6 / 7 / 10 / 10 / 14 M aus der unteren Armausschnittkante rechts herausstr, MM platzieren und die Arbeit zur Rd schließen (= 54 / 58 / 60 / 62 / 66 / 70 / 72 / 78 / 86 / 90 / 98 / 106 M).
7 / 7 / 7 / 7 / 7 / 7 / 7 / 2 / 2 / 2 / 2 / 2 / 2 Rd rechte M str.
Abnahme-Rd: 1 M rechts, 2 M rechts zusammenstr, rechte M str bis zu den letzten 3 M, 2 M rechts abgehoben zusammenstr, 1 M rechts (= 2 M abgenommen).
Glatt rechts weiterstr, dabei die Abnahme-Rd noch 6 / 8 / 9 / 10 / 12 / 14 / 10 / 13 / 17 / 19 / 23 / 22x in jeder 12. / 9. / 8. / 7. / 6. / 5. / 8. / 6. / 5. / 4. / 3. / 4. Rd wdh (= 40 / 40 / 40 / 40 / 40 / 40 / 50 / 50 / 50 / 50 / 50 / 60 M).
Glatt rechts weiterstr bis zu einer Ärmellänge von 32 / 33 / 33 / 33 / 34 / 34 / 34,5 / 35 / 35 / 35 / 35 / 35 cm ab der Unterkante des Armausschnitts oder bis der Ärmel 11 cm kürzer ist als die gewünschte Gesamtlänge.
Nächste Rd: Den Faden in Fb B dazunehmen und glatt rechts in Jacquardtechnik nach dem Zählmuster für die Ärmelbordüre str.
In dieser Einteilung weiterstr bis zum Ende des Zählmusters.
Den Faden in Fb B abschneiden.
Nächste Rd (Fb A): Rechte M str bis Rd-Ende.
Weitere 2 Rd rechte M str.
Nächste Rd: Linke M str bis Rd-Ende.
Nächste Rd: Rechte M str bis Rd-Ende.
Die letzten 2 Rd noch 7x wdh. Alle M abk.
Den 2. Ärmel genauso arb.

FRONTBLENDEN

Nun werden M aus den Vorderkanten der Jacke aufgenommen und die Knopf- bzw. die Knopflochblende angestrickt. Beim Herausstr der M neben dem Steek die M jeweils aus der rechten M direkt vor der linken M des Steeks aufnehmen. Ca. 2 M aus 3 Rd des glatt rechten Teils und 1 M aus 2 Rd des kraus rechts gestrickten Kragens aufnehmen.

Wenn keine Brustabnäher gearbeitet wurden

Einteilungs-R (Hinr; Fb A): Von der rechten Seite der Arbeit aus 130 / 132 / 132 / 134 / 134 / 136 / 136 / 138 / 142 / 144 / 144 / 148 M aus der rechten Vorderkante und der rechten Kante des Kragens rechts herausstr.
1. R (Rückr): 1 M abheben, rechte M str bis R-Ende.
2. R: Wie die 1. R str.
3. R: Wie die 1. R str.
4. R (Knopfloch-R): 10 / 11 / 11 / 9 / 9 / 10 / 10 / 11 / 10 / 11 / 11 / 10 M rechts, 2 M abk, * 16 / 16 / 16 / 17 / 17 / 17 / 17 / 17 / 18 / 18 / 18 / 19 M rechts, 2 M abk *; von * bis * noch 5x wdh, rechte M str bis R-Ende.
5. R (Knopfloch-R): * Rechte M str bis zur Lücke, 2 M durch Aufschlingen anschl; von * bis * noch 6x wdh, rechte M str bis R-Ende.
6. R: Wie die 1. R str.
7. R: Wie die 1. R str.
Alle M abk.
Die Knopfblende am linken Vorderteil genauso arb, jedoch die Knopflöcher in der 4. und 5. R weglassen.

Wenn Brustabnäher gearbeitet wurden

Einteilungs-R (Hinr; Fb A): Von der rechten Seite der Arbeit aus 138 / 140 / 140 / 142 / 142 / 144 / 144 / 146 / 150 / 152 / 152 / 156 M aus der rechten Vorderkante und der rechten Kante des Kragens rechts herausstr.
1. R (Rückr): 1 M abheben, rechte M str bis R-Ende.
2. R: Wie die 1. R str.
3. R: Wie die 1. R str.
4. R: 8 / 9 / 9 / 10 / 10 / 8 / 8 / 9 / 11 / 8 / 8 / 10 M rechts, 2 M abk, * 15 / 15 / 15 / 15 / 15 / 16 / 16 / 16 / 16 / 17 / 17 / 17 M rechts, 2 M abk *; von * bis * noch 6x wdh, rechte M str bis R-Ende.
5. R (Knopfloch-R): * Rechte M str bis zur Lücke, 2 M durch Aufschlingen anschl; von * bis * noch 7x wdh, rechte M str bis R-Ende.
6. R: Wie die 1. R str.
7. R: Wie die 1. R str.
Alle M abk.
Die Knopfblende am linken Vorderteil genauso arb, jedoch die Knopflöcher in der 4. und 5. R weglassen.

TASCHENFUTTER

Von der rechten Seite der Arbeit aus vorsichtig 24 M oberhalb und unterhalb der mit Hilfsgarn gestrickten R auf 2 Nd auffassen und das Hilfsgarn entfernen (= 48 M).
Einteilungs-Rd (Fb B): Rechte M str bis zum Ende der 1. Nd, dann rechte M str bis zum Ende der 2. Nd, MM platzieren und die Arbeit zur Rd schließen.
Weitere 29 Rd rechte M str.
Die 24 M der Vorderseite und die 24 M der Rückseite des Taschenfutters im Maschenstich miteinander verbinden. Dann die Unterkante des Taschenfutters auf der Innenseite der Jacke an der Oberkante der kraus rechten Saumblende annähen.
Die 2. Tasche ebenso arb.

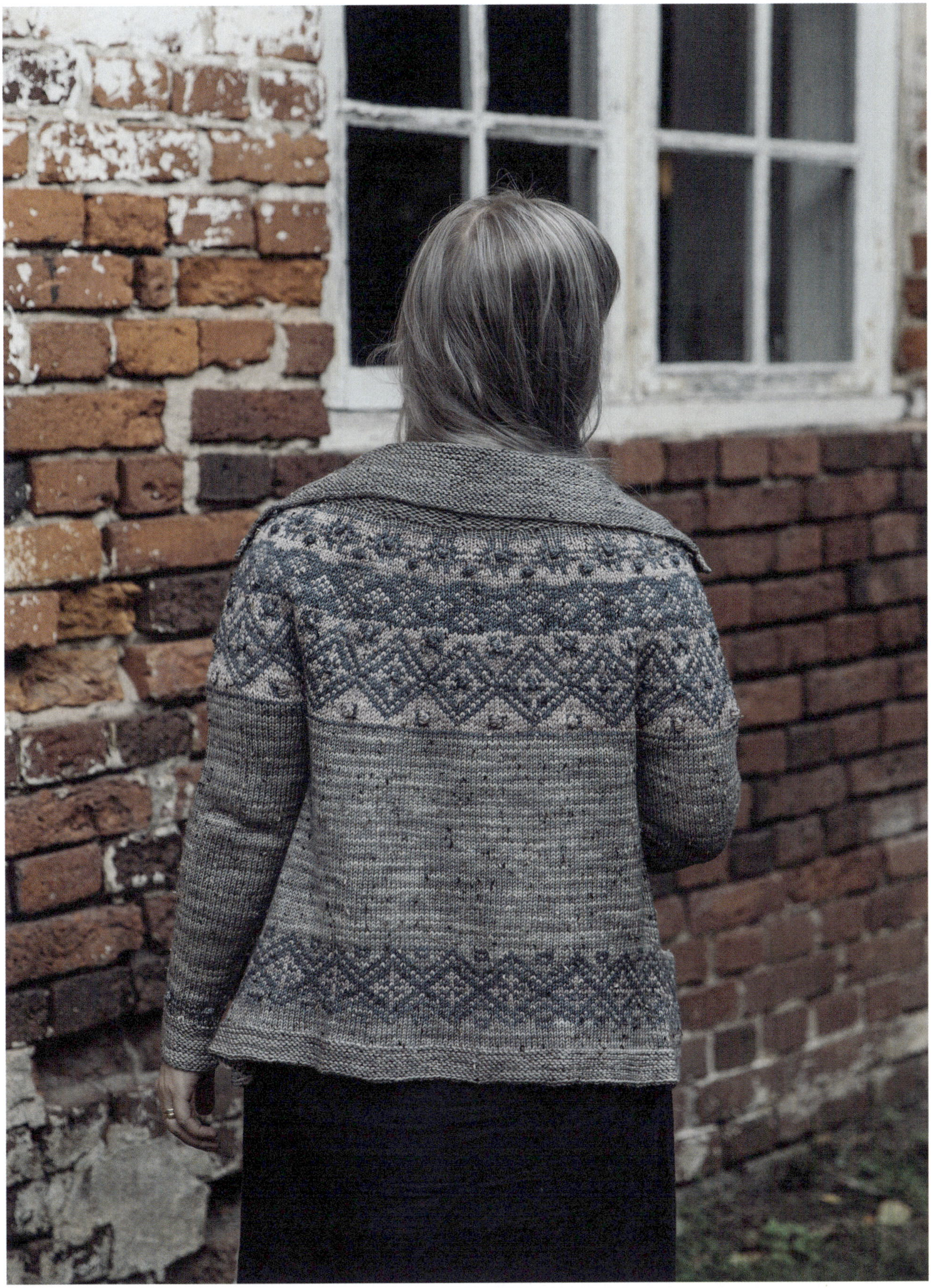

Zählmuster für die Passe (Größe XXS / XS / S / M1 / M2 / L1 / L2 / XL)

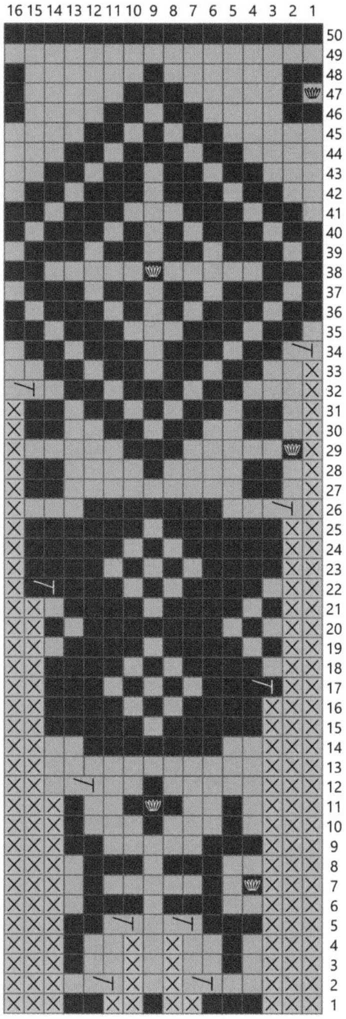

Zählmuster für die Passe (Größe 2XL / 3XL / 4XL / 5XL)

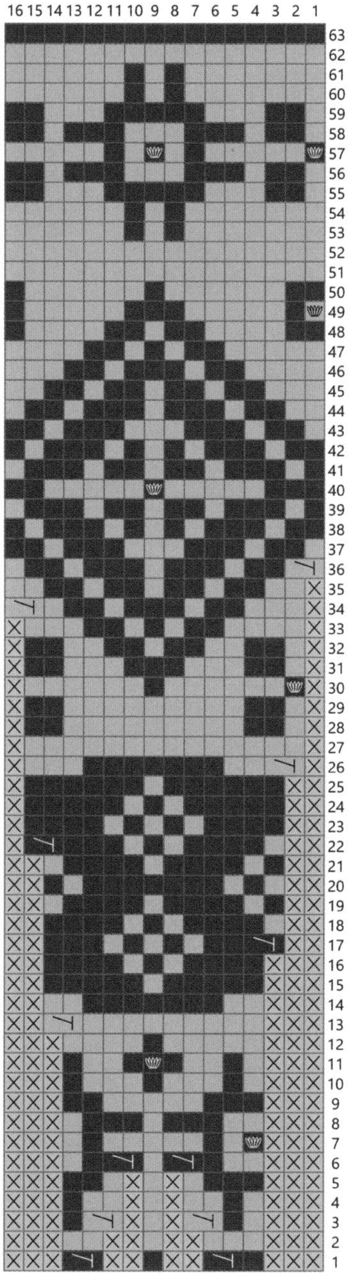

- Fb B
- Fb C
- 1 M rechts, 1 M links tiefgestochen zunehmen
- Flachnoppe
- keine M

Zählmuster für die untere Bordüre

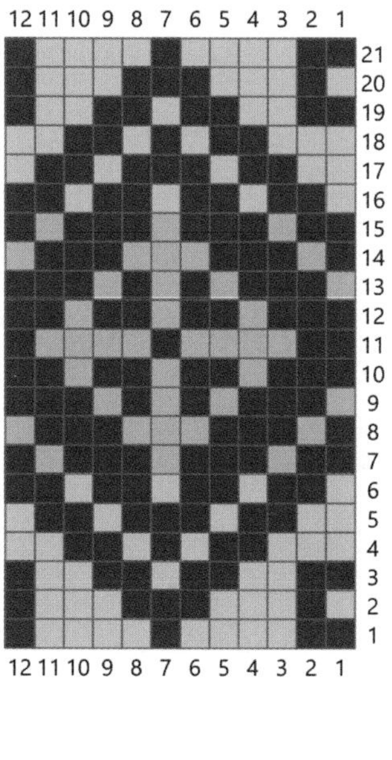

- Fb A
- Fb B
- Fb C

Zählmuster für die Ärmelbordüre

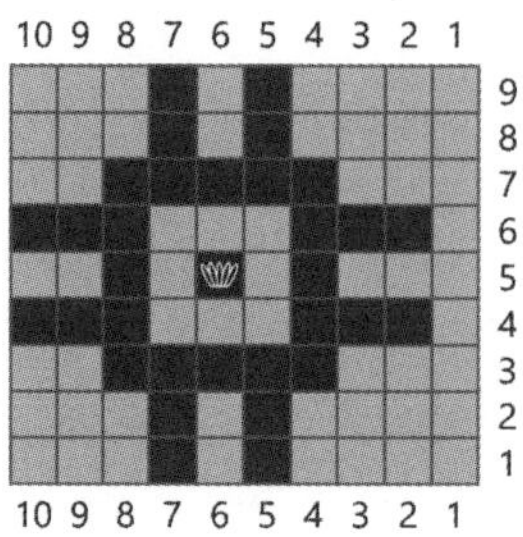

- Fb A
- Fb B
- Flachnoppe

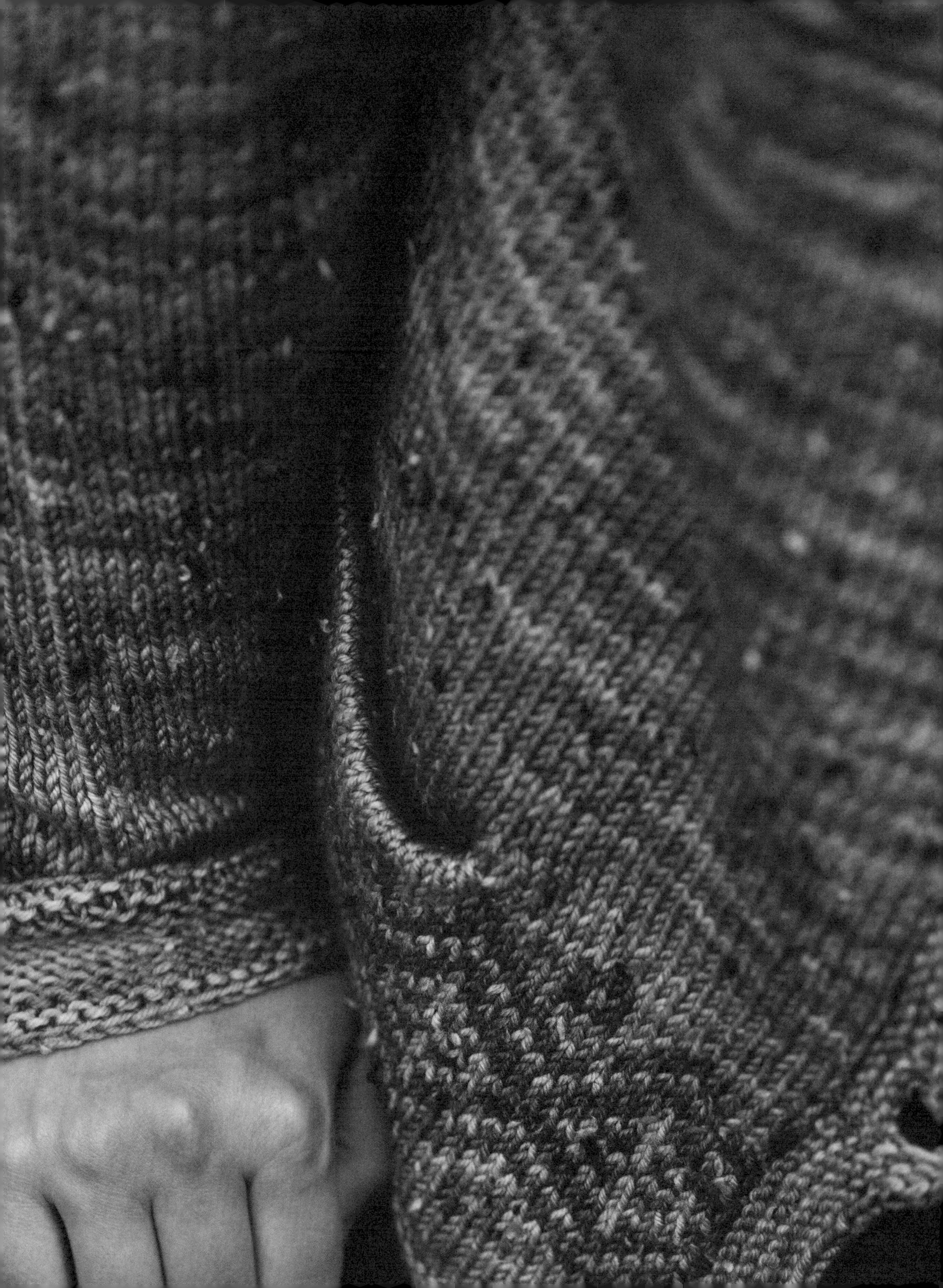

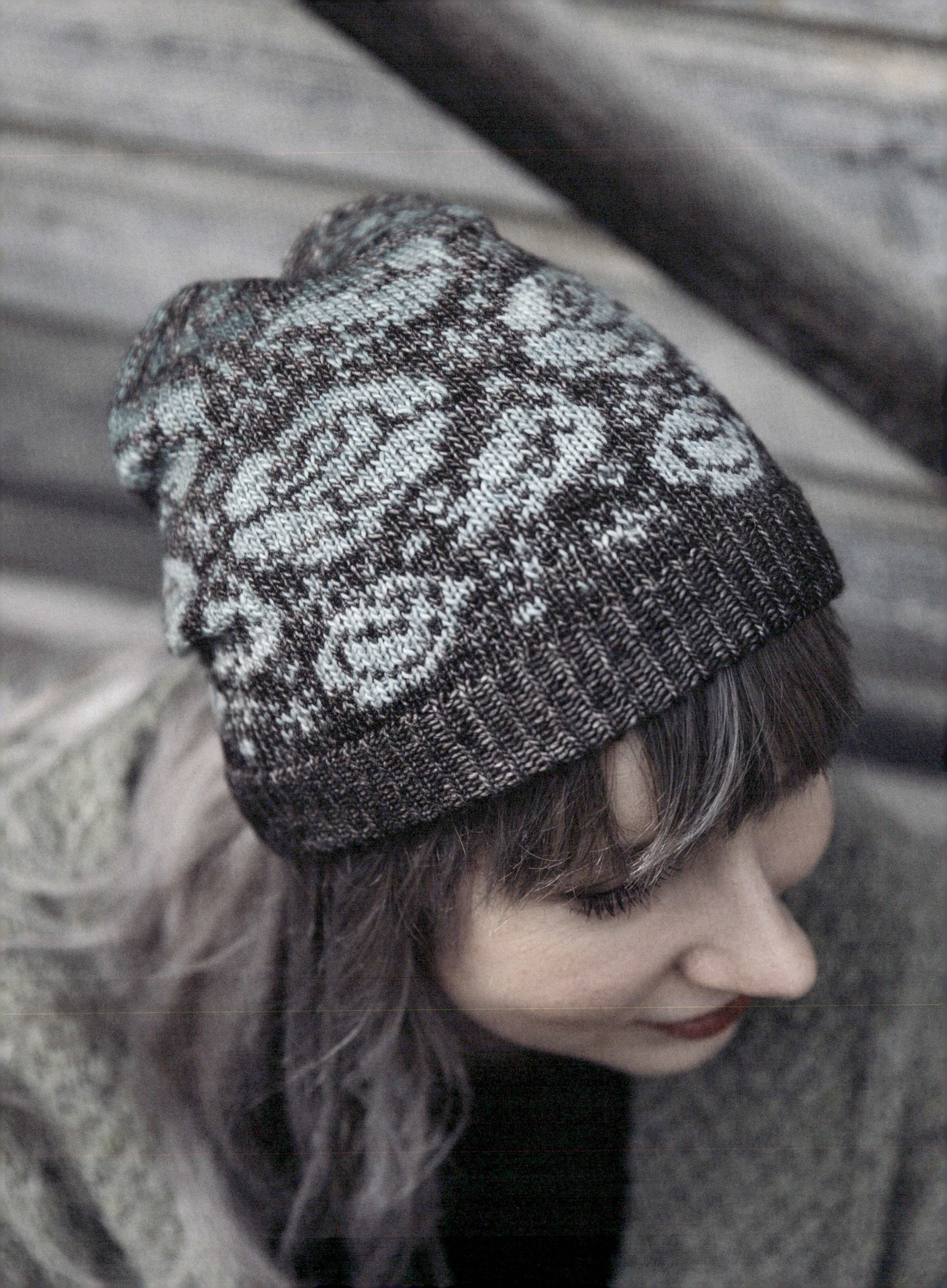

6

INCANDESCENT

Die Beanie Incandescent fällt durch ein romantisches Rosenmuster und das doppelte Rippenbündchen auf. Durch die Verlaufsfärbung des grünen Garns bekommt das Muster eine überwältigende Wirkung.

Größe
M
Passend für einen Kopfumfang von 55 cm

Garn
La Bien Aimée Merino Singles (100 % Superwash-Merinowolle; LL 366 m/100 g):
Fb A: Loam, 1 Strang
SnailYarn Merino Singles (100 % Superwash-Merinowolle; LL 366 m/100 g):
Fb B: Viridian gradient, 1 Set

Materialverbrauch
Fb A: 180 m
Fb B: 100 m

Stricknadeln
Rundstricknadeln 2,5 mm und 3,0 mm, 40 cm lang
Nadelspiel 3,0 mm (für den Abnahmeteil am Oberkopf)
Passen Sie die Nadelstärke gegebenenfalls an, um die korrekte Maschenprobe zu erzielen.

Maschenprobe
26 M und 37 Rd mit Nd 3,0 mm in Rd glatt rechts in Jacquardtechnik = 10 cm x 10 cm (nach dem Spannen)

Zubehör
5 Maschenmarkierer
Hilfsgarn
Häkelnadel
Wollnadel

Maße
A Umfang: 50 cm
B Höhe: 24,5 cm

ANLEITUNG

Mit der Rundstricknd 2,5 mm, der Häkelnadel und dem Hilfsgarn 130 M provisorisch anschl.
Einteilungs-R (Hinr; (Fb A): Rechte M str bis R-Ende, MM platzieren und die Arbeit zur Rd schließen.
Nächste Rd (Vorderseite): * 1 M rechts verschränkt, 1 M links *; von * bis * stets wdh bis Rd-Ende.
Im so eingeteilten verschränkten Rippenmuster weitere 31 Rd arb.
Den provisorischen M-Anschlag vorsichtig auflösen und die offenen M auf eine andere Nd auffassen. Das Rippenbündchen links auf links mittig zusammenlegen und die Anschlag-M mit den M der aktuellen Rd rechts zusammenstr wie folgt:
Nächste Rd (Vorderseite): * 1 M der vorderen und 1 M der hinteren Nd rechts zusammenstr *; von * bis * stets wdh bis Rd-Ende.
Zur Rundstricknd 3,0 mm wechseln.
Den Faden in Fb B dazunehmen und glatt rechts in Jacquardtechnik nach dem Zählmuster weiterstr, dabei den gezeichneten Rapport innerhalb der Rd 5x arb. (Nach Belieben zwischen den einzelnen Rapporten MM platzieren, um den Überblick zu behalten.)
In der 59. Rd mit den eingezeichneten Abnahmen beginnen und zum Ndspiel wechseln, wenn die M-Zahl für die Rundstricknd zu gering wird.
Nach der letzten Rd des Zählmusters bleiben 10 M übrig. Beide Fäden bis auf ein 15 cm langes Fadenende abschneiden. Das Fadenende in Fb A mithilfe der Wollnadel 2x durch die verbleibenden M führen und fest anziehen. Die Fadenenden auf der linken Seite der Arbeit vernähen.

Zählmuster für das Rosenmuster

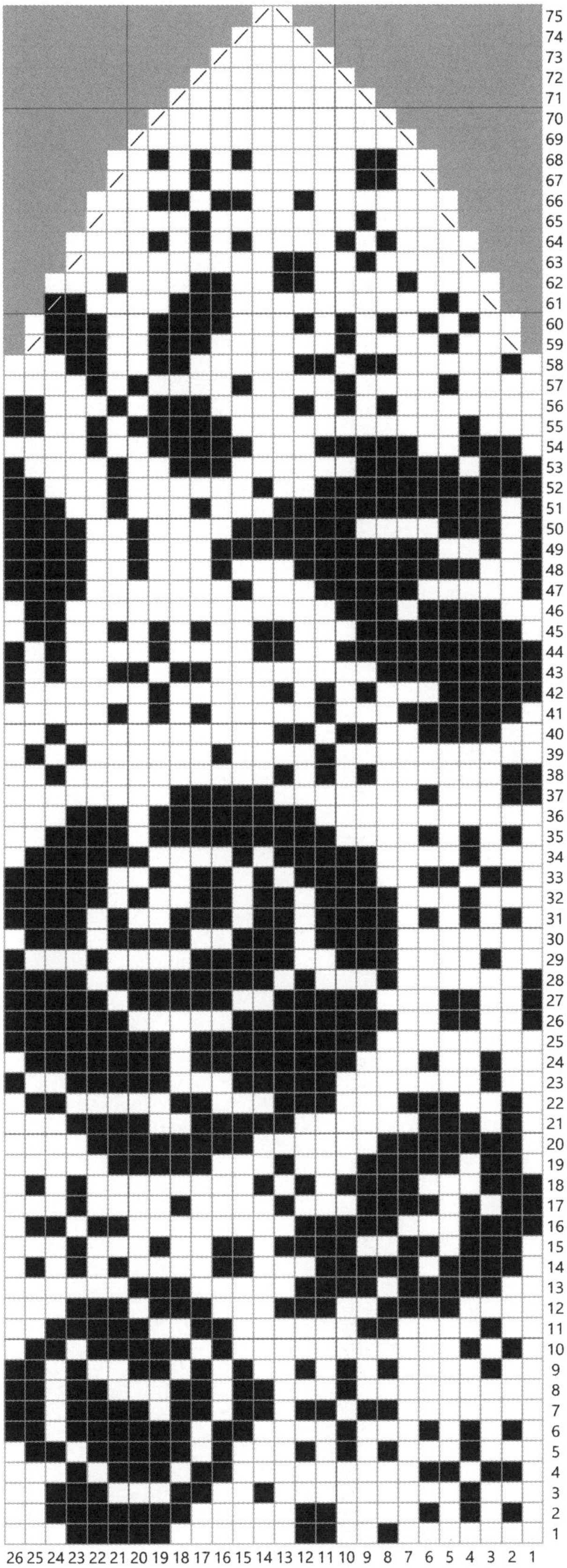

- □ Fb A
- ■ Fb B
- ⟍ 2 M rechts abgehoben zusammenstr
- ⟋ 2 M rechts zusammenstr
- ▒ keine M

7

FOLIAGE

Der Pullover Foliage wird nahtlos von oben nach unten gestrickt. Das Blattmuster der Rundpasse wiederholt sich oberhalb der Ärmelbündchen. Die zweifarbigen Rippenbündchen an Halsausschnitt und Ärmeln verleihen dem Modell seine besondere Note.

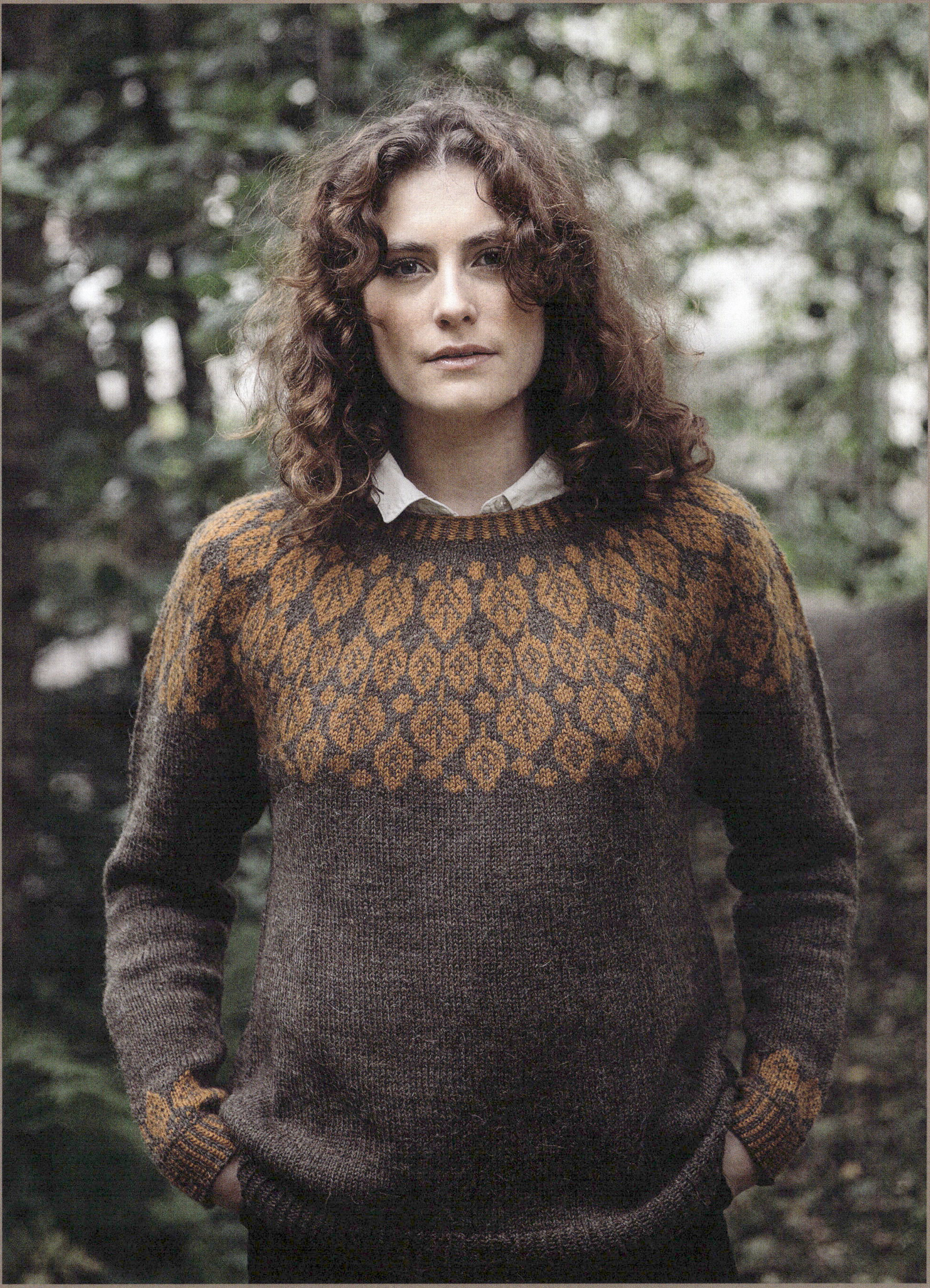

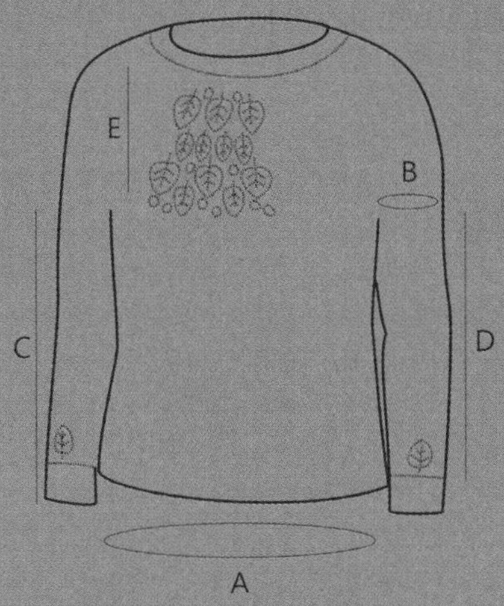

Größe
XXS / XS / S / M1 / M2 / L1 / L2 / XL / 2XL / 3XL / 4XL / 5XL
Die Angaben für die verschiedenen Größen sind durch Schrägstriche voneinander getrennt. Steht nur eine Angabe, gilt diese für alle Größen.
Dieser Pullover soll locker sitzen. Wählen Sie die Größe, deren Oberweite etwa 8 cm größer ist als Ihr Brustumfang.

Garn
The Fibre Co. Cumbria Fingering (60 % Merinowolle, 30 % Mashamwolle, 10 % Mohair; LL 300 m/100 g):
Fb A: Barrow, 4 / 4 / 4 / 4 / 5 / 5 / 5 / 5 / 6 / 6 / 6 / 7 Stränge
Fb B: Catbells, 1 / 1 / 1 / 1 / 1 / 1 / 1 / 1 / 1 / 2 / 2 / 2 Stränge

Materialverbrauch
Fb A: 980 / 1000 / 1100 / 1160 / 1220 / 1300 / 1370 / 1430 / 1550 / 1670 / 1760 / 1880 m
Fb B: 190 / 200 / 235 / 235 / 245 / 245 / 260 / 280 / 300 / 330 / 335 / 350 m

Stricknadeln
Rundstricknadel 3,5 mm, 100 cm lang
Nadelspiel 3,5 mm (optional für die Ärmel)
Passen Sie die Nadelstärke gegebenenfalls an, um die korrekte Maschenprobe zu erzielen.

Maschenprobe
23 M und 29 Rd in Rd glatt rechts und in Jacquardtechnik = 10 cm x 10 cm (nach dem Spannen)

Zubehör
4 Maschenmarkierer
Wollnadel

Maße
A Ober-, Taillen- und Hüftweite: 94 / 101 / 103,5 / 109,5 / 114 / 120 / 123,5 / 130,5 / 139 / 149,5 / 158,5 / 168,5 cm
B Oberarmumfang: 33 / 33 / 35,5 / 35,5 / 41 / 41 / 42,5 / 42,5 / 45 / 47 / 49,5 / 51,5 cm
C Ärmellänge: 42,5 / 42,5 / 44 / 44 / 46,5 / 46,5 / 47,5 / 47,5 / 49 / 49 / 49 / 49 cm
D Rumpflänge ab Armausschnitt: 38 cm
E Armausschnitthöhe: 24 / 25,5 / 25,5 / 27 / 27 / 28,5 / 28,5 / 29 / 30,5 / 31,5 / 33 / 34,5 cm.

ANLEITUNG

Mit je 1 Faden in Fb A und Fb B im Kreuzanschlag M anschl wie folgt und dabei den Faden in Fb B um den Daumen und den Faden in Fb A um den Zeigefinger legen: 110 / 110 / 114 / 114 / 114 / 114 / 114 / 116 / 114 / 114 / 120 / 120 M anschl, MM platzieren und die Arbeit zur Rd schließen.

Nächste Rd (Vorderseite): * 1 M rechts in Fb A, 1 M links in Fb B *; von * bis * stets wdh bis Rd-Ende.

Weitere 9 Rd im so eingeteilten zweifarbigen Rippenmuster str.

Nächste Rd (Fb A): Rechte M str bis Rd-Ende.

Nächste Rd (nur Größe M1 / M2 / L1 / L2 / 2XL / 3XL / 5XL; Fb A): * – / – / – / 19 / 7 / 7 / 7 / – / 3 / 3 / – / 3 M rechts, 1 M links tiefgestochen zunehmen, – / – / – / 19 / 7 / 7 / 7 / – / 4 / 3 / – / 3 M rechts, 1 M links tiefgestochen zunehmen *; von * bis * stets wdh bis zu den letzten – /– / – / 0 / 2 / 2 / 2 / – / 9 / 6 / – / 0 M, – / – / – / 0 / 2 / 2 / 2 /– / 3 / 6 / – / 0 M rechts, – / – / – / 0 / 0 / 0 / 0 / – / 1 / 0 / – / 0 Maschen links tiefgestochen zunehmen, rechte M str bis Rd-Ende (= – / – / – / 120 / 130 / 130 / 130 / – / 145 / 150 / – / 160 M).

Nächste Rd (nur Größe XL / 4XL; Fb A): – / – / – / – / – / – / – / 5 / – / – / 3 / – M rechts, 1 M links tiefgestochen zunehmen, * – / – / – / – / – / – / – / 6 / – / – / 4 / – M rechts, 1 M links tiefgestochen zunehmen *; von * bis * stets wdh bis zu den letzten – / – / – / – / – / – / – / 3 / – / – / 1 / – M, rechte M str bis Rd-Ende (= – / – / – / – / – / – / – / 135 / – / – / 150 / – M).

Nächste Rd (nur Größe S): – / – / 1 / – / – / – / – / – / – / – / – / – M rechts, 1 M links tiefgestochen zunehmen, rechte M str bis Rd-Ende (= – / – / 115 / – / – / – / – / – / – / – / – / – M).

Nächste Rd (Fb A, alle Größen): Rechte M str bis Rd-Ende.

PASSE

Glatt rechts in Jacquardtechnik nach dem Zählmuster für die Passe weiterstr, dabei das Zählmuster innerhalb jeder Rd 22 / 22 / 23 / 24 / 26 / 26 / 26 / 27 / 29 / 30 / 30 / 32x arb (= 352 / 352 / 368 / 384 / 416 / 416 / 416 / 432 / 464 / 480 / 480 / 512 M).

Nach der letzte Rd des Zählmusters den Faden in Fb B abschneiden, MM platzieren und in verkürzten R weiterstr wie folgt (die ersten Wendestellen der verkürzten R liegen in den Ärmeln, die letzten im Vorderteil):

Einteilungs-Rd (Fb A): 52 / 54 / 56 / 59 / 62 / 63 / 63 / 67 / 72 / 76 / 77 / 83 M rechts (für das Rückenteil), MM platzieren, 72 / 68 / 73 / 74 / 85 / 82 / 82 / 82 / 88 / 88 / 86 / 90 M rechts (für den rechten Ärmel), MM platzieren, 104 / 108 / 111 / 118 / 123 / 126 / 126 / 134 / 144 / 152 / 154 / 166 M rechts (für das Vorderteil), MM platzieren, 72 / 68 / 73 / 74 / 85 / 82 / 82 / 82 / 88 / 88 / 86 / 90 M rechts (für den linken Ärmel), MM platzieren, rechte M str bis Rd-Ende, MM entfernen, rechte M str bis zum nächsten MM.

Der Rd-Beginn liegt nun zwischen dem Rückenteil und dem rechten Ärmel.

1. R (Hinr): Rechte M str bis 10 M vor dem MM; w&w.

2. R (Rückr): * Linke M str bis MM, MM abheben *; von * bis * noch 1x wdh, linke M str bis 10 M vor dem MM; w&w.

3. R: Rechte M str bis zur umwickelten M, dabei die MM abheben, die umwickelte M mit dem Wickelfaden rechts zusammenstr, 4 M rechts; w&w.

4. R: Linke M str bis zur umwickelten M, dabei die MM abheben, die umwickelte M mit dem Wickelfaden links zusammenstr, 4 M links; w&w.

Die 3. und 4. R noch 2x wdh.

9. R: Rechte M str bis zur umwickelten M, dabei die MM abheben, die umwickelte M mit dem Wickelfaden rechts zusammenstr, 8 M rechts; w&w.

10. R: Linke M str bis zur umwickelten M, dabei die MM abheben, die umwickelte M mit dem Wickelfaden links zusammenstr, 8 M links; w&w.

Die 9. und 10 R noch 1x wdh.

Nächste Rd (Vorderseite): * Rechte M str bis zur umwickelten M, dabei die MM abheben, die umwickelte M mit dem Wickelfaden rechts zusammenstr *; von * bis * noch 1x wdh, rechte M str bis Rd-Ende.

Glatt rechts weiterstr bis zu einer Vorderteilhöhe von 24 / 25,5 / 25,5 / 27 / 27 / 28,5 / 28,5 / 29 / 30,5 / 31,5 / 33 / 34,5 cm (von der Oberkante der Halsausschnittblende gemessen).

RUMPF

Einteilungs-Rd (Vorderseite): * MM entfernen, die nächsten 72 / 68 / 73 / 74 / 85 / 82 / 82 / 82 / 88 / 88 / 86 / 90 M auf einem Maschenraffer stilllegen, 2 / 4 / 4 / 4 / 4 / 6 / 8 / 8 / 8 / 10 / 14 / 14 M durch Aufschlingen neu anschl, MM platzieren, 2 / 4 / 4 / 4 / 4 / 6 / 8 / 8 / 8 / 10 / 14 / 14 M durch Aufschlingen neu anschl, MM entfernen, rechte M str bis MM *; von * bis * noch 1x wdh. Der Rd-Beginn liegt nun in der Mitte der Unterkante des rechten Armausschnitts (= 216 / 232 / 238 / 252 / 262 / 276 / 284 / 300 / 320 / 344 / 364 / 388 M).

Nächste Rd: Rechte M str bis Rd-Ende.

Glatt rechts weiterstr bis zu einer Rumpfhöhe von 35 cm ab Unterkante des Armausschnitts oder bis der Rumpf 3 cm kürzer ist als die gewünschte Gesamthöhe.

Nächste Rd: * 1 M rechts, 1 M links *; von * bis * stets wdh bis Rd-Ende.

Weitere 11 Rd im so eingeteilten Rippenmuster str. Alle M im Rippenmuster abk.

ÄRMEL

Die M für einen Ärmel zurück auf die Nd nehmen.

Einteilungs-Rd (Vorderseite): Mit dem Faden in Fb A in der Mitte der Armausschnitt-Unterkante beginnend 2 / 4 / 4 / 4 / 4 / 6 / 8 / 8 / 8 / 10 / 14 / 14 M aus der Kante rechts heraus-

Zählmuster für die Passe (Größe XXS / XS / S / M1)

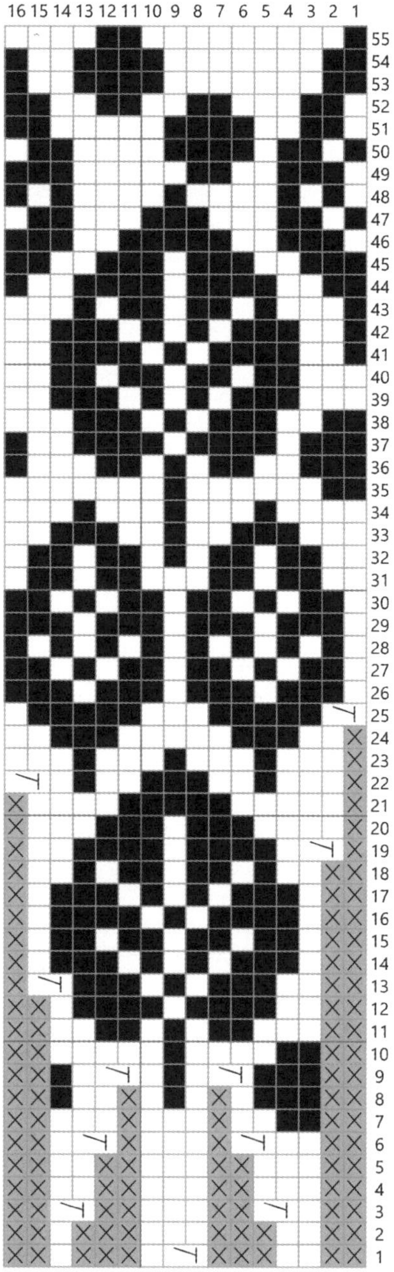

Zählmuster für die Ärmelbordüre

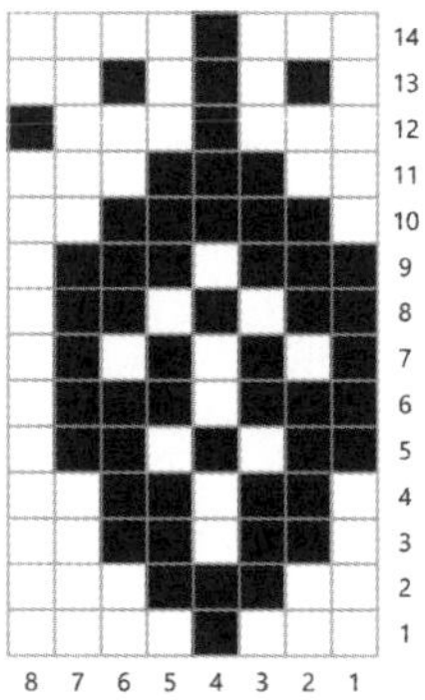

Zählmuster für die Passe (Größe M2 / L1 / L2 / XL / 2XL / 3XL / 4XL / 5XL)

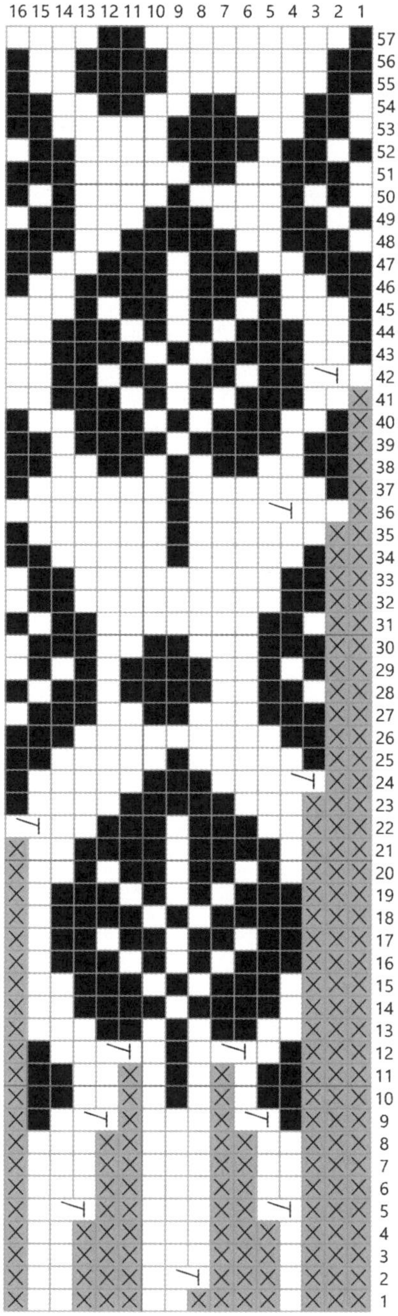

- 1 M rechts, 1 M links tiefgestochen zunehmen
- Fb A
- Fb B
- keine M

str, die Ärmel-M rechts str, dann weitere 2 / 4 / 5 / 4 / 5 / 6 / 8 / 8 / 8 / 10 / 14 / 14 M aus der Armausschnitt-Unterkante rechts herausstr, MM platzieren und die Arbeit zur Rd schließen (= 76 / 76 / 82 / 82 / 94 / 94 / 98 / 98 / 104 / 108 / 114 / 118 M).

23 Rd rechte M str.

Abnahme-Rd: 1 M rechts, 2 M rechts zusammenstr, rechte M str bis zu den letzten 3 M, 2 M rechts abgehoben zusammenstr, 1 M rechts (= 2 M abgenommen).

Glatt rechts weiterstr und dabei die Abnahme-Rd noch 9 / 9 / 12 / 12 / 14 / 14 / 16 / 16 / 19 / 17 / 20 / 22x in jeder 7. / 7. / 5. / 5. / 5. / 5. / 5. / 5. / 4. / 5. / 4. / 4. Rd wdh (= 56 / 56 / 56 / 56 / 64 / 64 / 64 / 64 / 64 / 72 / 72 / 72 M).

Glatt rechts gerade weiterstr bis zu einer Ärmellänge von 33 / 33 / 34,5 / 34,5 / 37 / 37 / 38 / 38 / 39,5 / 39,5 / 39,5 / 39,5 cm ab der Unterkante des Armausschnitts oder bis der Ärmel 9,5 cm kürzer ist als die gewünschte Gesamtlänge.

Den Faden in Fb B dazunehmen und glatt rechts in Jacquardtechnik nach dem Zählmuster für die Ärmelbordüre weiterstr; dabei das Zählmuster 7 / 7 / 7 / 7 / 8 / 8 / 8 / 8 / 8 / 9 / 9 / 9x innerhalb der Rd arb.

Nächste Rd: In Fb A rechte M str bis Rd-Ende.

Nächste Rd: * 1 M rechts in Fb A, 1 M links in Fb B *; von * bis * stets wdh bis Rd-Ende.

Weitere 11 Rd im so eingeteilten zweifarbigen Rippenmuster str.

Den Faden in Fb B abschneiden und alle M in Fb A im Rippenmuster abk.

Den 2. Ärmel genauso arb.

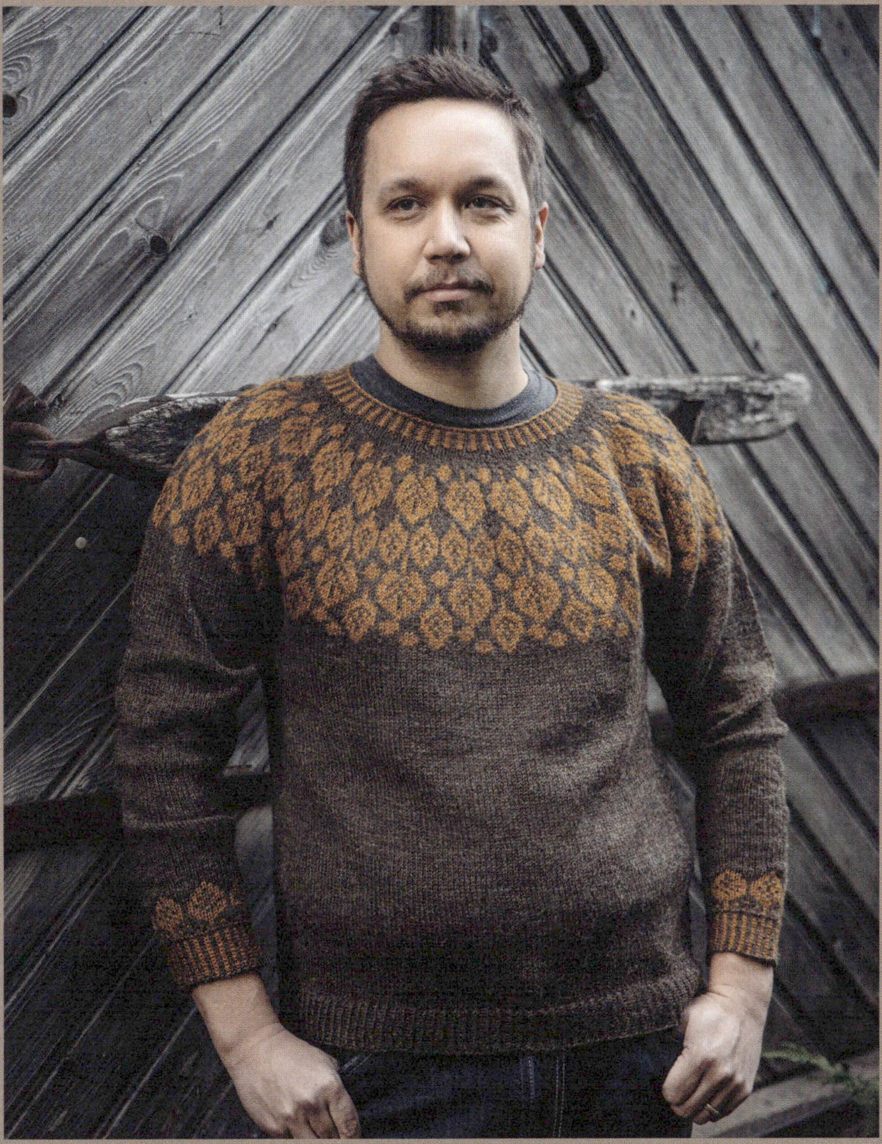

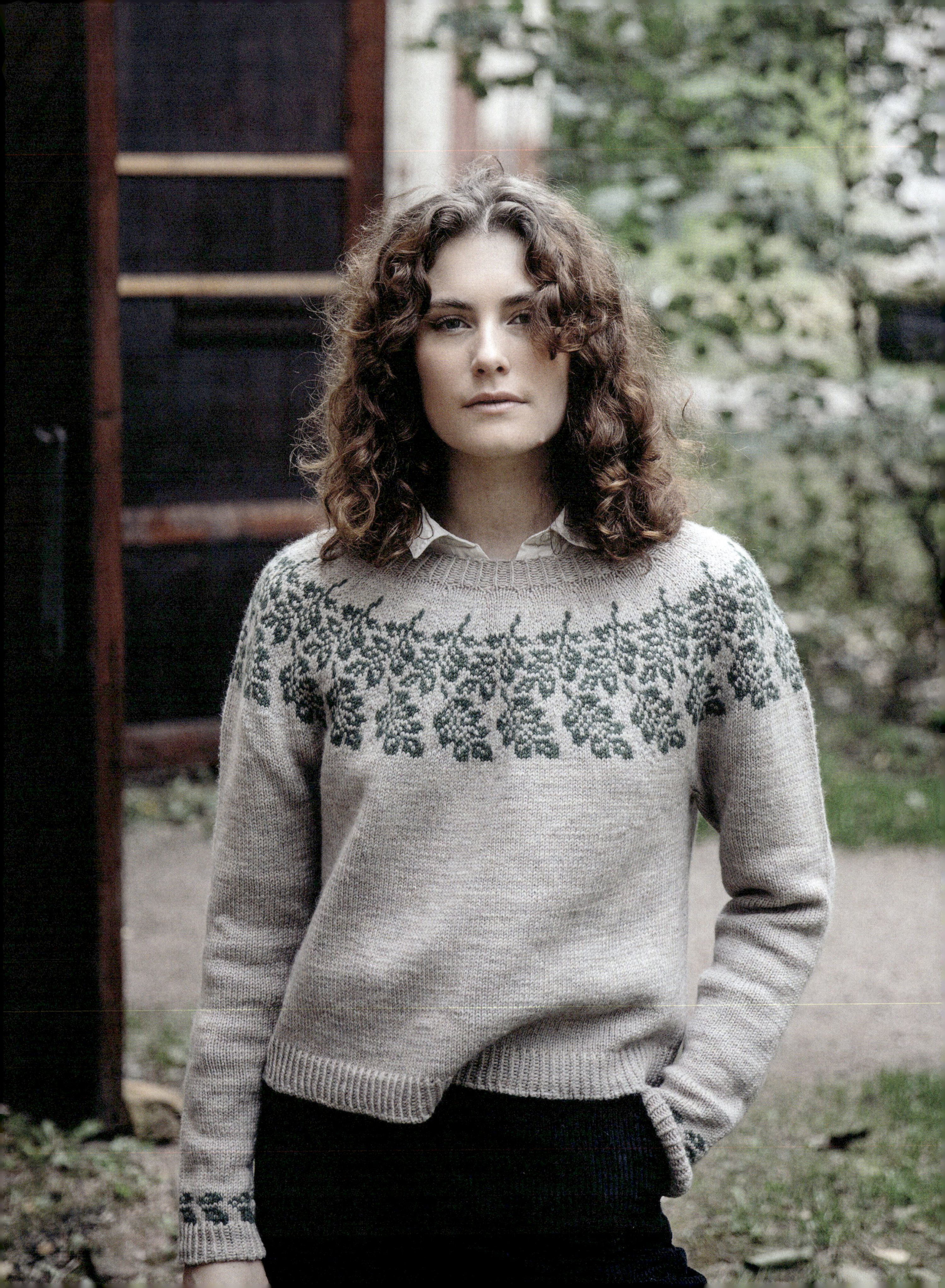

8

LEHTO

Der kurze und kastig geschnittene Pullover Lehto wird nahtlos von oben nach unten gestrickt. Die Rundpasse ziert ein hübsches Blattmuster.

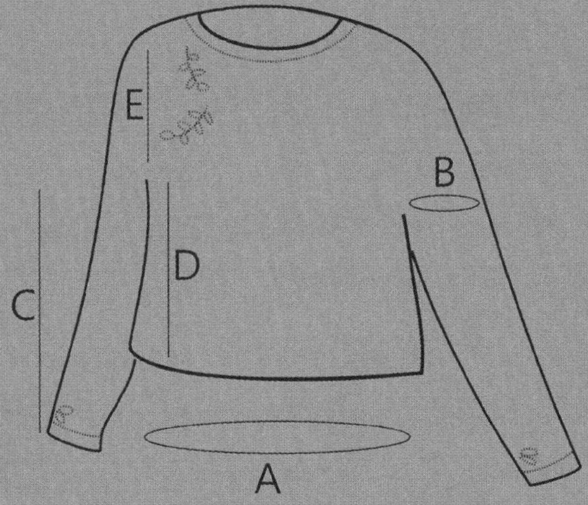

Größe

XXS / XS / S / M1 / M2 / L1 / L2 / XL / 2XL / 3XL / 4XL / 5XL

Die Angaben für die verschiedenen Größen sind durch Schrägstriche voneinander getrennt. Steht nur eine Angabe, gilt diese für alle Größen.

Dieser Pullover soll bequem sitzen. Wählen Sie die Größe, deren Oberweite etwa 8 cm größer ist als Ihr Brustumfang.

Garn

John Arbon Textiles Yarnadelic (100 % Corriedale-Wolle von den Falklandinseln; LL 333 m/100 g):

Fb A: The Beautiful Ones, 3 / 3 / 3 / 3 / 4 / 4 / 4 / 4 / 5 / 5 / 5 / 6 Stränge

Fb B: Harmonium, 1 Strang

Materialverbrauch

Fb A: 800 / 850 / 940 / 1000 / 1055 / 1120 / 1175 / 1260 / 1410 / 1505 / 1640 / 1775 m

Fb B: 140 / 155 / 170 / 180 / 200 / 215 / 225 / 240 / 290 / 300 / 315 / 330 m

Stricknadeln

Rundstricknadel 3,5–4 mm, 100 cm lang

Nadelspiel 3,5–4 mm (optional für die Ärmel)

Passen Sie die Nadelstärke gegebenenfalls an, um die korrekte Maschenprobe zu erzielen.

Maschenprobe

24 M und 29 Rd in Rd glatt rechts und in Jacquardtechnik = 10 cm x 10 cm (nach dem Spannen).

Zubehör

4 Maschenmarkierer

Wollnadel

Maße

A Ober-, Taillen- und Hüftweite: 86,5 / 91,5 / 96,5 / 100 / 106 / 110 / 116,5 / 125 / 138,5 / 143,5 / 153,5 / 168,5 cm

B Oberarmumfang: 29 / 30 / 32,5 / 33 / 35 / 36,5 / 38,5 / 39,5 / 43,5 / 46 / 51 / 54 cm

C Ärmellänge: 43 / 44 / 44 / 44 / 45 / 45 / 45,5 / 46 / 46 / 46 / 46 / 46 cm

D Rumpflänge ab Armausschnitt: 29 cm

E Armausschnitthöhe: 20 / 20 / 20,5 / 21,5 / 22 / 23 / 23,5 / 24 / 25,5 / 27 / 27,5 / 29 cm

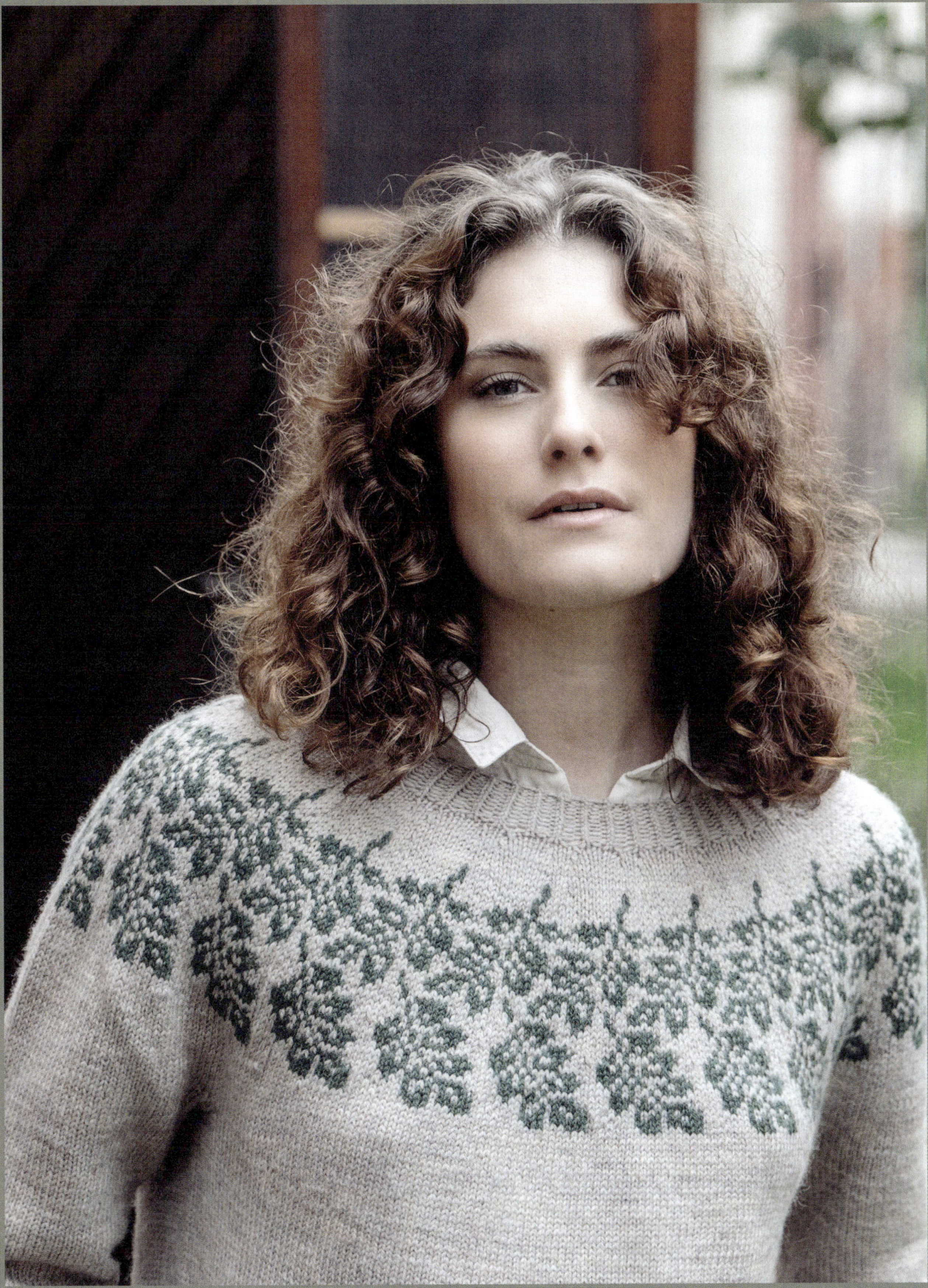

ANLEITUNG

In Fb A im runden M-Anschlag 102 / 102 / 102 / 102 / 106 / 104 / 104 / 108 / 108 / 112 / 110 / 110 M anschl. Die Arbeit zur Rd schließen und den Rd-Beginn mit 1 MM kennzeichnen.
Nächste Rd (Vorderseite): * 1 M rechts verschränkt, 1 M links *; von * bis * stets wdh bis Rd-Ende.
Weitere 9 Rd im so eingeteilten verschränkten Rippenmuster str.
Nächste Rd: Rechte M str bis Rd-Ende.
Nächste Rd (nur Größe XXS / XS / S / M1 / M2 / L1 / L2 / XL / 4XL / 5XL): * 8 / 8 / 5 / 4 / 4 / 3 / 3 / 2 / – / – / 11 / 7 M rechts, 1 M links tiefgestochen zunehmen, 9 / 9 / 6 / 4 / 4 / 3 / 3 / 3 / – / – / 11 / 8 M rechts, 1 M links tiefgestochen zunehmen *; von * bis * stets wdh bis zu den letzten 0 / 0 / 3 / 6 / 2 / 2 / 2 / 3 / – / – / 0 / 5 M, rechte M str bis Rd-Ende. (114 / 114 / 120 / 126 / 132 / 138 / 138 / 150 / – / – / 120 / 124 M).
Nächste Rd (nur Größe XXS / XS / S / M1 / M2 / L1 / L2 / XL / 4XL / 5XL): Rechte M str bis Rd-Ende.

PASSE

Glatt rechts in Jacquardtechnik nach dem Zählmuster für die Passe in der gewählten Größe weiterstr, dabei das Zählmuster 19 / 19 / 20 / 21 / 22 / 23 / 23 / 25 / 27 / 28 / 30 / 31x innerhalb der Rd arb (= 323 / 323 / 340 / 357 / 374 / 391 / 391 / 425 / 459 / 476 / 510 / 527 M).
Nach Abschluss des Zählmusters für die Passe den Faden in Fb B abschneiden.
Nächste Rd (nur Größe XXS / XS / M1 / L1 / L2 / XL / 2XL / 5XL): 1 M links tiefgestochen zunehmen, rechte M str bis Rd-Ende (= 324 / 324 / – / 358 / – / 392 / 392 / 426 / 460 / – / – / 528 M).
MM platzieren und die Arbeit mit verkürzten R formen wie folgt (die ersten Wendestellen für die verkürzten R liegen in den Ärmeln, die letzten im Vorderteil):
Einteilungs-Rd (Fb A): 49 / 50 / 52 / 55 / 58 / 60 / 61 / 67 / 73 / 75 / 79 / 84 M rechts (für das Rückenteil), MM platzieren, 64 / 62 / 66 / 69 / 72 / 76 / 74 / 79 / 84 / 88 / 97 / 96 M rechts (für den rechten Ärmel), MM platzieren, 98 / 100 / 104 / 110 / 115 / 120 / 122 / 134 / 146 / 150 / 158 / 168 M rechts (für das Vorderteil), MM platzieren, 64 / 62 / 66 / 69 / 72 / 76 / 74 / 79 / 84 / 88 / 97 / 96 M rechts (für den linken Ärmel), MM platzieren, rechte M str bis Rd-Ende, MM entfernen, rechte M str bis zum nächsten MM.
Der Rd-Beginn liegt nun zwischen dem Rückenteil und dem rechten Ärmel.
1. R (Hinr): Rechte M str bis 10 M vor dem MM; w&w.
2. R (Rückr): * Linke M str bis MM, MM abheben *; von * bis * noch 1x wdh, linke M str bis 10 M vor dem MM; w&w.
3. R: Rechte M str bis zur umwickelten M, dabei die MM abheben, die umwickelte M mit dem Wickelfaden rechts zusammenstr, 4 M rechts; w&w.
4. R: Linke M str bis zur umwickelten M, dabei die MM abheben, die umwickelte M mit dem Wickelfaden links zusammenstr, 4 M links; w&w.
Die 3. und 4. R noch 2x wdh.
9. R: Rechte M str bis zur umwickelten M, dabei die MM abheben, die umwickelte M mit dem Wickelfaden rechts zusammenstr, 8 M rechts; w&w.
10. R: Linke M str bis zur umwickelten M, dabei die MM abheben, die umwickelte M mit dem Wickelfaden links zusammenstr, 8 M links; w&w.
Die 9. und 10. R noch 1x wdh.
Nächste Rd (Vorderseite): * Rechte M str bis zur umwickelten M, dabei die MM abheben, die umwickelte M mit dem Wickelfaden rechts zusammenstr *; von * bis * noch 1x wdh, rechte M str bis Rd-Ende.
Glatt rechts weiterstr bis zu einer Vorderteilhöhe von 20 / 20 / 20,5 / 21,5 / 22 / 23 / 23,5 / 24 / 25,5 / 27 / 27,5 / 29 cm (ab Anschlagkante gemessen).

RUMPF

Einteilungs-Rd (Vorderseite): * MM entfernen, die nächsten 64 / 62 / 66 / 69 / 72 / 76 / 74 / 79 / 84 / 88 / 97 / 96 M auf einem Maschenraffer stilllegen, 3 / 5 / 6 / 5 / 6 / 6 / 9 / 8 / 10 / 11 / 13 / 17 M durch Aufschlingen neu anschl, MM platzieren, 3 / 5 / 6 / 5 / 6 / 6 / 9 / 8 / 10 / 11 / 13 / 17 M durch Aufschlingen neu anschl, MM entfernen, rechte M str bis MM *; von * bis * noch 1x wdh. Der Rd-Beginn liegt nun in der Mitte der Unterkante des rechten Armausschnitts (= 208 / 220 / 232 / 240 / 254 / 264 / 280 / 300 / 332 / 344 / 368 / 404 M).
Wenn Sie möchten, können Sie an dieser Stelle Brustabnäher str. Die Abnäher an der Stelle des größten Brustumfangs entsprechend der Körbchengröße arb. Achtung: Wenn Ihr größter Brustumfang noch nicht an dieser Stelle liegt, den Rumpf weiterstr und die Abnäher später arb. Wenn Sie schon über Ihren größten Brustumfang hinweggestrickt haben, können Sie die Brustabnäher sofort arb.

Brustabnäher C/D

1. R (Hinr): Rechte M str bis 13 / 14 / 15 / 15 / 16 / 17 / 18 / 19 / 21 / 22 / 23 / 26 M vor dem linken Seiten-MM; w&w.
2. R (Rückr): Linke M str bis 13 / 14 / 15 / 15 / 16 / 17 / 18 / 19 / 21 / 22 / 23 / 26 M vor dem rechten Seiten-MM; w&w.
3. R: Rechte M str bis 4 / 5 / 5 / 5 / 5 / 5 / 6 / 6 / 7 / 7 / 8 / 8 M vor der zuletzt umwickelten M; w&w.
4. R: Linke M str bis 4 / 5 / 5 / 5 / 5 / 5 / 6 / 6 / 7 / 7 / 8 / 8 M vor der zuletzt umwickelten M; w&w.
Die 3. und 4. R noch 2x wdh.
9. R (Hinr): * Rechte M str bis zur umwickelten M und diese M mit dem Wickelfaden rechts zusammenstr *; von * bis * noch 3x wdh, rechte M str bis Rd-Ende und in Rd weiterstr.

10. Rd (Vorderseite): Rechte M str bis Rd-Ende, dabei die verbliebenen umwickelten M mit dem jeweiligen Wickelfaden rechts zusammenstr.

Brustabnäher E/F

1. R (Hinr): Rechte M str bis 13 / 14 / 15 / 15 / 16 / 17 / 18 / 19 / 21 / 22 / 23 / 26 M vor dem linken Seiten-MM; w&w.
2. R (Rückr): Linke M str bis 13 / 14 / 15 / 15 / 16 / 17 / 18 / 19 / 21 / 22 / 23 / 26 M vor dem rechten Seiten-MM; w&w.
3. R: Rechte M str bis 3 / 4 / 4 / 4 / 4 / 4 / 4 / 5 / 5 / 5 / 6 / 6 M vor der zuletzt umwickelten M; w&w.
4. R: Linke M str bis 3 / 4 / 4 / 4 / 4 / 4 / 4 / 5 / 5 / 5 / 6 / 6 M vor der zuletzt umwickelten M; w&w.
Die 3. und 4. R noch 3x wdh.
11. R (Hinr): * Rechte M str bis zur umwickelten M, diese M mit dem Wickelfaden rechts zusammenstr; von * bis * noch 4x wdh, rechte M str bis Rd-Ende und in Rd weiterstr.
12. Rd (Vorderseite): Rechte M str bis Rd-Ende, dabei die verbliebenen umwickelten M mit dem jeweiligen Wickelfaden rechts zusammenstr.

Brustabnäher G/H

1. R (Hinr): Rechte M str bis 13 / 14 / 15 / 15 / 16 / 17 / 18 / 19 / 21 / 22 / 23 / 26 M vor dem linken Seiten-MM; w&w.
2. R (Rückr): Linke M str bis 13 / 14 / 15 / 15 / 16 / 17 / 18 / 19 / 21 / 22 / 23 / 26 M vor dem rechten Seiten-MM; w&w.
3. R: Rechte M str bis 3 / 3 / 3 / 3 / 3 / 3 / 3 / 4 / 4 / 4 / 5 / 5 M vor der zuletzt umwickelten M; w&w.
4. R: Linke M str bis 3 / 3 / 3 / 3 / 3 / 3 / 3 / 4 / 4 / 4 / 5 / 5 M vor der zuletzt umwickelten M; w&w.
Die 3. und 4. R noch 4x wdh.
13. R (Hinr): * Rechte M str bis zur umwickelten M, diese M mit dem Wickelfaden rechts zusammenstr *; von * bis * noch 5x wdh, rechte M str bis Rd-Ende und in Rd weiterstr.
14. Rd (Vorderseite): Rechte M str bis Rd-Ende, dabei die verbliebenen umwickelten M mit dem jeweiligen Wickelfaden rechts zusammenstr.

Nach den Brustabnähern

Glatt rechts weiterstr bis zu einer Rumpfhöhe von 25 cm ab Unterkante der Armausschnitte.
Nächste Rd: * 1 M rechts verschränkt, 1 M links *; von * bis * stets wdh bis Rd-Ende.
Die letzte Rd noch 11x wdh. Alle M im Rippenmuster oder italienisch abk.

ÄRMEL

Die M für einen Ärmel zurück auf die Nd nehmen.
Einteilungs-Rd (Vorderseite): In Fb A in der Mitte der Armausschnitt-Unterkante beginnend 3 / 5 / 6 / 5 / 6 / 6 / 9 / 8 / 10 / 11 / 13 / 17 M aus der Kante rechts heraussstr, die Ärmel-M rechts str, weitere 3 / 5 / 6 / 5 / 6 / 6 / 9 / 8 / 10 / 11 / 13 / 17 M aus der Armausschnitt-Unterkante rechts herausstr, MM platzieren und die Arbeit zur Rd schließen (= 70 / 72 / 78 / 79 / 84 / 88 / 92 / 95 / 104 / 110 / 123 / 130 M).
8 / 8 / 8 / 8 / 8 / 8 / 2 / 2 / 2 / 2 / 2 / 2 Rd rechte M str.
Abnahme-Rd: 1 M rechts, 2 M rechts zusammenstr, rechte M str bis zu den letzten 3 M, 2 M rechts abgehoben zusammenstr, 1 M rechts (= 2 M abgenommen).
Glatt rechts weiterstr, dabei die Abnahme-Rd noch 14 / 15 / 18 / 14 / 17 / 19 / 21 / 22 / 23 / 26 / 32 / 32x in jeder 6. / 6. / 5. / 6. / 5. / 5. / 5. / 4. / 4. / 4. / 3. / 3. Rd wdh (= 40 / 40 / 40 / 49 / 48 / 48 / 48 / 49 / 56 / 56 / 57 / 64 M).
Nächste Rd (nur Größe M1 / XL / 4XL): 1 M rechts, 2 M rechts zusammenstr, rechte M str bis Rd-Ende (= 1 M abgenommen).
Glatt rechts gerade weiterstr bis zu einer Ärmellänge von 36 / 37 / 37 / 37 / 38 / 38 / 38,5 / 39 / 39 / 39 / 39 / 39 cm ab Armausschnitt-Unterkante oder bis der Ärmel 7 cm kürzer ist als die gewünschte Gesamtlänge.
Den Faden in Fb B dazunehmen und glatt rechts in Jacquardtechnik nach dem Zählmuster für die Ärmelbordüre weiterstr.
Nach der letzten Rd des Zählmusters den Faden in Fb B abschneiden und in Fb A 1 Rd rechte M str.
Nächste Rd (Fb A): * 1 M rechts verschränkt, 1 M links *; von * bis * stets wdh bis Rd-Ende.
Die letzte Rd noch 9x wdh. Alle M im Rippenmuster oder italienisch abk.
Den 2. Ärmel genauso arb.

Zählmuster für die Passe (Größe XXS / XS / S / M1 / M2 / L1 / L2 / XL)

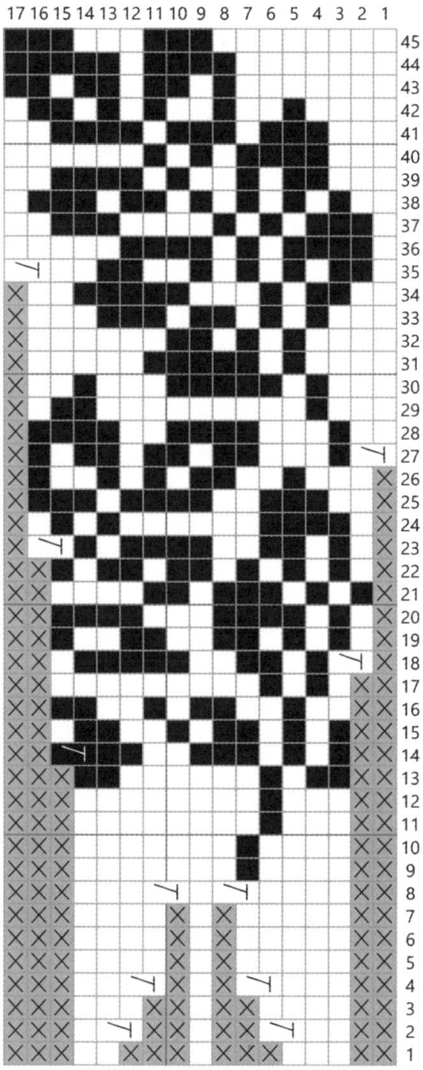

Zählmuster für die Passe (Größe 2XL / 3XL / 4XL / 5XL)

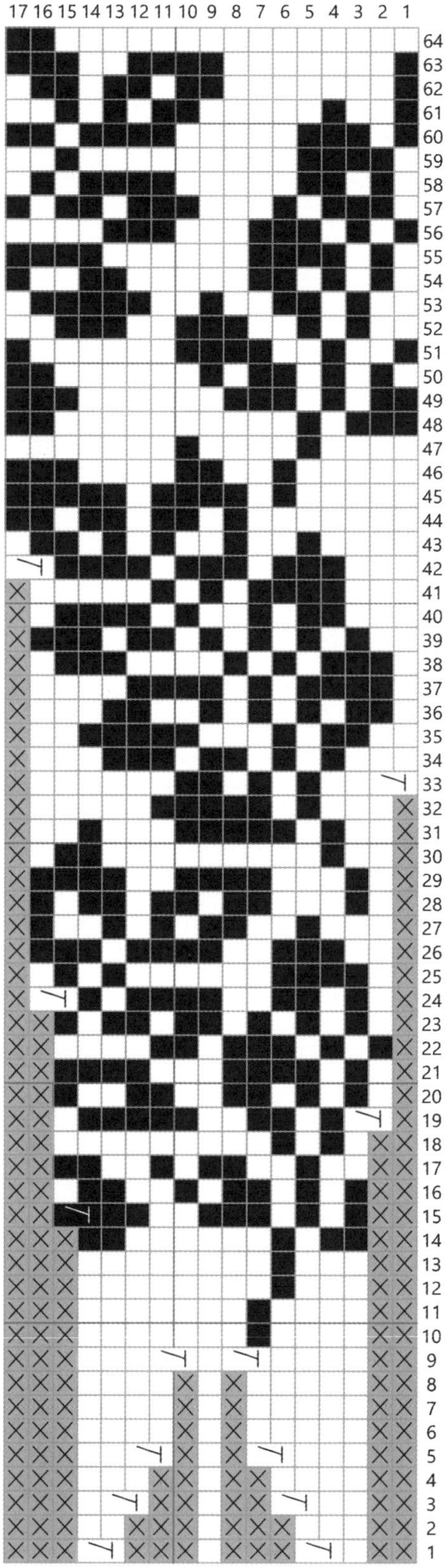

Zählmuster für die Ärmelbordüre

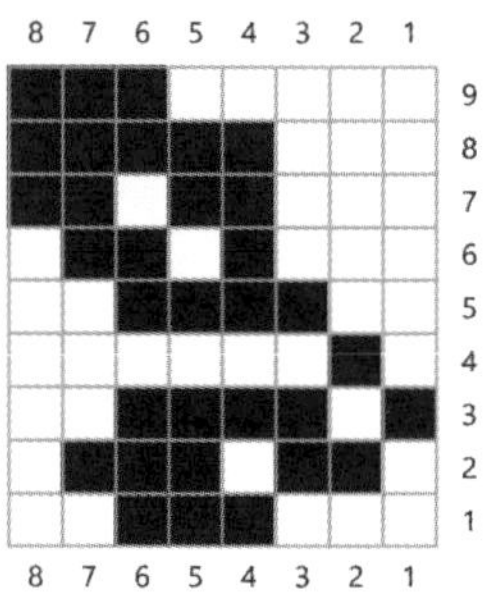

- Fb A
- Fb B
- 1 M rechts, 1 M links tiefgestochen zunehmen
- keine M

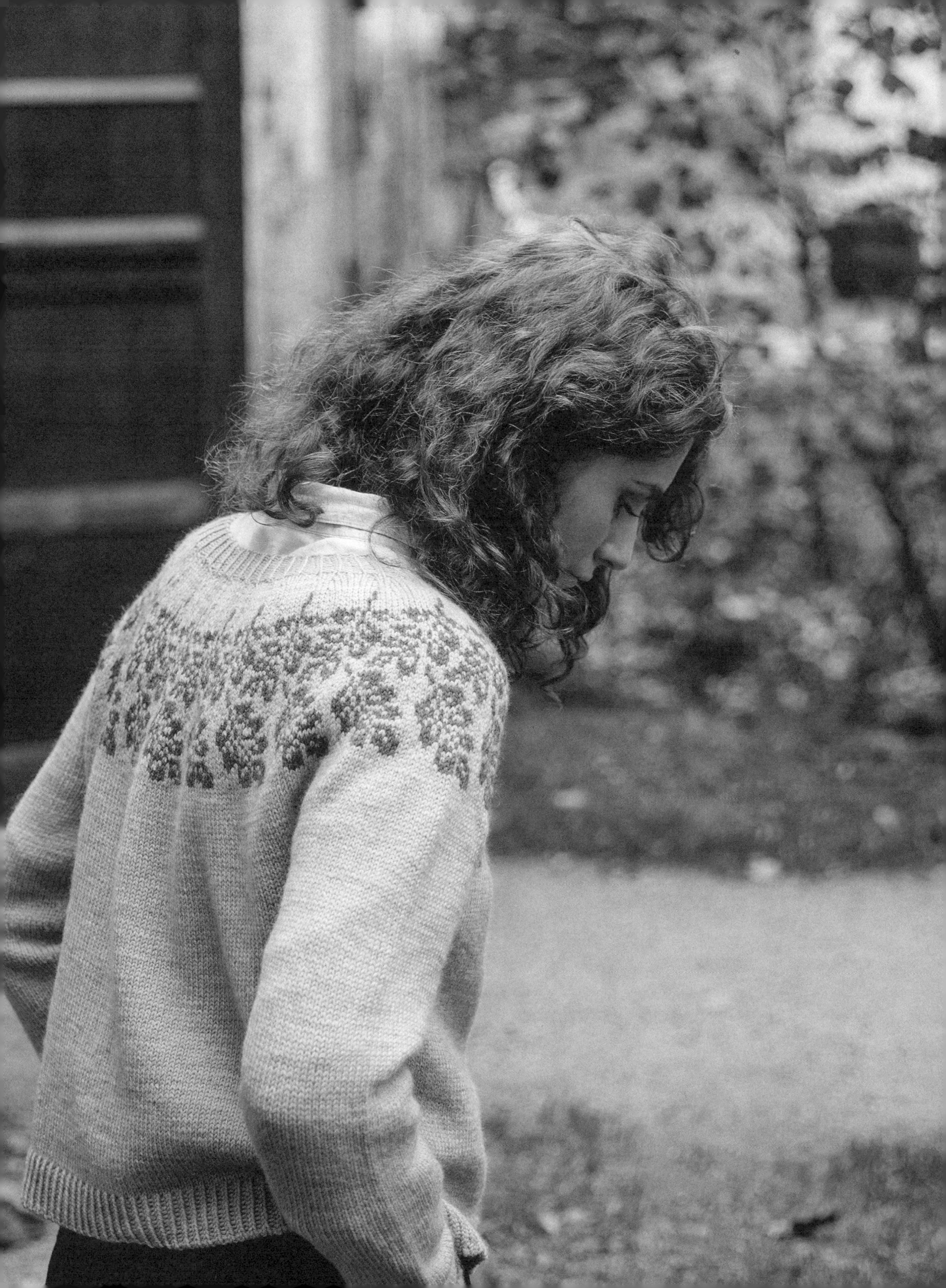

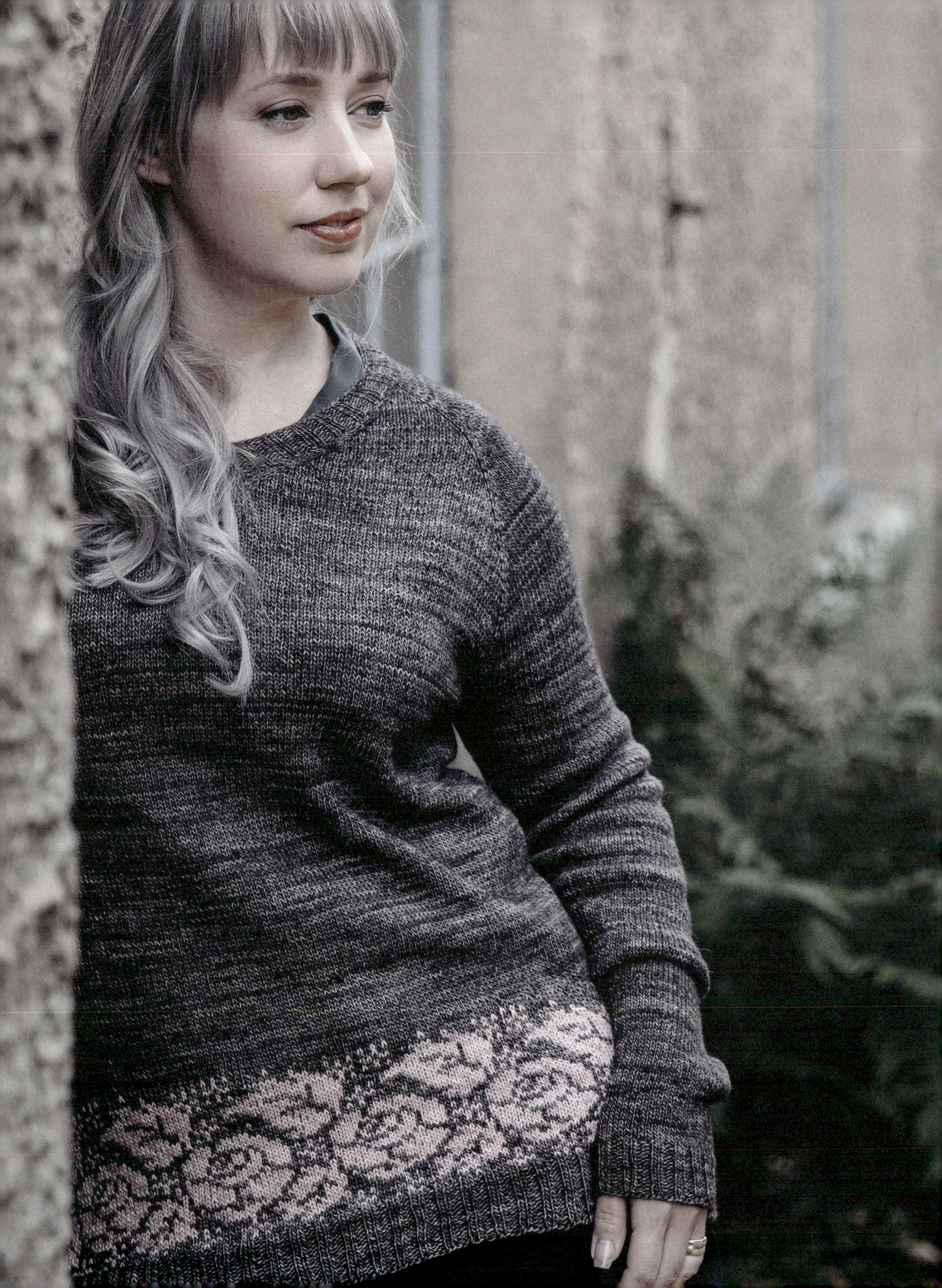

9

EVERYTHING'S COMING UP ROSES

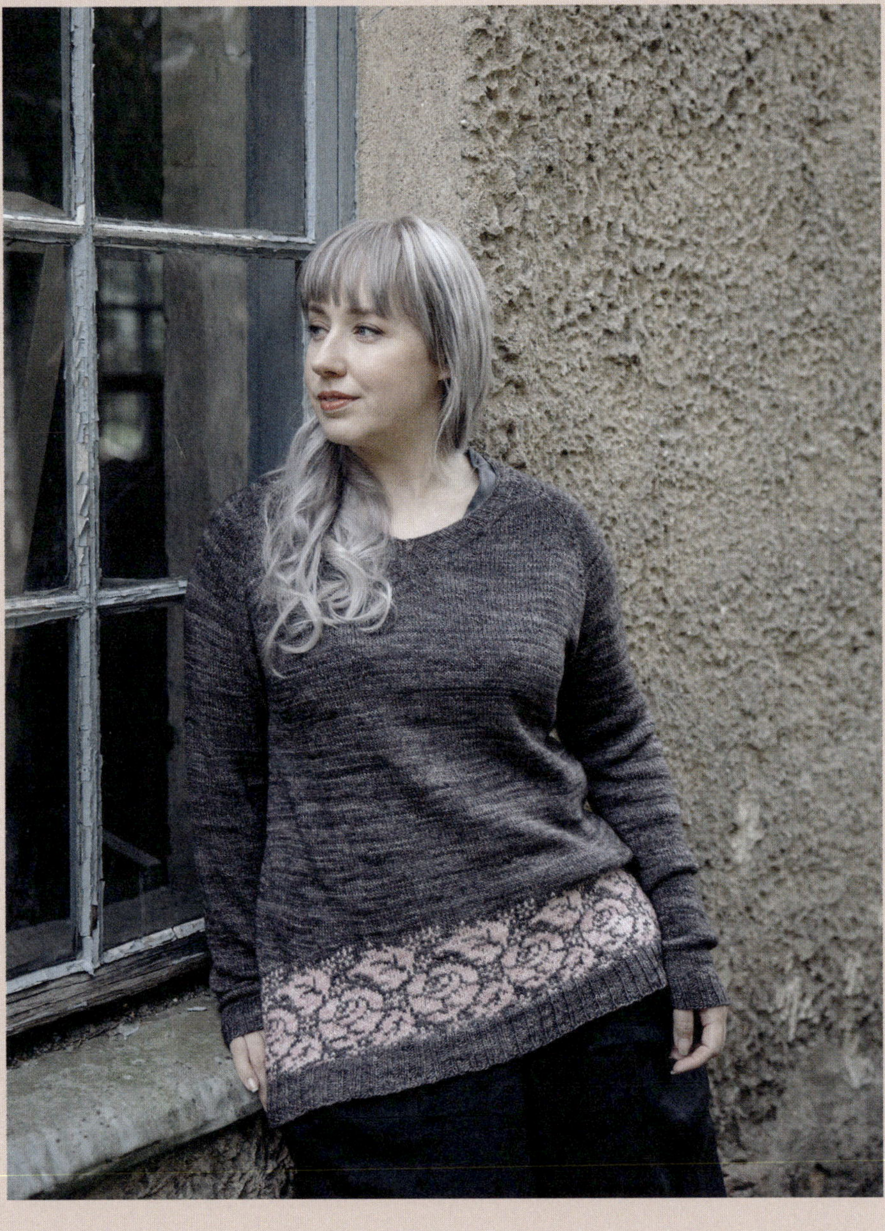

Dieser lässige Pullover sticht durch die Einstrickbordüre mit romantischen Rosenmotiven ins Auge. Er wird in A-Linie nahtlos von oben nach unten gestrickt und hat lange Raglanärmel und einen V-Ausschnitt. Das Rückenteil ist etwas länger als das Vorderteil.

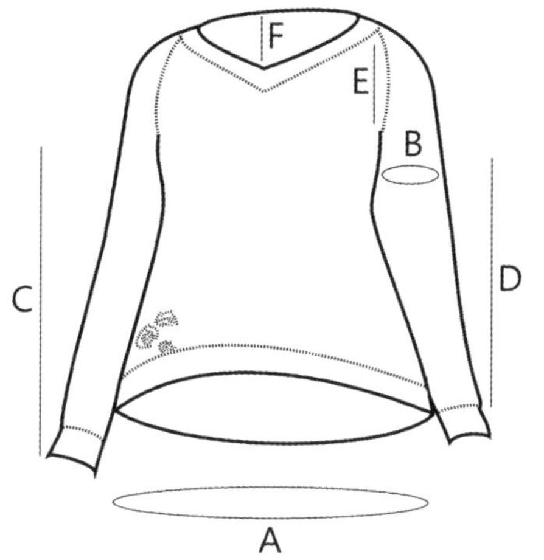

Größe
XXS / XS / S / M1 / M2 / L1 / L2 / XL / 2XL / 3XL / 4XL / 5XL
Die Angaben für die verschiedenen Größen sind durch Schrägstriche voneinander getrennt. Steht nur eine Angabe, gilt diese für alle Größen.
Dieser Pullover soll locker sitzen. Wählen Sie die Größe, deren Oberweite etwa 10 cm größer ist als Ihr Brustumfang.

Garn
La Bien Aimée Merino Singles (100 % Superwash-Merinowolle; LL 366 m/100 g):
Fb A: Loam, 4 / 4 / 4 / 4 / 5 / 5 / 5 / 5 / 6 / 6 / 7 / 7 Stränge
Fb B: Ballet, 1 Strang

Materialverbrauch
Fb A: 1210 / 1320 / 1345 / 1440 / 1510 / 1590 / 1670 / 1795 / 1970 / 2085 / 2290 / 2440 m
Fb B: 160 / 175 / 175 / 190 / 190 / 205 / 205 / 220 / 235 / 250 / 270 / 285 m

Stricknadeln
Rundstricknadeln 3,0 mm und 3,5 mm, 100 cm lang
Nadelspiel 3,0 mm (optional für die Ärmel)
Passen Sie die Nadelstärke gegebenenfalls an, um die korrekte Maschenprobe zu erzielen.

Maschenprobe
26 M und 36 Rd mit Nd 3,5 mm in Rd glatt rechts in Jacquardtechnik = 10 cm x 10 cm (nach dem Spannen)
26 M und 38 Rd mit Nd 3,0 mm glatt rechts in Rd = 10 cm x 10 cm (nach dem Spannen)

Zubehör
4 Maschenmarkierer
Wollnadel

Maße
A Oberweite: 86 / 92,5 / 97 / 103 / 106 / 112,5 / 118,5 / 126 / 138,5 / 146 / 155,5 / 169 cm
A Hüftweite: 100 / 110 / 110 / 120 / 120 / 130 / 130 / 140 / 150 / 160 / 170 / 180 cm
B Oberarmumfang: 28,5 / 30 / 31,5 / 32,5 / 34,5 / 35,5 / 37,5 / 40 / 43 / 44,5 / 51 / 54 cm
C Ärmellänge: 48 / 49,5 / 49,5 / 49,5 / 50 / 50 / 50,5 / 51 / 51 / 51 / 51 / 51 cm
D Rumpfhöhe ab Armausschnitt (Vorderteil): 40 cm
D Rumpfhöhe ab Armausschnitt (Rückenteil): 47 cm
E Armausschnitthöhe: 19,5 / 20 / 20 / 20,5 / 21,5 / 22 / 22,5 / 23,5 / 25,5 / 26,5 / 27,5 / 29 cm
F Halsausschnitttiefe: 14 / 14 / 14 / 14 / 14 / 14 / 14 / 14 / 16,5 / 16,5 / 16,5 / 16,5 cm

ANLEITUNG

Mit Nd 3,0 mm und Fb A 78 / 76 / 76 / 76 / 74 / 74 / 74 / 74 / 76 / 82 / 80 / 82 M anschl.

Einteilungs-R (Rückr): 2 M links, MM platzieren (rechtes Vorderteil), 12 / 10 / 10 / 10 / 8 / 8 / 8 / 8 / 6 / 8 / 6 / 6 M links, MM platzieren (rechter Ärmel), 50 / 52 / 52 / 52 / 54 / 54 / 54 / 54 / 60 / 62 / 64 / 66 M links, MM platzieren (Rückenteil), 12 / 10 / 10 / 10 / 8 / 8 / 8 / 8 / 6 / 8 / 6 / 6 M links, MM platzieren (linker Ärmel), 2 M links (linkes Vorderteil).

RAGLAN-ZUNAHMEN UND HALSAUSSCHNITT

Nun mit den Raglan-Zunahmen für Rumpf und Ärmel beginnen wie folgt; gleichzeitig am R-Beginn und R-Ende M für den Halsausschnitt zunehmen, wie im Anschluss an die Angaben für die Raglanschrägen beschrieben:

1. R (Hinr; Zunahmen für Rumpf und Ärmel): * Rechte M str bis 1 M vor dem MM, 1 MR zunehmen, 1 M rechts, MM abheben, 1 M rechts, 1 ML zunehmen *; von * bis * noch 3x wdh, rechte M str bis R-Ende.

2. R (Rückr): Linke M str bis R-Ende, dabei die MM abheben.

Die 1. und 2. R noch 16 / 21 / 21 / 22 / 26 / 25 / 26 / 26 / 30 / 29 / 30 / 30x wdh, dabei gleichzeitig die Zunahmen für den Halsausschnitt arb.

Nun liegen jeweils 46 / 54 / 54 / 56 / 62 / 60 / 62 / 62 / 68 / 68 / 68 / 68 M für jeden Ärmel, 84 / 96 / 96 / 98 / 108 / 106 / 108 / 108 / 122 / 122 / 126 / 128 M für das Rückenteil und jeweils 32 / 43 / 43 / 45 / 54 / 52 / 54 / 54 / 61 / 60 / 63 / 64 M für jede Seite des Vorderteils auf der Nd.

Nur Größe S / M1 / L1 / 3XL

1. R (Hinr; Zunahmen für den Rumpf): * Rechte M str bis 1 M vor dem MM, 1 MR zunehmen, 1 M rechts, MM abheben, rechte M str bis MM, MM abheben, 1 M rechts, 1 ML zunehmen *; von * bis * noch 1x wdh, rechte M str bis R-Ende.

2. R (Rückr): Linke M str bis R-Ende, dabei die MM abheben.

3. R (Zunahmen für Rumpf und Ärmel): * Rechte M str bis 1 M vor dem MM, 1 MR zunehmen, 1 M rechts, MM abheben, 1 M rechts, 1 ML zunehmen *; von * bis * noch 3x wdh, rechte M str bis R-Ende.

4. R: Wie die 2. R str.

Die 1.–4. R noch – / – / 0 / 1 / – / 0 / – / – / – / 0 / – / –x wdh, dabei gleichzeitig die Zunahmen für den Halsausschnitt arb.

Nun liegen jeweils – / – / 56 / 60 / – / 62 / – / – / – / 70 / – / – M für jeden Ärmel, – / – / 100 / 106 / – / 110 / – / – / – / 126 / – / – M für das Rückenteil und jeweils – / – / 47 / 53 / – / 55 / – / – / – / 63 / – / – M für jede Seite des Vorderteils auf der Nd.

Nur Größe XXS / XS / S

1. R (Hinr): Rechte M str bis R-Ende, dabei die MM abheben.

2. R (Rückr): Linke M str bis R-Ende, dabei die MM abheben.

3. R (Zunahmen für Rumpf und Ärmel): * Rechte M str bis 1 M vor dem MM, 1 MR zunehmen, 1 M rechts, MM abheben, 1 M rechts, 1 ML zunehmen *; von * bis * noch 3x wdh, rechte M str bis R-Ende.

4. R: Wie die 2. R str.

Die 1.–4. R noch 4 / 2 / 1 / – / – / – / – / – / – / – / – / –x wdh, dabei gleichzeitig die Zunahmen für den Halsausschnitt arb.

Nun liegen jeweils 56 / 60 / 60 / – / – / – / – / – / – / – / – / – M für jeden Ärmel, 94 / 102 / 104 / – / – / – / – / – / – / – / – / – M für das Rückenteil und jeweils 47 / 51 / 52 / – / – / – / – / – / – / – / – / – M für jede Seite des Vorderteils auf der Nd.

ZUNAHMEN FÜR DEN HALSAUSSCHNITT

Am Beginn und am Ende der 3. / 3. / 3. / 3. / 3. / 3. / 3. / 3. / 3. / 3. / 3. / 1. R mit den Zunahmen für den Halsausschnitt beginnen und diese Zunahmen gleichzeitig mit den Raglan-Zunahmen arb.

Zunahmen für den Halsausschnitt (Hinr): 1 M rechts, 1 ML zunehmen, rechte M str bis zur letzten M, dabei die MM abheben und die Raglan-Zunahmen arb wie eingeteilt, 1 MR zunehmen, 1 M rechts.

In der gegebenen Einteilung weiterstr und die Zunahmen für den Halsausschnitt noch 3 / 2 / 2 / 2 / 1 / 1 / 1 / 1 / 2 / 1 / 0 / 0x in jeder 4. R und anschließend noch 19 / 21 / 21 / 21 / 23 / 23 / 23 / 23 / 25 / 27 / 29 / 30x in jeder 2. R arb.

Nach Abschluss der Zunahmen für den Halsausschnitt und die Raglanschrägen liegen insgesamt 300 / 324 / 328 / 332 / 340 / 344 / 340 / 340 / 380 / 392 / 388 / 392 M auf der Nd: 94 / 102 / 104 / 106 / 108 / 110 / 108 / 108 / 122 / 126 / 126 / 128 M für das Rückenteil, 47 / 51 / 52 / 53 / 54 / 55 / 54 / 54 / 61 / 63 / 63 / 64 M für jede Seite des Vorderteils und jeweils 56 / 60 / 60 / 60 / 62 / 62 / 62 / 62 / 68 / 70 / 68 / 68 M für die beiden Ärmel.

Verbinden der Vorderteilseiten

Die Arbeit zur Rd schließen und weiter Raglan-Zunahmen arb wie folgt:

Einteilungs-R (Hinr): Rechte M str bis R-Ende, dabei die MM abheben, die Arbeit nicht wenden, sondern zur Rd schließen und bis zum MM weiterstr. Der Rd-Beginn liegt nun zwischen dem Vorderteil und dem linken Ärmel.

Nur Größe M2 / L2 / XL / 2XL / 4XL / 5XL

1. Rd (Zunahmen für Rumpf und Ärmel): * 1 M rechts, 1 ML zunehmen, rechte M str bis 1 M vor dem MM, 1 MR zunehmen, 1 M rechts *; von * bis * noch 3x wdh.

2. Rd: Rechte M str bis Rd-Ende.

Die 1. und 2. R noch – / – / – / – / 1 / – / 5 / 3 / 2 / – / 8 / 3x wdh (= – / – / – / – / 356 / – / 388 / 372 / 404 / – / 460 / 424 M).

Nur Größe M1 / M2 / L1 / L2 / XL / 2XL / 3XL / 4XL / 5XL
1. Rd (Zunahmen für den Rumpf): * Rechte M str bis MM, MM abheben, 1 M rechts, 1 ML zunehmen, rechte M str bis 1 M vor dem MM, 1 MR zunehmen, 1 M rechts, MM abheben *; von * bis * noch 1x wdh.
2. Rd: Rechte M str bis Rd-Ende, dabei die MM abheben.
3. Rd (Zunahmen für Rumpf und Ärmel): * 1 M rechts, 1 ML zunehmen, rechte M str bis 1 M vor dem MM, 1 MR zunehmen, 1 M rechts *; von * bis * noch 3x wdh.
4. Rd: Wie die 2. Rd str.
Die 1.–4. Rd noch – / – / – / 1 / 0 / 2 / 4 / 6 / 6 / 8 / 5 / 9x wdh (= – / – / – / 356 / 368 / 380 / 448 / 456 / 488 / 500 / 532 / 544 M).

Nur Größe XXS / XS / S / M1 / M2 / L1
1. Rd: Rechte M str bis Rd-Ende, dabei die MM abheben.
2. Rd: Wie die 1. Rd str.
3. Rd (Zunahmen für Rumpf und Ärmel): * 1 M rechts, 1 ML zunehmen, rechte M str bis 1 M vor dem MM, 1 MR zunehmen, 1 M rechts *; von * bis * noch 3x wdh.
4. Rd: Wie die 1. Rd str.
Die 1.–4. Rd noch 4 / 4 / 4 / 3 / 4 / 3 / – / – / – / – / – / –x wdh.

Alle Größen
Nun liegen insgesamt 340 / 364 / 368 / 388 / 408 / 412 / 448 / 456 / 488 / 500 / 532 / 544 M auf der Nd: jeweils 104 / 112 / 114 / 122 / 126 / 130 / 140 / 144 / 156 / 162 / 168 / 176 M für Rücken- und Vorderteil sowie jeweils 66 / 70 / 70 / 72 / 78 / 76 / 84 / 84 / 88 / 88 / 98 / 96 M für die Ärmel.

RUMPF
Einteilungs-Rd (Vorderseite): * MM entfernen, die nächsten 66 / 70 / 70 / 72 / 78 / 76 / 84 / 84 / 88 / 88 / 98 / 96 M auf einem Maschenraffer stilllegen, 4 / 4 / 6 / 6 / 6 / 8 / 7 / 10 / 12 / 14 / 17 / 22 M durch Aufschlingen neu anschl, MM platzieren, 4 / 4 / 6 / 6 / 6 / 8 / 7 / 10 / 12 / 14 / 17 / 22 M durch Aufschlingen neu anschl, MM entfernen, rechte M str bis MM *; von * bis * noch 1x wdh. Der Rd-Beginn liegt jetzt in der Mitte der Unterkante des linken Armausschnitts (= 224 / 240 / 252 / 268 / 276 / 292 / 308 / 328 / 360 / 380 / 404 / 440 M).
9 / 7 / 10 / 7 / 9 / 7 / 12 / 9 / 12 / 9 / 9 / 13 Rd rechte M str.
Zunahme-Rd: * 2 M rechts, 1 ML zunehmen, rechte M str bis 2 M vor dem MM, 1 MR zunehmen, 2 M rechts, MM abheben *; von * bis * noch 1x wdh (= 4 M zugenommen).
Glatt rechts in Rd weiterstr und die Zunahme-Rd noch 8 / 10 / 7 / 10 / 8 / 10 / 6 / 8 / 6 / 8 / 8 / 6x in jeder 10. / 8. / 11. / 8. / 10. / 8. / 13. / 10. / 13. / 10. / 10. / 14. Rd wdh (= 260 / 284 / 284 / 312 / 312 / 336 / 336 / 364 / 388 / 416 / 440 / 468 M).

Nächste Rd (nur Größe XS / S / L1 / L2 / 2XL / 4XL): * 2 M rechts, 1 ML zunehmen, rechte M str bis MM, MM abheben *; von * bis * noch 1x wdh (= 2 M zugenommen).
Glatt rechts weiterstr bis zu einer Rumpfhöhe von 26 cm ab Unterkante des Armausschnitts oder bis der Rumpf 14 cm kürzer als die gewünschte Gesamtlänge ist.
Wenn der Pullover kürzer werden soll, die Zunahme-Rd in jeder 7. / 5. / 8. / 6. / 7. / 5. / 9. / 7. / 9. / 7. / 7. / 9. Rd wdh und dann glatt rechts weiterstr bis zu einer Höhe von 18 cm ab Unterkante des Armausschnitts. Das ergibt einen Pullover mit einer Rumpflänge von 32 cm am Vorderteil und 39 cm am Rückenteil.

Unterer Teil des Rumpfes
Nun wird das Rückenteil durch verkürzte R verlängert wie folgt:
1. R (Hinr): Rechte M str bis MM, MM abheben, 35 / 37 / 40 / 41 / 43 / 45 / 49 / 52 / 58 / 61 / 65 / 71 M rechts; w&w.
2. R (Rückr): * Linke M str bis MM, MM abheben *; von * bis * noch 1x wdh, 35 / 37 / 40 / 41 / 43 / 45 / 49 / 52 / 58 / 61 / 65 / 71 M links; w&w.
3. R: Rechte M str bis 6 / 6 / 7 / 7 / 7 / 7 / 8 / 9 / 9 / 10 / 12 / 12 M vor der zuletzt umwickelten M; w&w.
4. R: Linke M str bis 6 / 6 / 7 / 7 / 7 / 7 / 8 / 9 / 9 / 10 / 12 / 12 M vor der zuletzt umwickelten M; w&w.
Die 3. und 4. R noch 1x wdh.
7. R: Rechte M str bis 4 / 4 / 4 / 4 / 4 / 5 / 5 / 5 / 6 / 6 / 6 / 7 M vor der zuletzt umwickelten M; w&w.
8. R: Linke M str bis 4 / 4 / 4 / 4 / 4 / 5 / 5 / 5 / 6 / 6 / 6 / 7 M vor der zuletzt umwickelten M; w&w.
Die 7. und 8. R noch 6x wdh.
21. R: Rechte M str bis 9 / 9 / 10 / 10 / 10 / 10 / 11 / 12 / 12 / 13 / 15 / 15 M vor der zuletzt umwickelten M; w&w.
22. R: Linke M str bis 9 / 9 / 10 / 10 / 10 / 10 / 11 / 12 / 12 / 13 / 15 / 15 M vor der zuletzt umwickelten M; w&w.
Die 21. und 22. R noch 2x wdh.
Nächste R (Hinr): Rechte M str bis Rd-Ende, dabei die umwickelten M mit ihren Wickelfäden rechts zusammenstr und die MM abheben.
Nächste Rd (Vorderseite): Rechte M str bis Rd-Ende, dabei die letzten umwickelten M mit ihren Wickelfäden rechts zusammenstr und die MM abheben.
Zu Nd 3,5 mm wechseln.
Den Faden in Fb B dazunehmen und glatt rechts in Jacquardtechnik nach dem Zählmuster für die Rosenbordüre weiterstr, dabei den Rapport des Zählmusters 10 / 11 / 11 / 12 / 12 / 13 / 13 / 14 / 15 / 16 / 17 / 18x in der Rd arb.
Den Faden in Fb B abschneiden und zu Nd 3,0 mm wechseln.
Nächste Rd (nur Größe XS / S / L1 / L2 / 2XL / 4XL): * 2 M rechts, 1 ML zunehmen, rechte M str bis MM, MM abheben *; von * bis * noch 1x wdh (= 2 M zugenommen).

Nächste Rd (alle Größen): * 2 M rechts, 2 M links; ab * fortlfd wdh bis Rd-Ende, dabei die MM abheben.
Weitere 15 Rd im so eingeteilten Rippenmuster str. Alle M im Rippenmuster abk.

ÄRMEL

Die M eines Ärmels zurück auf die Nd 3,0 mm nehmen.
Einteilungs-Rd (Vorderseite): In Fb A und in der unteren Mitte des Armausschnitts beginnend 4 / 4 / 6 / 6 / 6 / 8 / 7 / 10 / 12 / 14 / 17 / 22 M rechts herausstr, die Ärmel-M rechts str, dann weitere 4 / 4 / 6 / 6 / 6 / 8 / 7 / 10 / 12 / 14 / 17 / 22 M aus der Unterkante des Armausschnnitts rechts herausstr, MM platzieren und die Arbeit zur Rd schließen (= 74 / 78 / 82 / 84 / 90 / 92 / 98 / 104 / 112 / 116 / 132 / 140 M).
19 / 19 / 19 / 19 / 19 / 19 / 19 / 19 / 5 / 5 / 5 / 5 Rd rechte M str.
Abnahme-Rd: 1 M rechts, 2 M rechts zusammenstr, rechte M str bis zu den letzten 3 M, 2 M rechts abgehoben zusammenstr, 1 M rechts (= 2 M abgenommen).
Glatt rechts in Rd weiterstr, dabei die Abn-Rd noch 12 / 14 / 14 / 15 / 18 / 17 / 20 / 21 / 23 / 25 / 31 / 33x in jeder 12. / 11. / 11. / 10. / 8. / 9. / 7. / 7. / 7. / 6. / 5. / 5. Rd wdh (= 48 / 48 / 52 / 52 / 52 / 56 / 56 / 60 / 64 / 64 / 68 / 72 M).
Glatt rechts gerade weiterstr bis zu einer Ärmellänge von 44,5 / 46 / 46 / 46 / 46,5 / 46,5 / 47 / 47,5 / 47,5 / 47,5 / 47,5 / 47,5 cm ab Unterkante des Armausschnitts oder bis der Ärmel 3,5 cm kürzer ist als die gewünschte Gesamtlänge.
Nächste Rd: * 2 M rechts, 2 M links *; von * bis * stets wdh bis Rd-Ende.
Weitere 13 Rd im so eingeteilten Rippenmuster str. Alle M im Rippenmuster abk.
Den 2. Ärmel genauso arb.

HALSAUSSCHNITTBLENDE

Einteilungs-Rd (Vorderseite): Mit Nd 3,0 mm und Fb A in der unteren Mitte des V-Ausschnitts beginnend 153 / 153 / 153 / 153 / 149 / 149 / 149 / 149 / 161 / 169 / 165 / 169 M aus der Halsausschnittkante rechts herausstr, MM platzieren

Zählmuster für die Rosenbordüre

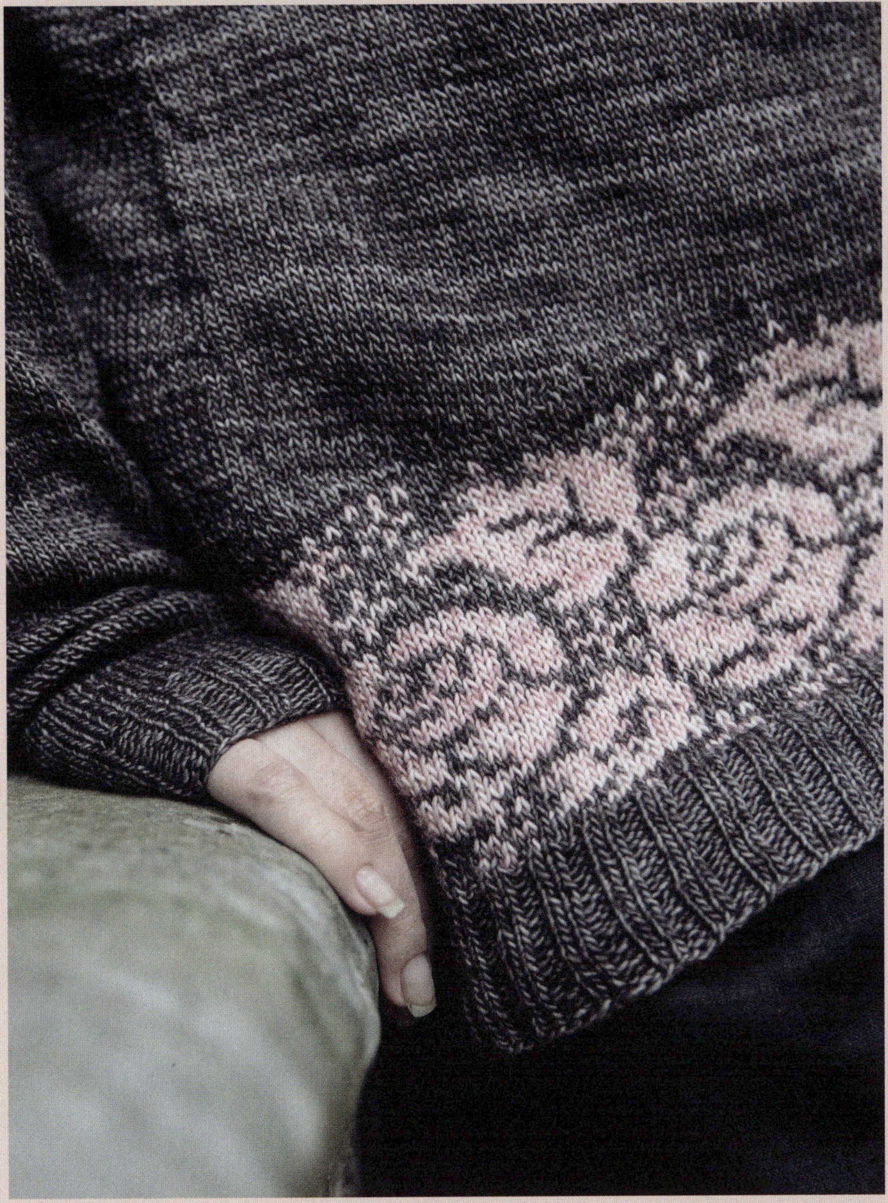

und die Arbeit zur Rd schließen. (Jeweils 1 M aus jeder M des hinteren Halsausschnitts und den Oberkanten der Ärmel bzw. 2 M aus 3 Rd des V-Ausschnitts herausstr.)

1. Rd: 1 M rechts, 2 M rechts abgehoben zusammenstr, 1 M links, * 2 M rechts, 2 M links *; von * bis * stets wdh bis zu den letzten 5 M, 2 M rechts, 1 M links, 2 M rechts zusammenstr.

2. Rd: 1 M rechts, 2 M rechts abgehoben zusammenstr, * 2 M rechts, 2 M links *; von * bis * stets wdh bis zu den letzten 4 M, 2 M rechts, 2 M rechts zusammenstr.

3. Rd: 1 M rechts, 2 M rechts abgehoben zusammenstr, 1 M rechts, * 2 M links, 2 M rechts *; von * bis * stets wdh bis zu den letzten 5 M, 2 M links, 1 M rechts, 2 M rechts zusammenstr.

4. Rd: 1 M rechts, 2 M rechts abgehoben zusammenstr, * 2 M links, 2 M rechts *; von * bis * stets wdh bis zu den letzten 4 M, 2 M links, 2 M rechts zusammenstr.

Die 1.–4. Rd stets wdh, bis insgesamt 10 / 10 / 10 / 10 / 10 / 10 / 10 / 10 / 16 / 16 / 16 / 16 Rd für die Halsausschnittblende gestrickt sind.

Alle M abk.

10 ROSE HIP

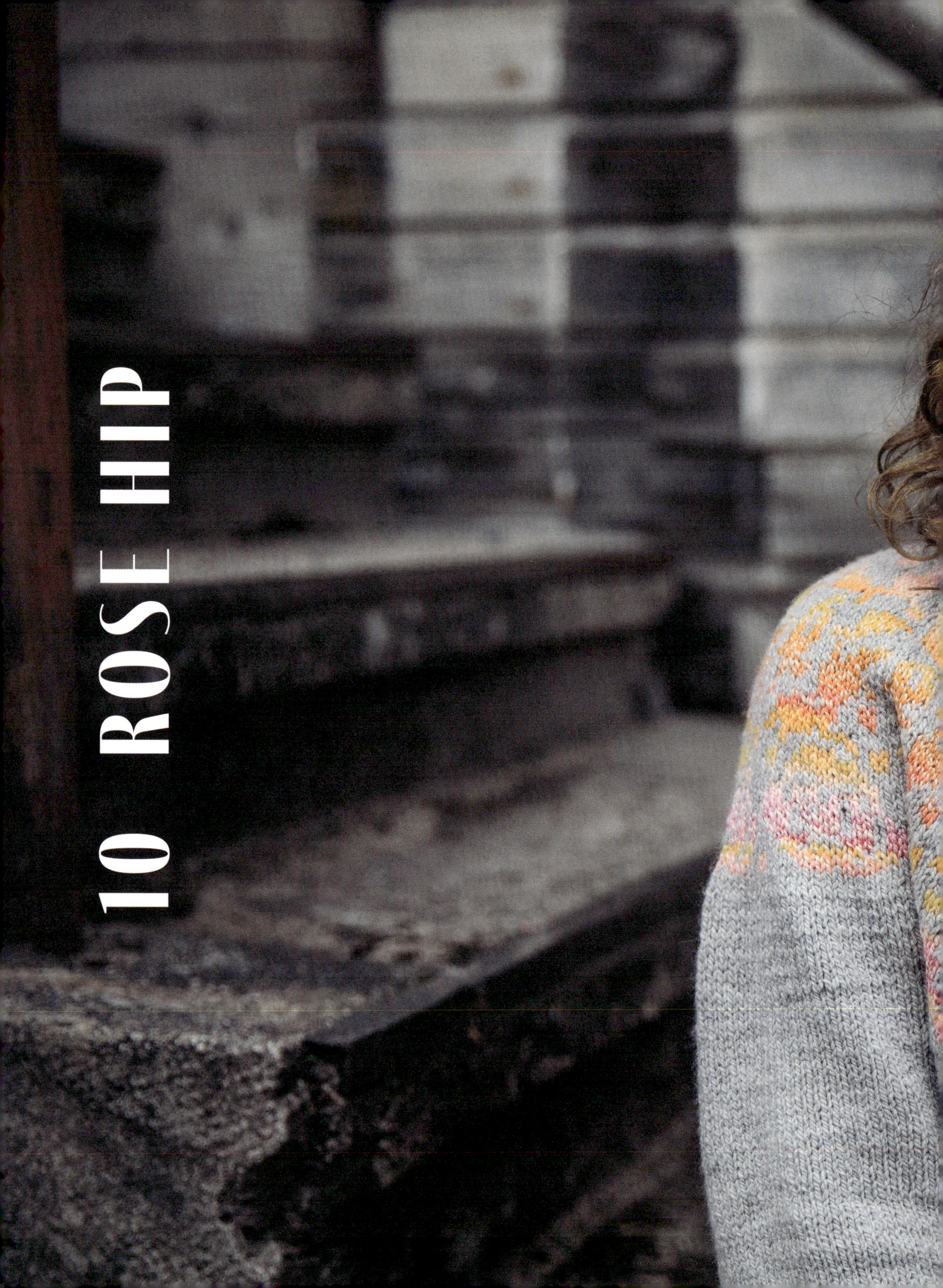

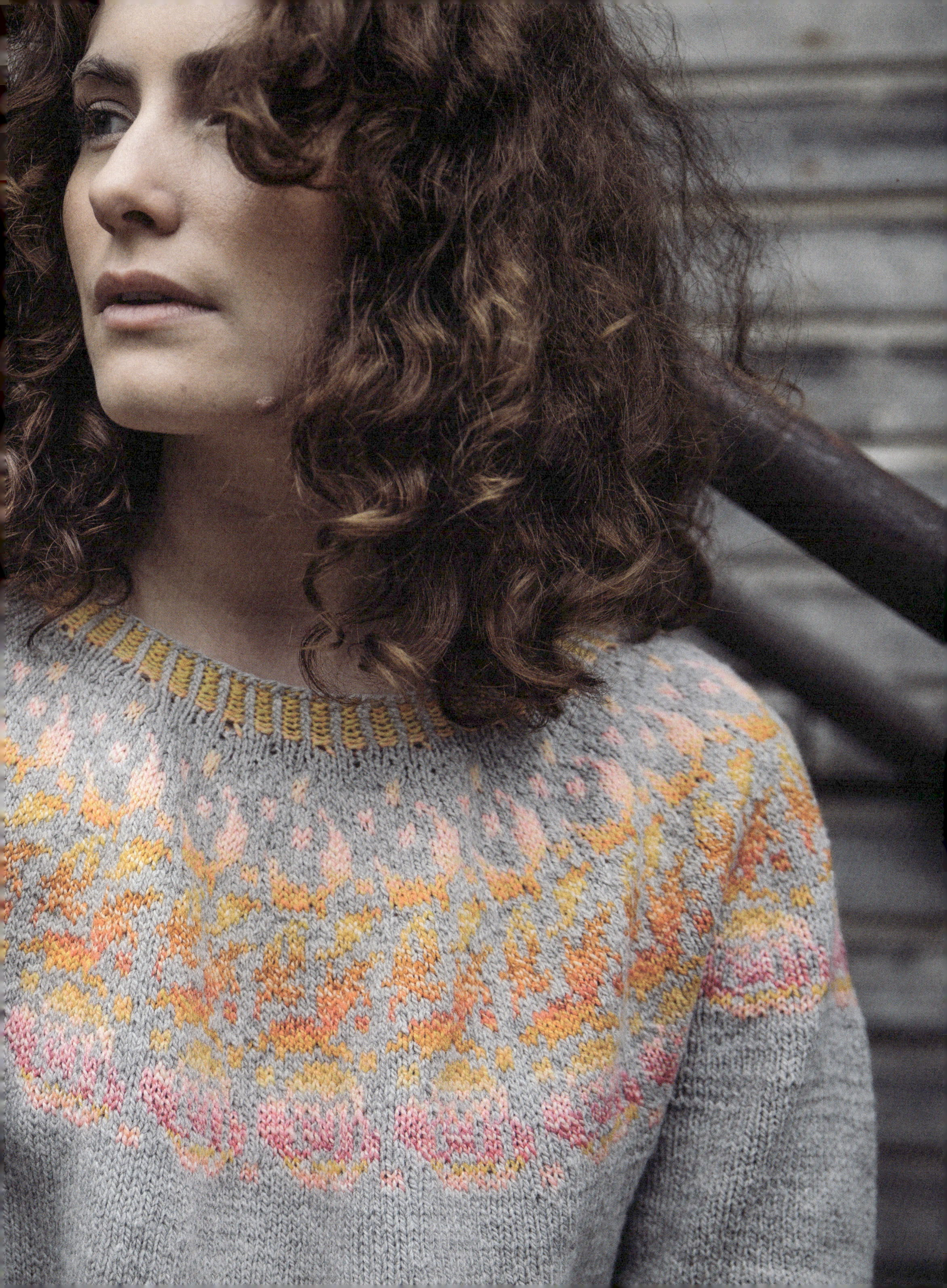

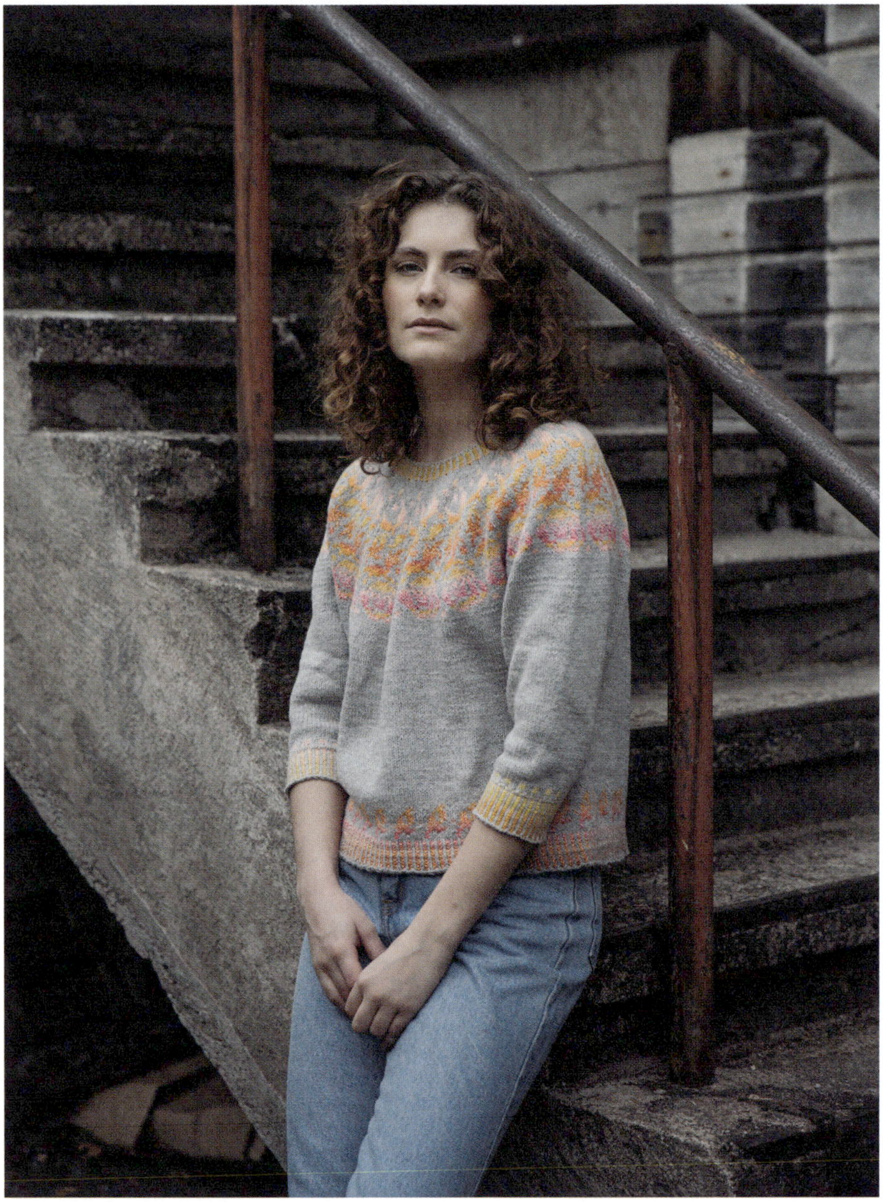

Dieser Pullover wird nahtlos von oben nach unten gestrickt. Das zauberhafte Rosenmuster der Rundpasse wiederholt sich teilweise an der Unterkante des Rumpfs und der Ärmel. Der Pullover hat Dreiviertelärmel.

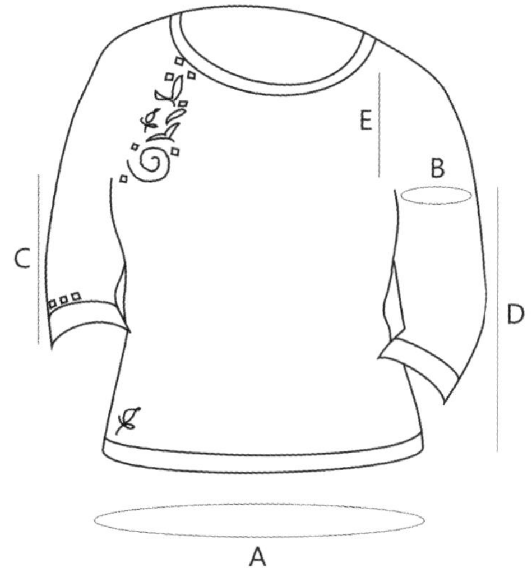

Größe
XXS / XS / S / M1 / M2 / L1 / L2 / XL / 2XL / 3XL / 4XL / 5XL
Die Angaben für die verschiedenen Größen sind durch Schrägstriche voneinander getrennt. Steht nur eine Angabe, gilt diese für alle Größen.
Dieser Pullover soll locker sitzen. Wählen Sie die Größe, deren Oberweite etwa 12 cm größer ist als Ihr Brustumfang.

Garn
Spincycle Yarns Wilder (100 % Merinowolle; LL 183 m/50 g):
Fb A: Light Gray, 5 / 6 / 6 / 6 / 7 / 7 / 7 / 8 / 9 / 9 / 10 / 11 Stränge
Spincycle Yarns Dyed in the Wool (100 % Wolle; LL 183 m/50 g):
Fb B: Sunset Strip, 2 / 2 / 2 / 2 / 2 / 2 / 2 / 2 / 3 / 3 / 3 / 3 Stränge

Materialverbrauch
Fb A: 880 / 935 / 965 / 1030 / 1115 / 1150 / 1235 / 1340 / 1485 / 1575 / 1725 / 1885 m
Fb B: 260 / 270 / 275 / 290 / 300 / 305 / 320 / 345 / 425 / 440 / 470 / 485 m

Stricknadeln
Rundstricknadel 3,5–4,0 mm, 100 cm lang
Nadelspiel 3,5–4,0 mm (optional für die Ärmel)
Passen Sie die Nadelstärke gegebenenfalls an, um die korrekte Maschenprobe zu erzielen.

Maschenprobe
23 M und 29 Rd in Rd glatt rechts und in Jacquardtechnik = 10 cm x 10 cm (nach dem Spannen)

Zubehör
4 Maschenmarkierer
Wollnadel

Maße
A Oberweite: 88,5 / 94 / 99 / 104,5 / 110,5 / 113 / 120 / 130,5 / 141 / 148 / 158,5 / 172 cm
A Taillenweite: 80 / 83,5 / 88,5 / 92 / 96,5 / 102,5 / 108 / 116,5 / 130,5 / 141 / 149,5 / 158,5 cm
A Hüftweite: 87 / 90,5 / 97,5 / 101 / 107 / 111,5 / 118,5 / 128,5 / 139 / 146 / 156,5 / 163,5 cm
B Oberarmumfang: 28,5 / 29,5 / 30,5 / 31,5/ 35,5 / 35,5 / 37,5 / 39 / 42,5 / 44,5 / 49,5 / 53 cm
C Ärmellänge: 25,5 / 25,5 / 25,5 / 26,5 / 26,5 / 28 / 28 / 28 / 28 / 28 / 28 / 28 cm
D Rumpflänge ab Armausschnitt: 35 cm
E Armausschnitthöhe: 19,5 / 20 / 20 / 20,5 / 21,5 / 22 / 23 / 23,5 / 25 / 26 / 27 / 29 cm

ANLEITUNG

In Fb A 114 / 114 / 114 / 114 / 114 / 114 / 114 / 114 / 116 / 114 / 120 / 114 M anschl, MM platzieren und die Arbeit zur Rd schließen.
Nächste Rd (Vorderseite): * 1 M rechts verschränkt in Fb A, 1 M links in Fb B *; von * bis * stets wdh bis Rd-Ende.
Weitere 7 Rd im so eingeteilten Rippenmuster str.
Nächste Rd: In Fb A rechte M str bis Rd-Ende.
Nächste Rd (nur Größe XS / S / M1 / M2 / L1 / L2 / XL / 2XL / 3XL / 4XL / 5XL): In Fb A, * – / 19 / 19 / 9 / 6 / 6 / 4 / 3 / 2 / 2 / 2 / 1 M rechts, 1 M links tiefgestochen zunehmen, – / 19 / 19 / 10 / 6 / 6 / 5 / 3 / 3 / 2 / 2 / 2 M rechts, 1 M links tiefgestochen zunehmen *; von * bis * stets wdh bis zu den letzten – / 0 / 0 / 0 / 6 / 6 / 6 / 6 / 1 / 6 / 0 / 6 M, rechte M str bis Rd-Ende (= – / 120 / 120 / 126 / 132 / 132 / 138 / 150 / 162 / 168 / 180 / 186 M).
Nächste Rd (nur Größe XS / S / M1 / M2 / L1 / L2 / XL / 2XL / 3XL / 4XL / 5XL): Rechte M str bis Rd-Ende.

PASSE

Glatt rechts in Jacquardtechnik nach dem Zählmuster für die Passe in der gewünschten Größe weiterstr, dabei den Rapport des Zählmusters 19 / 20 / 20 / 21 / 22 / 22 / 23 / 25 / 27 / 28 / 30 / 31x innerhalb der Rd arb (= 304 / 320 / 320 / 336 / 352 / 352 / 368 / 400 / 432 / 448 / 480 / 496 M).
Nach der letzten Rd des Zählmusters den Faden in Fb B abschneiden, MM platzieren und die Arbeit mit verkürzten R formen wie folgt (die ersten Wendestellen für die verkürzten R liegen in den Ärmeln, die letzten im Vorderteil):
Einteilungs-Rd (Fb A): 47 / 50 / 51 / 54 / 56 / 56 / 59 / 65 / 70 / 73 / 77 / 81 M rechts (für das Rückenteil), MM platzieren, 58 / 60 / 58 / 60 / 65 / 64 / 66 / 70 / 76 / 78 / 86 / 86 M rechts (für den rechten Ärmel), MM platzieren, 94 / 100 / 102 / 108 / 111 / 112 / 118 / 130 / 140 / 146 / 154 / 162 M rechts (für das Vorderteil), MM platzieren, 58 / 60 / 58 / 60 / 65 / 64 / 66 / 70 / 76 / 78 / 86 / 86 M rechts (für den linken Ärmel), MM platzieren, rechte M str bis Rd-Ende, MM entfernen, rechte M str bis zum nächsten MM.
Der Rd-Beginn liegt nun zwischen dem Rückenteil und dem rechten Ärmel.
1. R (Hinr): Rechte M str bis 10 M vor dem MM; w&w.
2. R (Rückr): * Linke M str bis MM, MM abheben *; von * bis * noch 1x wdh, linke M str bis 10 M vor dem MM; w&w.
3. R: Rechte M str bis zur umwickelten M, dabei die MM abheben, die umwickelte M mit dem Wickelfaden rechts zusammenstr, 4 M rechts; w&w.
4. R: Linke M str bis zur umwickelten M, dabei die MM abheben, die umwickelte M mit dem Wickelfaden links zusammenstr, 4 M links; w&w.
Die 3. und 4. R noch 2x wdh.
9. R: Rechte M str bis zur umwickelten M, dabei die MM abheben, die umwickelte M mit dem Wickelfaden rechts zusammenstr, 8 M rechts; w&w.
10. R: Linke M str bis zur umwickelten M, dabei die MM abheben, die umwickelte M mit dem Wickelfaden links zusammenstr, 8 M links; w&w.
Die 9. und 10. R noch 1x wdh.
Nächste Rd (Vorderseite): * Rechte M str bis zur umwickelten M, dabei die MM abheben, die umwickelte M mit dem Wickelfaden rechts zusammenstr *; von * bis * noch 1x wdh, rechte M str bis Rd-Ende.
Glatt rechts weiterstr bis zu einer Vorderteilhöhe von 19,5 / 20 / 20 / 20,5 / 21,5 / 22 / 23 / 23,5 / 25 / 26 / 27 / 29 cm (von der Oberkante der Halsausschnittblende aus gemessen).

RUMPF

Einteilungs-Rd (Vorderseite): * MM entfernen, die nächsten 58 / 60 / 58 / 60 / 65 / 64 / 66 / 70 / 76 / 78 / 86 / 86 M auf einem Maschenraffer stilllegen, 4 / 4 / 6 / 6 / 8 / 9 / 10 / 10 / 11 / 12 / 14 / 18 M durch Aufschlingen neu anschl, MM platzieren, 4 / 4 / 6 / 6 / 8 / 9 / 10 / 10 / 11 / 12 / 14 / 18 M durch Aufschlingen neu anschl, MM entfernen, rechte M str bis MM *; von * bis * noch 1x wdh (= 204 / 216 / 228 / 240 / 254 / 260 / 276 / 300 / 324 / 340 / 364 / 396 M). Der Rd-Beginn liegt nun in der Mitte der Unterkante des rechten Armausschnitts.
Wenn Sie möchten, können Sie an dieser Stelle Brustabnäher str. Die Abnäher an der Stelle des größten Brustumfangs entsprechend der Körbchengröße arb. Achtung: Wenn Ihr größter Brustumfang noch nicht an dieser Stelle liegt, den Rumpf weiterstr und die Abnäher später arb. Wenn Sie keine Abnäher str wollen, gleich mit „Nach den Brustabnähern“ weiterarb.

Brustabnäher C/D

1. R (Hinr): Rechte M str bis 13 / 14 / 15 / 15 / 16 / 17 / 18 / 19 / 21 / 22 / 23 / 25 M vor dem linken Seiten-MM; w&w.
2. R (Rückr): Linke M str bis 13 / 14 / 15 / 15 / 16 / 17 / 18 / 19 / 21 / 22 / 23 / 25 M vor dem rechten Seiten-MM; w&w.
3. R: Rechte M str bis 4 / 4 / 5 / 5 / 5 / 5 / 6 / 6 / 7 / 7 / 8 / 8 M vor der zuletzt umwickelten M; w&w.
4. R: Linke M str bis 4 / 4 / 5 / 5 / 5 / 5 / 6 / 6 / 7 / 7 / 8 / 8 M vor der zuletzt umwickelten M; w&w.
Die 3. und 4. R noch 2x wdh.
9. R (Hinr): * Rechte M str bis zur umwickelten M und diese M mit dem Wickelfaden rechts zusammenstr *; von * bis * noch 3x wdh, rechte M str bis Rd-Ende und in Rd weiterstr.
10. Rd: Rechte M str bis Rd-Ende, dabei die restlichen umwickelten M jeweils mit ihrem Wickelfaden rechts zusammenstr.

Brustabnäher E/F

1. R (Hinr): Rechte M str bis 13 / 14 / 15 / 15 / 16 / 17 / 18 /

19 / 21 / 22 / 23 / 25 M vor dem linken Seiten-MM; w&w.
2. R (Rückr): Linke M str bis 13 / 14 / 15 / 15 / 16 / 17 / 18 / 19 / 21 / 22 / 23 / 25 M vor dem rechten Seiten-MM; w&w.
3. R: Rechte M str bis 3 / 3 / 3 / 3 / 3 / 3 / 3 / 4 / 4 / 4 / 5 / 5 M vor der zuletzt umwickelten M; w&w.
4. R: Linke M str bis 3 / 3 / 3 / 3 / 3 / 3 / 3 / 4 / 4 / 4 / 5 / 5 M vor der zuletzt umwickelten M; w&w.
Die 3. und 4. R noch 4x wdh.
13. R (Hinr): * Rechte M str bis zur umwickelten M und diese M mit dem Wickelfaden rechts zusammenstr *; von * bis * noch 5x wdh, rechte M str bis Rd-Ende und in Rd weiterstr.
14. Rd: Rechte M str bis Rd-Ende, dabei die restlichen umwickelten M jeweils mit ihrem Wickelfaden rechts zusammenstr.

Brustabnäher G/H
1. R (Hinr): Rechte M str bis 13 / 14 / 15 / 15 / 16 / 17 / 18 / 19 / 21 / 22 / 23 / 25 M vor dem linken Seiten-MM; w&w.
2. R (Rückr): Linke M str bis 13 / 14 / 15 / 15 / 16 / 17 / 18 / 19 / 21 / 22 / 23 / 25 M vor dem rechten Seiten-MM; w&w.
3. R: Rechte M str bis 2 / 2 / 2 / 2 / 2 / 2 / 2 / 2 / 2 / 3 / 3 / 3 M vor der zuletzt umwickelten M; w&w.
4. R: Linke M str bis 2 / 2 / 2 / 2 / 2 / 2 / 2 / 2 / 2 / 3 / 3 / 3 M vor der zuletzt umwickelten M; w&w.
Die 3. und 4. R noch 7x wdh.
19. R (Hinr): * Rechte M str bis zur umwickelten M und diese M mit dem Wickelfaden rechts zusammenstr *; von * bis * noch 8x wdh, rechte M str bis Rd-Ende und in Rd weiterstr.
20. Rd: Rechte M str bis Rd-Ende, dabei die restlichen umwickelten M jeweils mit ihrem Wickelfaden rechts zusammenstr.

Nach den Brustabnähern
7 / 9 / 8 / 8 / 9 / 9 / 3 / 3 / 2 / 3 / 3 / 3 Rd glatt rechts str.
Taillenabnahmen: *1 M rechts, 2 M rechts zusammenstr, rechte M str bis 3 M vor dem MM, 2 M rechts abgehoben zusammenstr, 1 M rechts, MM abheben *; von * bis * noch 1x wdh (= 4 M abgenommen).
Glatt rechts weiterstr und dabei die Taillenabnahmen noch 4 / 5 / 5 / 6 / 7 / 5 / 6 / 7 / 5 / 3 / 4 / 7x in jeder 9. / 7. / 7. / 6. / 5. / 6. / 6. / 5. / 7. / 10. / 8. / 5. Rd wdh (= 184 / 192 / 204 / 212 / 222 / 236 / 248 / 268 / 300 / 324 / 344 / 364 M).
8 / 7 / 6 / 5 / 4 / 6 / 6 / 5 / 6 / 10 / 8 / 5 Rd rechte M str.
Taillenzunahmen: * 1 M rechts, 1 ML zunehmen, rechte M str bis 1 M vor dem MM, 1 MR zunehmen, 1 M rechts, MM abheben *; von * bis * noch 1x wdh (= 4 M zugenommen).
Glatt rechts weiterstr und dabei die Taillenzunahmen noch 3 / 3 / 4 / 4 / 5 / 4 / 5 / 6 / 4 / 2 / 3 / 2x in jeder 6. / 6. / 5. / 5. / 4. / 6. / 5. / 4. / 6. / 11. / 8. / 11. Rd wdh (= 200 / 208 / 224 / 232 / 246 / 256 / 272 / 296 / 320 / 336 / 360 / 376 M).
Glatt rechts gerade weiterstr bis zu einer Rumpfhöhe von 27 cm ab Unterkante der Armausschnitte oder bis der Rumpf 8 cm kürzer ist als die gewünschte Gesamtlänge.

Nächste Rd (nur Größe M2): * 1 M rechts, 1 ML zunehmen, rechte M str bis MM, MM abheben *; von * bis * noch 1x wdh (= 2 M zugenommen).
Den Faden in Fb B dazunehmen und glatt rechts in Jacquardtechnik nach dem Zählmuster für die untere Bordüre weiterstr, dabei den Rapport des Zählmusters 25 / 26 / 28 / 29 / 31 / 32 / 34 / 37 / 40 / 42 / 45 / 47x in der Rd arb
1. Rd (Fb A): Rechte M str bis Rd-Ende.
2. Rd: * 1 M rechts in Fb A, 1 M rechts in Fb B *; von * bis * stets wdh bis Rd-Ende.
3. Rd: * 1 M rechts verschränkt in Fb A, 1 M links in Fb B *; von * bis * stets wdh bis Rd-Ende.
Die letzte Rd noch 9x wdh.
Den Faden in Fb B abschneiden und die M in Fb A im Rippenmuster abk.

ÄRMEL
Die M für einen Ärmel zurück auf die Nd nehmen.
Einteilungs-Rd (Vorderseite): In Fb A in der Mitte der Unterkante eines Armausschnitts beginnend 4 / 4 / 6 / 6 / 8 / 9 / 10 / 10 / 11 / 12 / 14 / 18 M aus der Armausschnittkante rechts herausstr, die Ärmel-M rechts str, weitere 4 / 4 / 6 / 6 / 9 / 9 / 10 / 10 / 11 / 12 / 14 / 18 M aus der Armausschnittkante rechts herausstr, MM platzieren und die Arbeit zur Rd schließen (= 66 / 68 / 70 / 72 / 82 / 82 / 86 / 90 / 98 / 102 / 114 / 122 M).
9 / 7 / 6 / 9 / 4 / 5 / 4 / 4 / 3 / 3 / 2 / 2 Rd rechte M str.
Abnahme-Rd: 1 M rechts, 2 M rechts zusammenstr, rechte M str bis zu den letzten 3 M, 2 M rechts abgehoben zusammenstr, 1 M rechts (= 2 M abgenommen).
Glatt rechts weiterstr, dabei die Abnahme-Rd noch 5 / 6 / 7 / 5 / 10 / 10 / 12 / 11 / 15 / 14 / 20 / 21x in jeder 10. / 8. / 7. / 10. / 5. / 6. / 5. / 5. / 4. / 4. / 3. / 3. Rd wdh (= 54 / 54 / 54 / 60 / 60 / 60 / 60 / 66 / 66 / 72 / 72 / 78 M).
Glatt rechts gerade weiterstr bis zu einer Ärmellänge von 20,5 / 20,5 / 20,5 / 21,5 / 21,5 / 23 / 23 / 23 / 23 / 23 / 23 / 23 cm ab Unterkante des Armausschnitts oder bis der Ärmel 5 cm kürzer ist als die gewünschte Gesamtlänge.
Den Faden in Fb B dazunehmen.
1. Rd: * 2 M rechts in Fb B, 1 M rechts in Fb A *; von * bis * stets wdh bis Rd-Ende.
2. Rd: Wie die 1. Rd str.
3. Rd: In Fb A rechte M str bis Rd-Ende.
4. Rd: * 1 M rechts in Fb A, 1 M rechts in Fb B *; von * bis * stets wdh bis Rd-Ende.
5. Rd: * 1 M rechts verschränkt in Fb A, 1 M links in Fb B *; von * bis * stets wdh bis Rd-Ende.
Die letzte Rd noch 10x wdh.
Den Faden in Fb B abschneiden und alle M in Fb A im Rippenmuster abk.
Den 2. Ärmel genauso arb.

Zählmuster für die Passe
(Größe XXS / XS / S / M1 / M2 / L1 / L2 / XL)

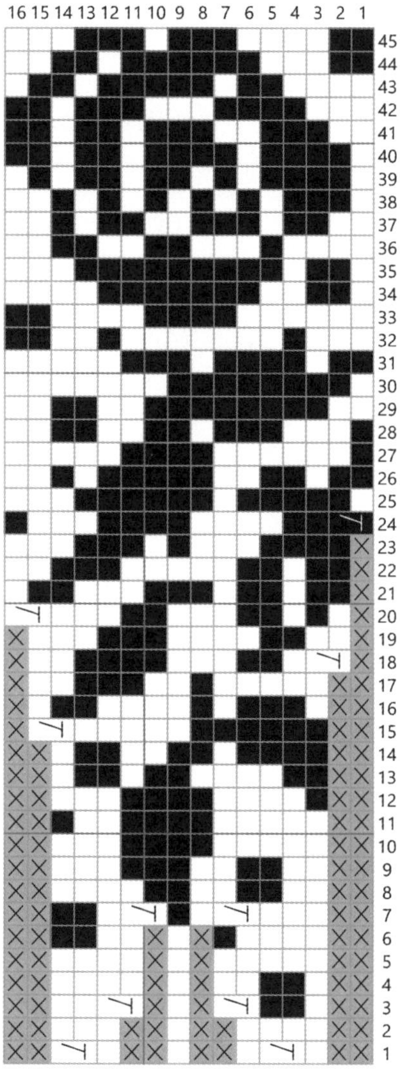

Zählmuster für die Passe
(Größe 2XL / 3XL / 4XL / 5XL)

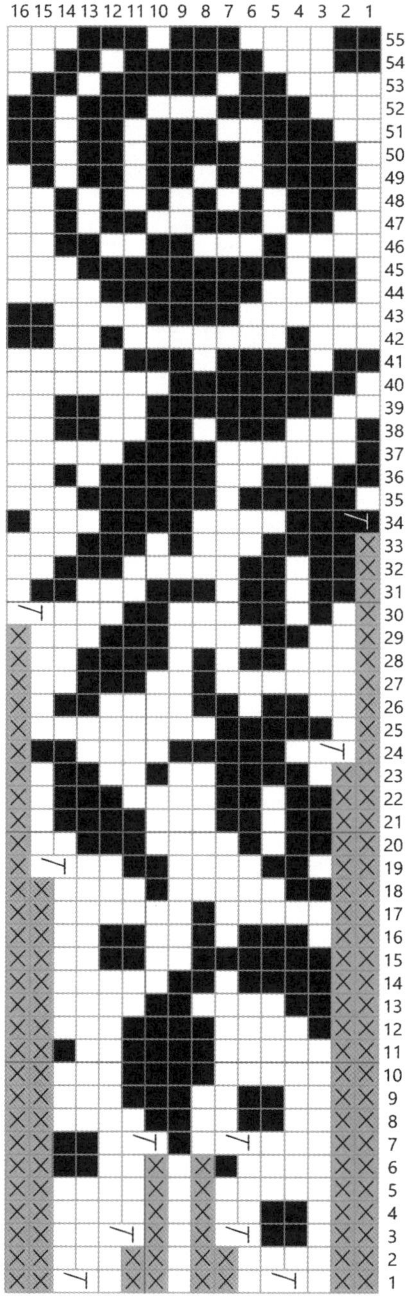

Zählmuster für die untere Bordüre

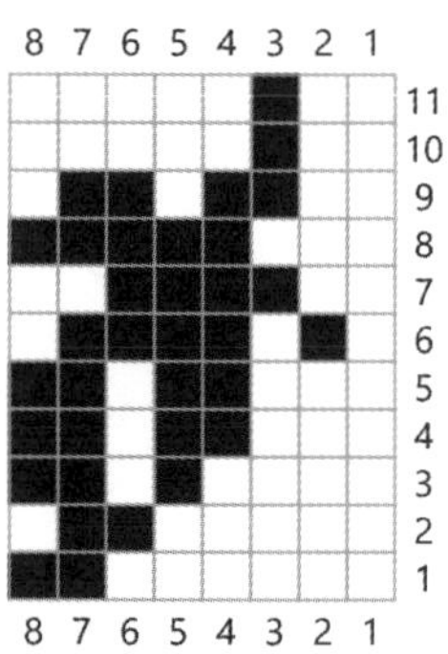

- 1 M rechts, 1 M links tiefgestochen zunehmen
- Fb A
- Fb B
- keine M

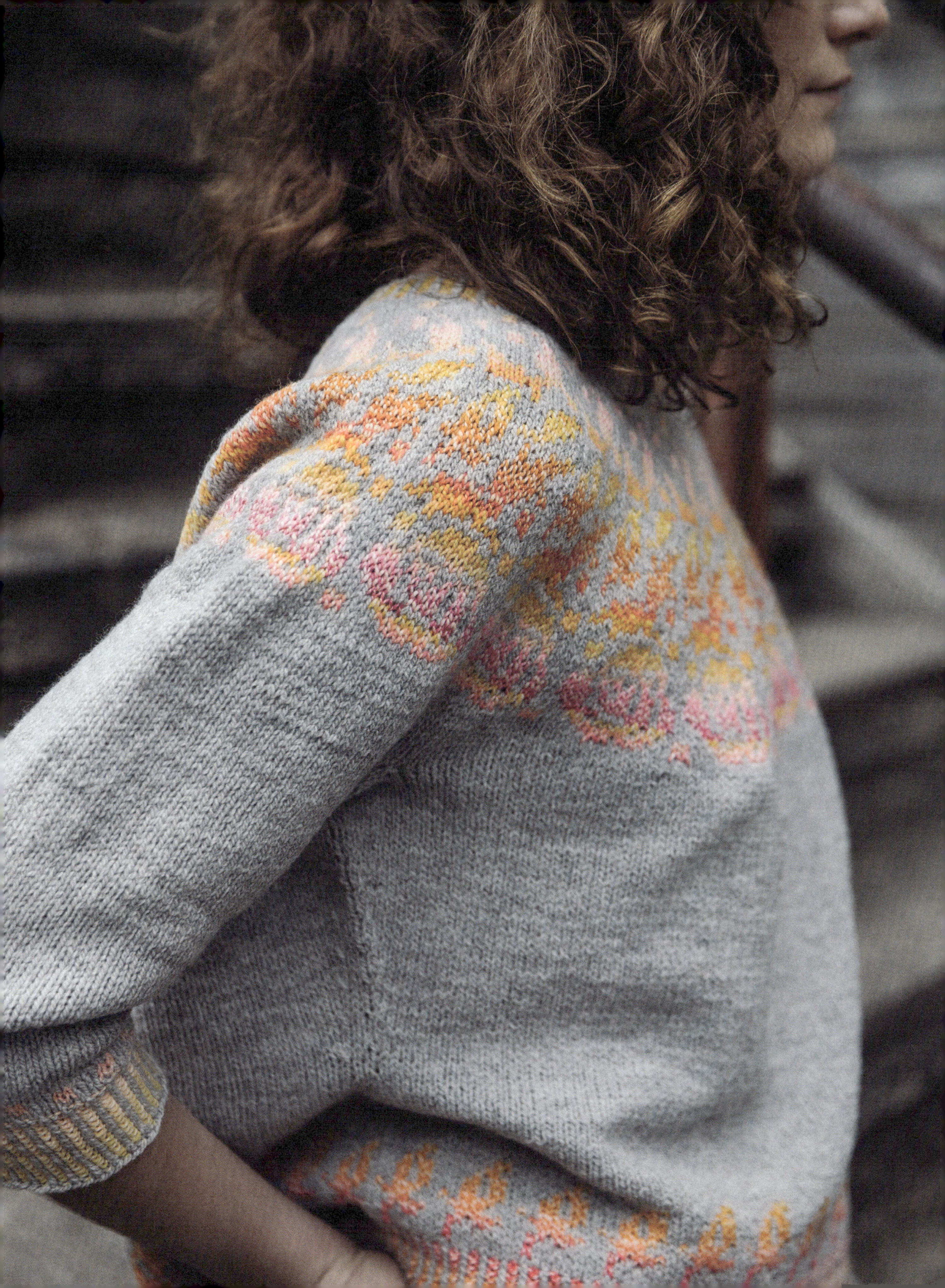

11

MOHAIR FUDGE

Dieser flauschige Kuschelpullover wird nahtlos von oben nach unten gestrickt. Seine wunderschön weiche Textur entsteht dadurch, dass je ein Faden Merinowollgarn und Mohair-Seiden-Garn zusammen verstrickt werden. Die Arbeit beginnt oben mit dem weiten Rollkragen im Patentmuster, an den sich die Rundpasse mit dem farbigen Einstrickmuster anschließt. Der Pullover ist in A-Linie geschnitten und hat eine Saumblende im Rippenmuster mit seitlichen Schlitzen.

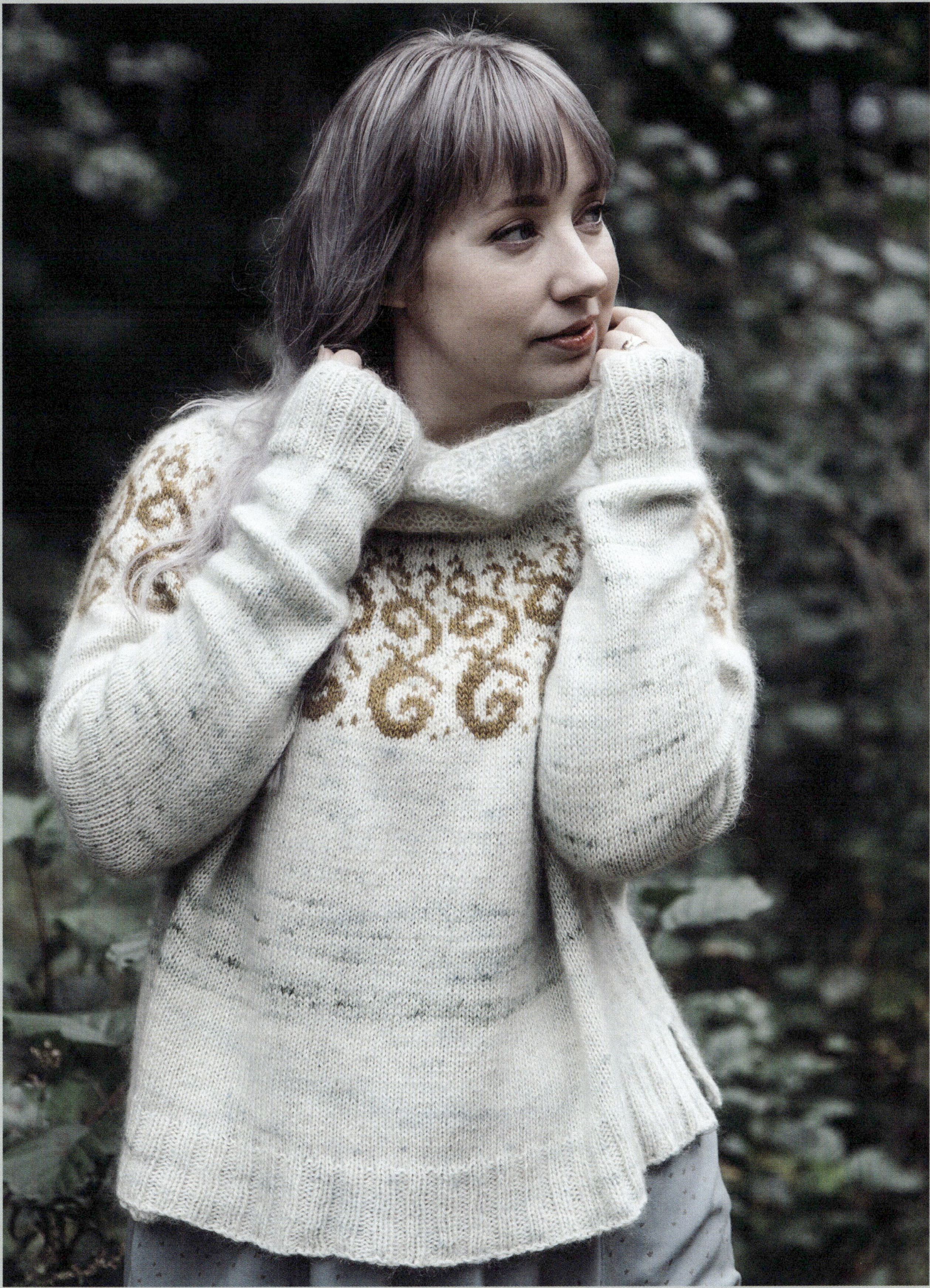

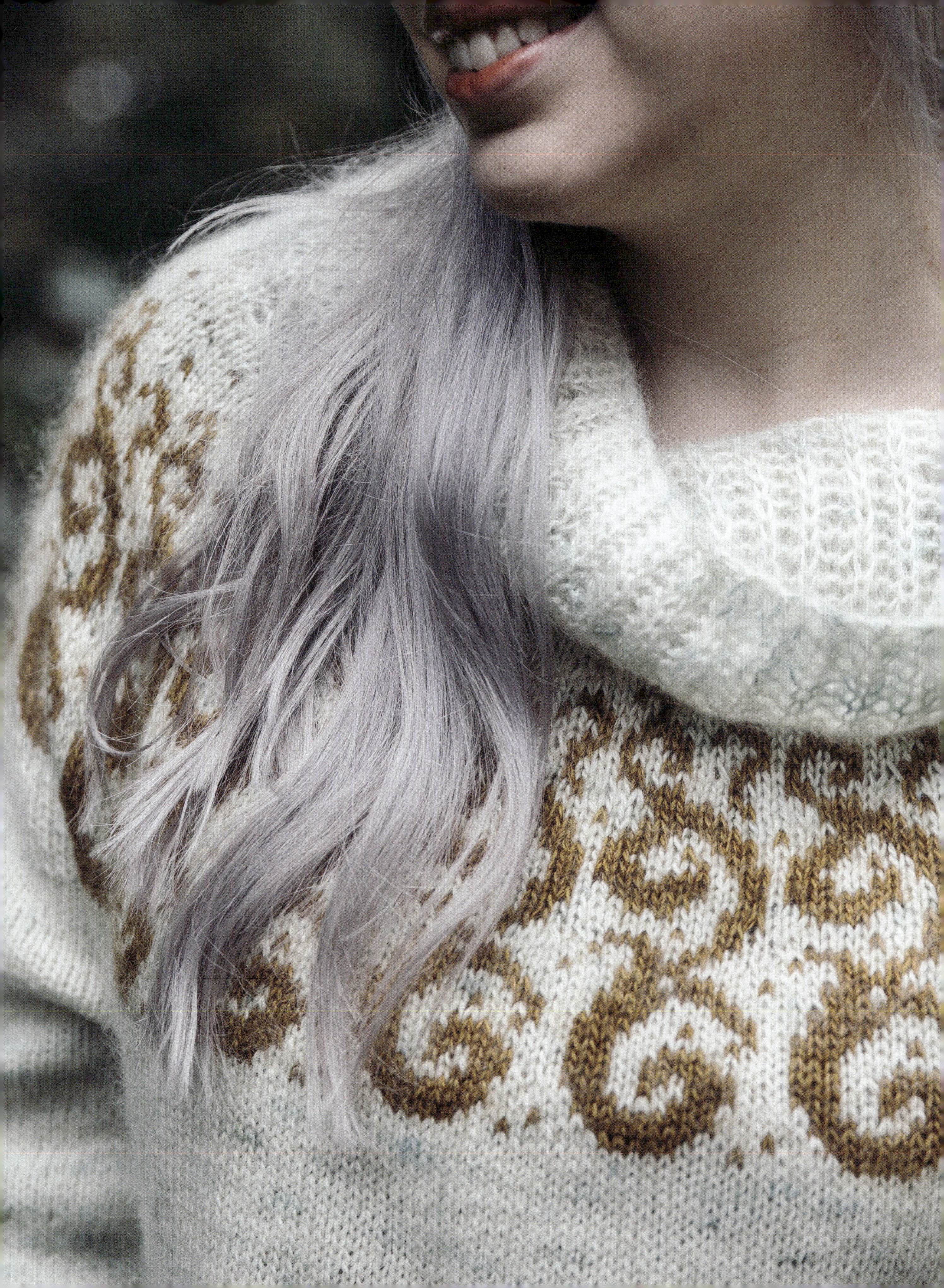

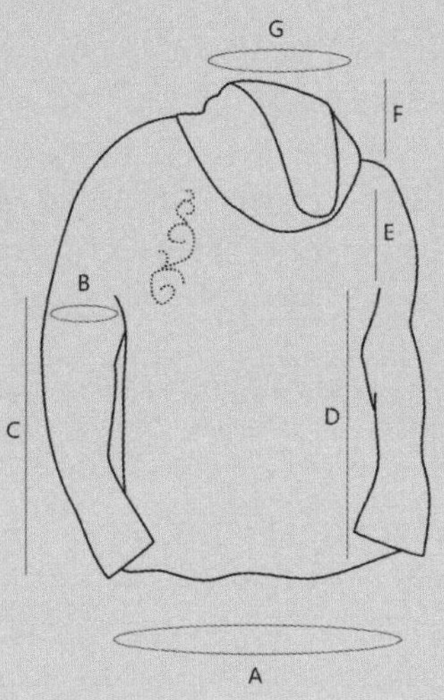

Größe
XXS / XS / S / M1 / M2 / L1 / L2 / XL / 2XL / 3XL / 4XL / 5XL
Die Angaben für die verschiedenen Größen sind durch Schrägstriche voneinander getrennt. Steht nur eine Angabe, gilt diese für alle Größen.
Dieser Pullover soll besonders locker sitzen. Wählen Sie die Größe, deren Oberweite etwa 18 cm größer ist als Ihr Brustumfang.

Garn
Nurja Merino Single (100 % Merinowolle; LL 366 m/100 g):
Fb A: Marmori, 3 / 3 / 3 / 3 / 3 / 3 / 4 / 4 / 4 / 5 / 5 / 5 Stränge
Fb B: Meripihka, 1 Strang
Nurja Mohair (72 % Mohair, 28 % Seide; LL 420 m/50 g):
Fb A: Marmori, 3 / 3 / 3 / 3 / 4 / 4 / 4 / 4 / 5 / 5 / 5 / 5 Stränge
Fb B: Meripihka, 1 Strang

Materialverbrauch
Fb A, Merino Single: 845 / 890 / 950 / 1000 / 1055 / 1098 / 1185 / 1270 / 1420 / 1510 / 1645 / 1760 m
Fb A, Mohair: 1110 / 1155 / 1230 / 1260 / 1340 / 1390 / 1480 / 1585 / 1740 / 1840 / 1985 / 2100 m
Fb B, Merino Single: 135 / 140 / 145 / 155 / 155 / 160 / 170 / 175 / 195 / 205 / 215 / 225 m
Fb B, Mohair: 120 / 130 / 135 / 140 / 140 / 145 / 155 / 160 / 180 / 185 / 200 / 205 m

Stricknadeln
Rundstricknadel 4,0 mm, 100 cm lang
Nadelspiel 4,0 mm (optional für die Ärmel)
Passen Sie die Nadelstärke gegebenenfalls an, um die korrekte Maschenprobe zu erzielen.

Maschenprobe
22 M und 28 Rd mit je 1 Faden beider Garnqualitäten in Rd glatt rechts und in Jacquardtechnik = 10 cm x 10 cm (nach dem Spannen)

Zubehör
4 Maschenmarkierer
Wollnadel

Maße
A Oberweite: 96,5 / 99 / 103,5 / 112,5 / 116,5 / 120 / 126,5 / 136,5 / 146,5 / 152,5 / 163,5 / 177,5 cm
A Hüftweite: 105,5 / 109 / 112,5 / 123,5 / 127,5 / 131 / 138 / 145,5 / 156,5 / 163,5 / 174,5 / 189 cm
B Oberarmumfang: 29,5 / 29,5 / 32,5 / 33 / 35 / 37 / 38,5 / 41 / 44 / 46 / 51 / 53 cm
C Ärmellänge: 45,5 / 46,5 / 46,5 / 46,5 / 47,5 / 47,5 / 48 / 49 / 49 / 49 / 49 / 49 cm
D Rumpflänge ab Armausschnitt: 27 cm
E Armausschnitthöhe: 20,5 / 21,5 / 21,5 / 22 / 23 / 23,5 / 24,5 / 25 / 26,5 / 28 / 28,5 / 30 cm
F Höhe des Rollkragens: 20 cm
G Umfang des Rollkragens: 42,5 / 42,5 / 44,5 / 43,5 / 43,5 / 42 / 43,5 / 45,5 / 45,5 / 45,5 / 45,5 / 45,5 cm

ANLEITUNG

Mit 2 Fäden des Mohairgarns in Fb A im runden M-Anschlag 94 / 94 / 98 / 96 / 96 / 92 / 96 / 100 / 100 / 100 / 100 / 100 M anschl. Die Arbeit zur Rd schließen und den Rd-Beginn mit 1 MM kennzeichnen.

1. Rd: * 1 M rechts, 1 M mit 1 U abheben *; von * bis * stets wdh bis Rd-Ende.

2. Rd: * 1 M mit 1 U abheben, 1 PM links *; von * bis * stets wdh bis Rd-Ende.

3. Rd: * 1 PM rechts, 1 M mit 1 U abheben *; von * bis * stets wdh bis Rd-Ende.

Die letzten 2 Rd bis zu einer Gesamthöhe von 20 cm stets wdh; nach einer 3. Rd enden. 1 Faden des Mohairgarns abschneiden. 1 Faden des Merinogarns in Fb A dazunehmen und mit je 1 Faden des Merino- und des Mohairgarns zusammen weiterstr wie folgt:

Nächste Rd: * 1 M rechts, 1 PM rechts *; von * bis * stets wdh bis Rd-Ende.

Nächste Rd (nur Größe XXS / XS / S / M1 / M2 / 2XL / 3XL / 4XL / 5XL):* 4 / 3 / 3 / 2 / 2 / – / – / – / 8 / 6 / 4 / 3 M rechts, 1 M links tiefgestochen zunehmen, 5 / 4 / 4 / 3 / 3 / – / – / – / 8 / 6 / 4 / 4 M rechts, 1 M links tiefgestochen zunehmen *; von * bis * stets wdh bis zu den letzten 4 / 3 / 0 / 6 / 6 / – / – / – / 4 / 4 / 4 / 2 M, rechte M str bis Rd-Ende (= 114 / 120 / 126 / 132 / 132 / – / – / – / 112 / 116 / 124 / 128 M).

Nächste Rd (nur Größe XXS / XS / S / M1 / M2 / 2XL / 3XL / 4XL / 5XL): Rechte M str bis Rd-Ende.

PASSE

Beide Fäden (Merino und Mohair) in Fb B dazunehmen und glatt rechts in Jacquardtechnik nach dem Zählmuster für die Passe weiterstr, dabei den Rapport des Zählmusters 19 / 20 / 21 / 22 / 22 / 23 / 24 / 25 / 28 / 29 / 31 / 32x in der Rd wdh. Achtung: Für die Größen XXS / XS / S / M1 / M2 beginnt das Zählmuster mit der 2. Rd, für die Größen L1 / L2 / XL / 2XL / 3XL / 4XL / 5XL mit der 1. Rd (= 285 / 300 / 315 / 330 / 330 / 345 / 360 / 375 / 420 / 435 / 465 / 480 M).

Nach der letzten Rd des Zählmusters für die Passe beide Fäden in Fb B abschneiden.

Nächste Rd (nur Größe XXS / L1 / XL): 1 ML zunehmen, rechte M str bis Rd-Ende (= 286 / – / – / – / – / 346 / – / 376 / – / – / – / – M).

Nächste Rd (nur Größe S / 3XL / 4XL): 2 M rechts zusammenstr, rechte M str bis Rd-Ende (= – / – / 314 / – / – / – / – / – / – / 434 / 464 / – M).

MM platzieren und die Arbeit mit verkürzten R formen wie folgt (die ersten Wendestellen für die verkürzten R liegen in den Ärmeln, die letzten im Vorderteil):

Einteilungs-Rd: 46 / 49 / 50 / 54 / 54 / 56 / 59 / 62 / 69 / 71 / 75 / 80 M rechts (für das Rückenteil), MM platzieren, 51 / 53 / 57 / 57 / 57 / 61 / 63 / 64 / 73 / 75 / 82 / 81 M rechts (für den rechten Ärmel), MM platzieren, 92 / 97 / 100 / 108 / 108 / 112 / 117 / 124 / 137 / 142 / 150 / 159 M rechts (für das Vorderteil), MM platzieren, 51 / 53 / 57 / 57 / 57 / 61 / 63 / 64 / 73 / 75 / 82 / 81 M rechts (für den linken Ärmel), MM platzieren, rechte M str bis Rd-Ende, MM entfernen, rechte M str bis zum nächsten MM.

Der Rd-Beginn liegt nun zwischen dem Rückenteil und dem rechten Ärmel.

1. R (Hinr): Rechte M str bis 10 M vor dem MM; w&w.

2. R (Rückr): * Linke M str bis MM, MM abheben *; von * bis * noch 1x wdh, linke M str bis 10 M vor dem MM; w&w.

3. R: Rechte M str bis zur umwickelten M, dabei die MM abheben, die umwickelte M mit dem Wickelfaden rechts zusammenstr, 4 M rechts; w&w.

4. R: Linke M str bis zur umwickelten M, dabei die MM abheben, die umwickelte M mit dem Wickelfaden links zusammenstr, 4 M links; w&w.

Die 3. und 4. R noch 1x wdh.

7. R: Rechte M str bis zur umwickelten M, dabei die MM abheben, die umwickelte M mit dem Wickelfaden rechts zusammenstr, 8 M rechts; w&w.

8. R: Linke M str bis zur umwickelten M, dabei die MM abheben, die umwickelte M mit dem Wickelfaden links zusammenstr, 8 M links; w&w.

Die 7. und 8. R noch 1x wdh.

Nächste Rd (Vorderseite): * Rechte M str bis zur umwickelten M, dabei die MM abheben, die umwickelte M mit dem Wickelfaden rechts zusammenstr *; von * bis * noch 1x wdh, rechte M str bis Rd-Ende.

Glatt rechts in Rd weiterstr bis zu einer Vorderteilhöhe von 20,5 / 21,5 / 21,5 / 22 / 23 / 23,5 / 24,5 / 25 / 26,5 / 28 / 28,5 / 30 cm (von der Unterkante des Rollkragens aus gemessen).

RUMPF

Einteilungs-Rd (Vorderseite): * MM entfernen, die nächsten 51 / 53 / 57 / 57 / 57 / 61 / 63 / 64 / 73 / 75 / 82 / 81 M auf einem Maschenraffer stilllegen, 7 / 6 / 7 / 8 / 10 / 10 / 11 / 13 / 12 / 13 / 15 / 18 M durch Aufschlingen neu anschl, MM platzieren, 7 / 6 / 7 / 8 / 10 / 10 / 11 / 13 / 12 / 13 / 15 / 18 M durch Aufschlingen neu anschl, MM entfernen, rechte M str bis MM *; von * bis * noch 1x wdh (= 212 / 218 / 228 / 248 / 256 / 264 / 278 / 300 / 322 / 336 / 360 / 390 M). Der Rd-Beginn liegt nun in der Mitte der Unterkante des rechten Armausschnitts.

Wenn Sie möchten, können Sie an dieser Stelle Brustabnäher str. Die Abnäher an der Stelle des größten Brustumfangs entsprechend der Körbchengröße arb. Achtung: Wenn Ihr größter Brustumfang noch nicht an dieser Stelle liegt, den Rumpf mit den angegebenen Zunahmen weiterstr und die Abnäher gleichzeitig arb. Wenn Sie keine Abnäher str wollen, gleich mit „Nach den Brustabnähern" weiterarb.

Brustabnäher C/D

1. R (Hinr): Rechte M str bis 14 / 14 / 15 / 16 / 16 / 17 / 17 / 19 / 20 / 21 / 23 / 24 M vor dem linken Seiten-MM; w&w.
2. R (Rückr): Linke M str bis 14 / 14 / 15 / 16 / 16 / 17 / 17 / 19 / 20 / 21 / 23 / 24 M vor dem rechten Seiten-MM; w&w.
3. R: Rechte M str bis 4 / 4 / 5 / 5 / 5 / 5 / 6 / 6 / 7 / 7 / 7 / 8 M vor der zuletzt umwickelten M; w&w.
4. R: Linke M str bis 4 / 4 / 5 / 5 / 5 / 5 / 6 / 6 / 7 / 7 / 7 / 8 M vor der zuletzt umwickelten M; w&w.
Die 3. und 4. R noch 2x wdh.
9. R (Hinr): * Rechte M str bis zur umwickelten M und diese M mit dem Wickelfaden rechts zusammenstr *; von * bis * noch 3x wdh, rechte M str bis Rd-Ende und in Rd weiterstr.
10. Rd: Rechte M str bis Rd-Ende, dabei die restlichen umwickelten M jeweils mit ihrem Wickelfaden rechts zusammenstr.

Brustabnäher E/F

1. R (Hinr): Rechte M str bis 14 / 14 / 15 / 16 / 16 / 17 / 17 / 19 / 20 / 21 / 23 / 24 M vor dem linken Seiten-MM; w&w.
2. R (Rückr): Linke M str bis 14 / 14 / 15 / 16 / 16 / 17 / 17 / 19 / 20 / 21 / 23 / 24 M vor dem rechten Seiten-MM; w&w.
3. R: Rechte M str bis 3 / 3 / 4 / 4 / 4 / 4 / 4 / 5 / 5 / 5 / 6 / 6 M vor der zuletzt umwickelten M; w&w.
4. R: Linke M str bis 3 / 3 / 4 / 4 / 4 / 4 / 4 / 5 / 5 / 5 / 6 / 6 M vor der zuletzt umwickelten M; w&w.
Die 3. und 4. R noch 3x wdh.
11. R (Hinr): * Rechte M str bis zur umwickelten M und diese M mit dem Wickelfaden rechts zusammenstr *; von * bis * noch 4x wdh, rechte M str bis Rd-Ende und in Rd weiterstr.
12. Rd: Rechte M str bis Rd-Ende, dabei die restlichen umwickelten M jeweils mit ihrem Wickelfaden rechts zusammenstr.

Brustabnäher G/H

1. R (Hinr): Rechte M str bis 14 / 14 / 15 / 16 / 16 / 17 / 17 / 19 / 20 / 21 / 23 / 24 M vor dem linken Seiten-MM; w&w.
2. R (Rückr): Linke M str bis 14 / 14 / 15 / 16 / 16 / 17 / 17 / 19 / 20 / 21 / 23 / 24 M vor dem rechten Seiten-MM; w&w.
3. R: Rechte M str bis 3 / 3 / 3 / 3 / 3 / 3 / 4 / 4 / 4 / 4 / 4 / 5 M vor der zuletzt umwickelten M; w&w.
4. R: Linke M str bis 3 / 3 / 3 / 3 / 3 / 3 / 4 / 4 / 4 / 4 / 4 / 5 M vor der zuletzt umwickelten M; w&w.
Die 3. und 4. R noch 4x wdh.
13. R (Hinr): * Rechte M str bis zur umwickelten M und diese M mit dem Wickelfaden rechts zusammenstr *; von * bis * noch 5x wdh, rechte M str bis Rd-Ende und in Rd weiterstr.
14. Rd: Rechte M str bis Rd-Ende, dabei die restlichen umwickelten M jeweils mit ihrem Wickelfaden rechts zusammenstr.

Nach den Brustabnähern
Nach den Brustabnähern 8 / 8 / 8 / 8 / 8 / 8 / 2 / 2 / 2 / 2 / 2 / 2 Rd rechte M str.
Zunahme-Rd: * 2 M rechts, 1 ML zunehmen, rechte M str bis 2 M vor dem MM, 1 MR zunehmen, 2 M rechts, MM abheben *; von * bis * noch 1x wdh (= 4 M zugenommen).
Glatt rechts weiterstr, dabei die Zunahme-Rd noch 4 / 4 / 4 / 5 / 5 / 5 / 5 / 4 / 4 / 5 / 5 / 5x in jeder 11. / 10. / 11. / 9. / 9. / 9. / 9. / 13. / 11. / 10. / 10. / 9. Rd wdh (= 232 / 238 / 248 / 272 / 280 / 288 / 302 / 320 / 342 / 360 / 384 / 414 M).
Nächste Rd (nur Größe XS / L2 / 2XL / 5XL): * 2 M rechts, 1 ML zunehmen, rechte M str bis MM, MM abheben *; von * bis * noch 1x wdh (= 2 M zugenommen).
Glatt rechts weiterstr bis zu einer Rumpfhöhe von 20 cm ab Unterkante der Armausschnitte.
Nun Vorderteil und Rückenteil getrennt weiterstr wie folgt:
Einteilungs-R (Hinr): * 2 M rechts, 2 M links *; von * bis * stets wdh bis MM, MM entfernen, 2 M rechts, die übrigen M auf einem Maschenraffer stilllegen und die Arbeit wenden (= 118 / 122 / 126 / 138 / 142 / 146 / 154 / 162 / 174 / 182 / 194 / 210 M).
1. R (Rückr): 1 M links abheben, 1 M links, * 2 M rechts, 2 M links *; von * bis * stets wdh bis MM, MM entfernen und die Arbeit wenden.
2. R: 1 M rechts abheben, 1 M rechts, * 2 M links, 2 M rechts *; von * bis * stets wdh bis R-Ende.
Die letzten 2 R noch 8x wdh. Alle M im Rippenmuster abk.
Die stillgelegten M für das Rückenteil wieder auf die Nd nehmen.
Einteilungs-R (Hinr): Aus der Oberkante der 2 rechten M der vorderen Rippenblende 2 M rechts herausstr, * 2 M links, 2 M rechts *; von * bis * stets wdh bis zu den letzten 2 M, 2 M links, aus der Oberkante der 2 rechten M der vorderen Rippenblende 2 M rechts herausstr (= 118 / 122 / 126 / 138 / 142 / 146 / 154 / 162 / 174 / 182 / 194 / 210 M).
1. R (Rückr): 1 M links abheben, 1 M links, * 2 M rechts, 2 M links *; von * bis * stets wdh bis R-Ende.
2. R: 1 M rechts abheben, 1 M rechts, * 2 M links, 2 M rechts *; von * bis * stets wdh bis R-Ende.
Die letzten 2 R noch 8x wdh. Alle M im Rippenmuster abk.

ÄRMEL
Die M für einen Ärmel zurück auf die Nd nehmen.
Einteilungs-Rd (Vorderseite): In Fb A (Merino und Mohair) und in der Mitte der Unterkante eines Armausschnitts beginnend 7 / 6 / 7 / 8 / 10 / 10 / 11 / 13 / 12 / 13 / 15 / 18 M aus der Armausschnittkante rechts herausstr, die Ärmel-M rechts str, dann weitere 7 / 6 / 7 / 8 / 10 / 10 / 11 / 13 / 12 / 13 / 15 / 18 M aus der Armausschnitt-Unterkante rechts herausstr, MM platzieren und die Arbeit zur Rd schließen (= 65 / 65 / 71 / 73 / 77 / 81 / 85 / 90 / 97 / 101 / 112 / 117 M).

8 / 8 / 8 / 8 / 8 / 8 / 2 / 2 / 2 / 2 / 2 / 2 Rd rechte M str.

Abnahme-Rd: 1 M rechts, 2 M rechts zusammenstr, rechte M str bis zu den letzten 3 M, 2 M rechts abgehoben zusammenstr, 1 M rechts (= 2 M abgenommen).

Glatt rechts weiterstr, dabei die Abnahme-Rd noch 11 / 11 / 14 / 13 / 15 / 17 / 19 / 20 / 21 / 23 / 27 / 29x in jeder 8. / 8. / 7. / 7. / 6. / 6. / 5. / 5. / 5. / 4. / 4. / 3. Rd wdh (= 41 / 41 / 41 / 45 / 45 / 45 / 45 / 48 / 53 / 53 / 56 / 57 M).

Nächste Rd (nur Größe XXS / XS / S / M1 / M2 / L1 / L2 / 2XL / 3XL / 5XL): 1 M rechts, 2 M rechts zusammenstr, rechte M str bis Rd-Ende (= 1 M abgenommen).

Glatt rechts gerade weiterstr bis zu einer Ärmellänge von 38,5 / 39,5 / 39,5 / 39,5 / 40,5 / 40,5 / 41 / 42 / 42 / 42 / 42 / 42 cm ab Armausschnitt-Unterkante oder bis der Ärmel 7 cm kürzer ist als die gewünschte Gesamtlänge.

Nächste Rd: * 2 M rechts, 2 M links *; von * bis * stets wdh bis Rd-Ende.

Die letzte Rd noch 19x wdh. Alle M im Rippenmuster abk.

Den 2. Ärmel genauso arb.

Zählmuster für die Passe

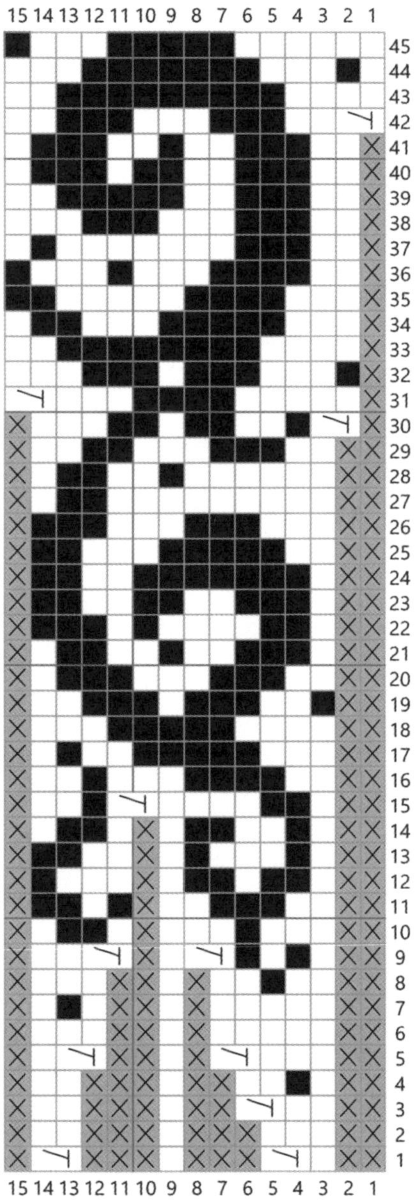

Fb A

Fb B

1 M rechts, 1 M links tief-gestochen zunehmen

keine M

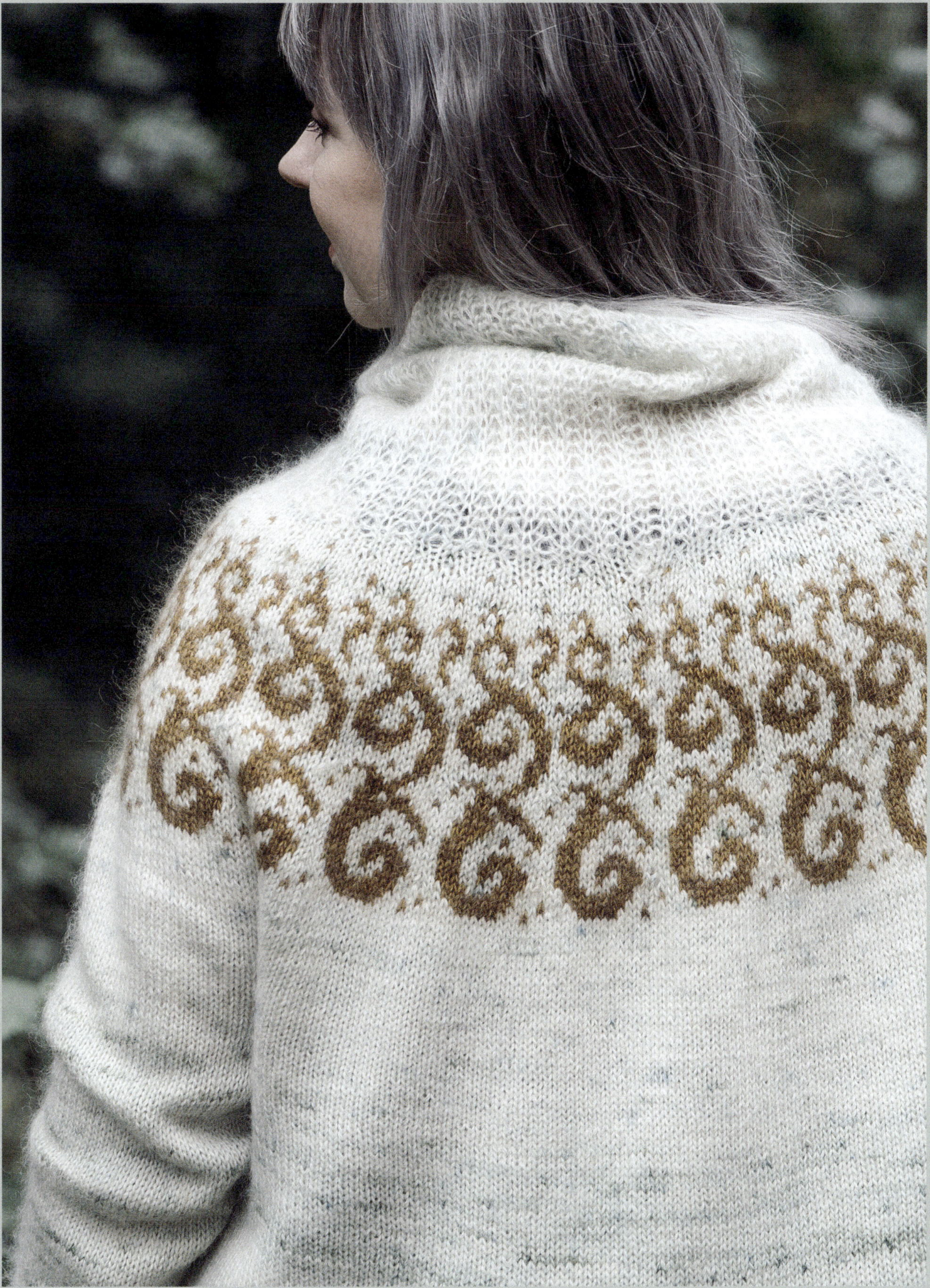

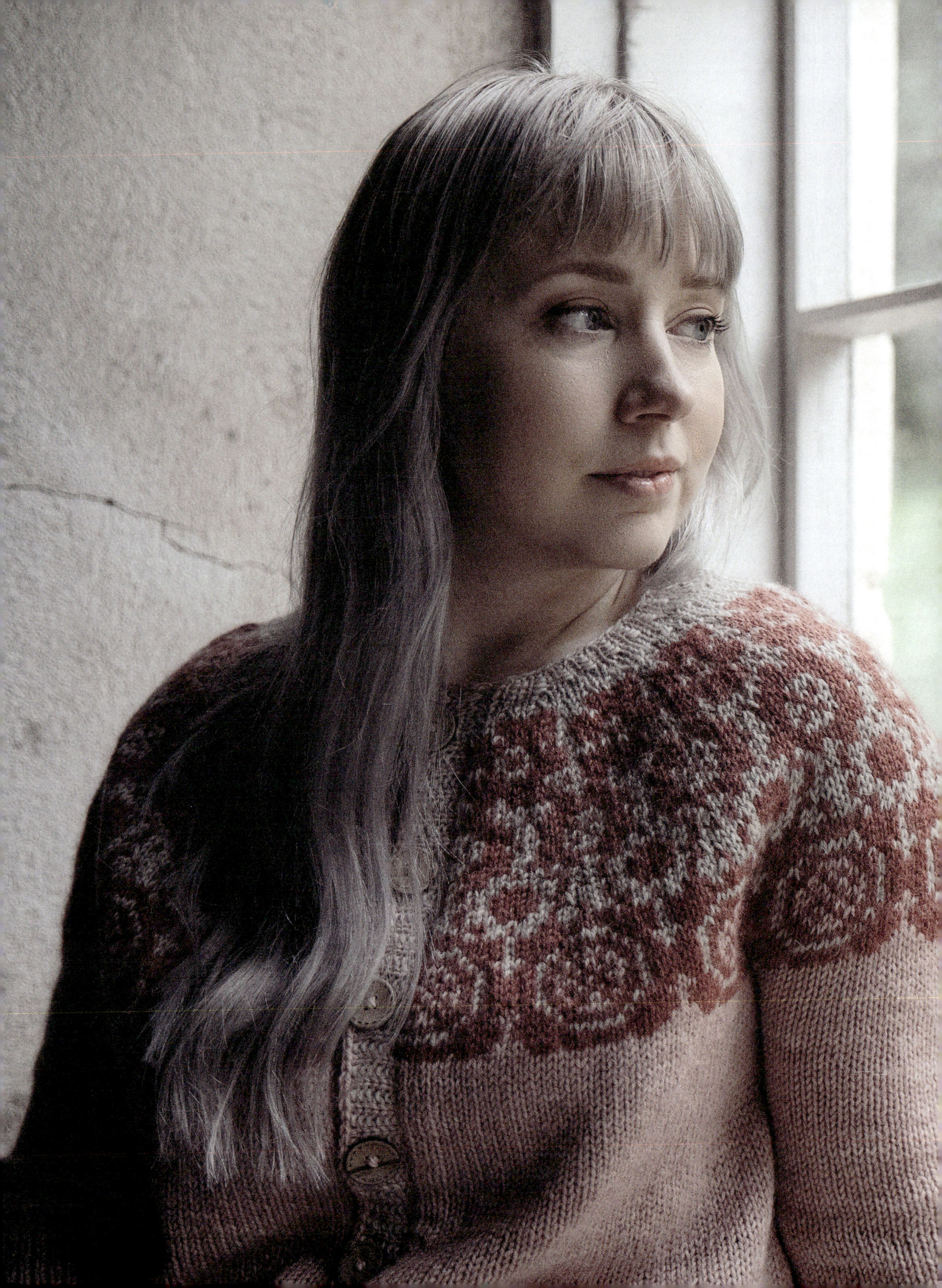

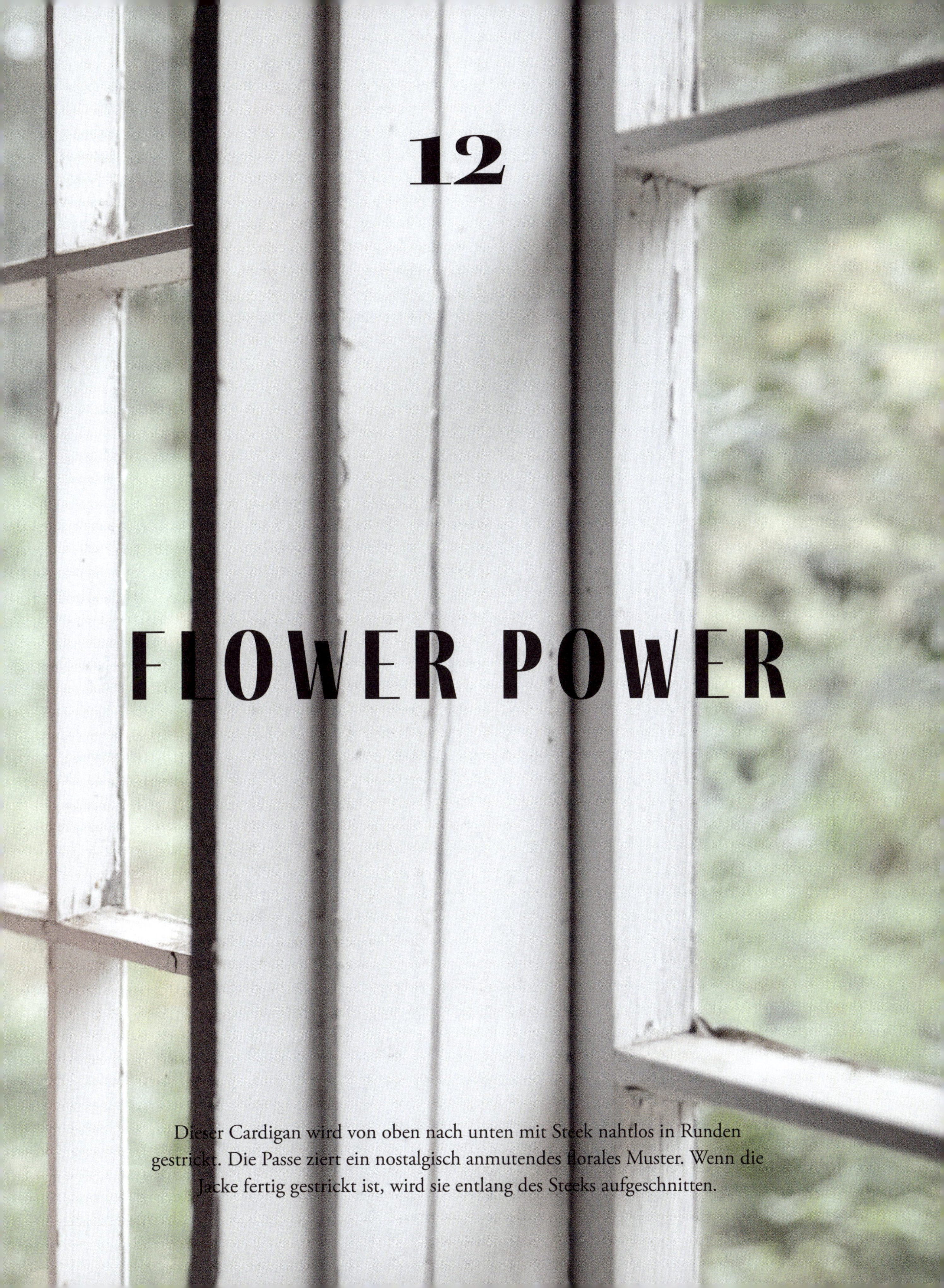

12

FLOWER POWER

Dieser Cardigan wird von oben nach unten mit Steek nahtlos in Runden gestrickt. Die Passe ziert ein nostalgisch anmutendes florales Muster. Wenn die Jacke fertig gestrickt ist, wird sie entlang des Steeks aufgeschnitten.

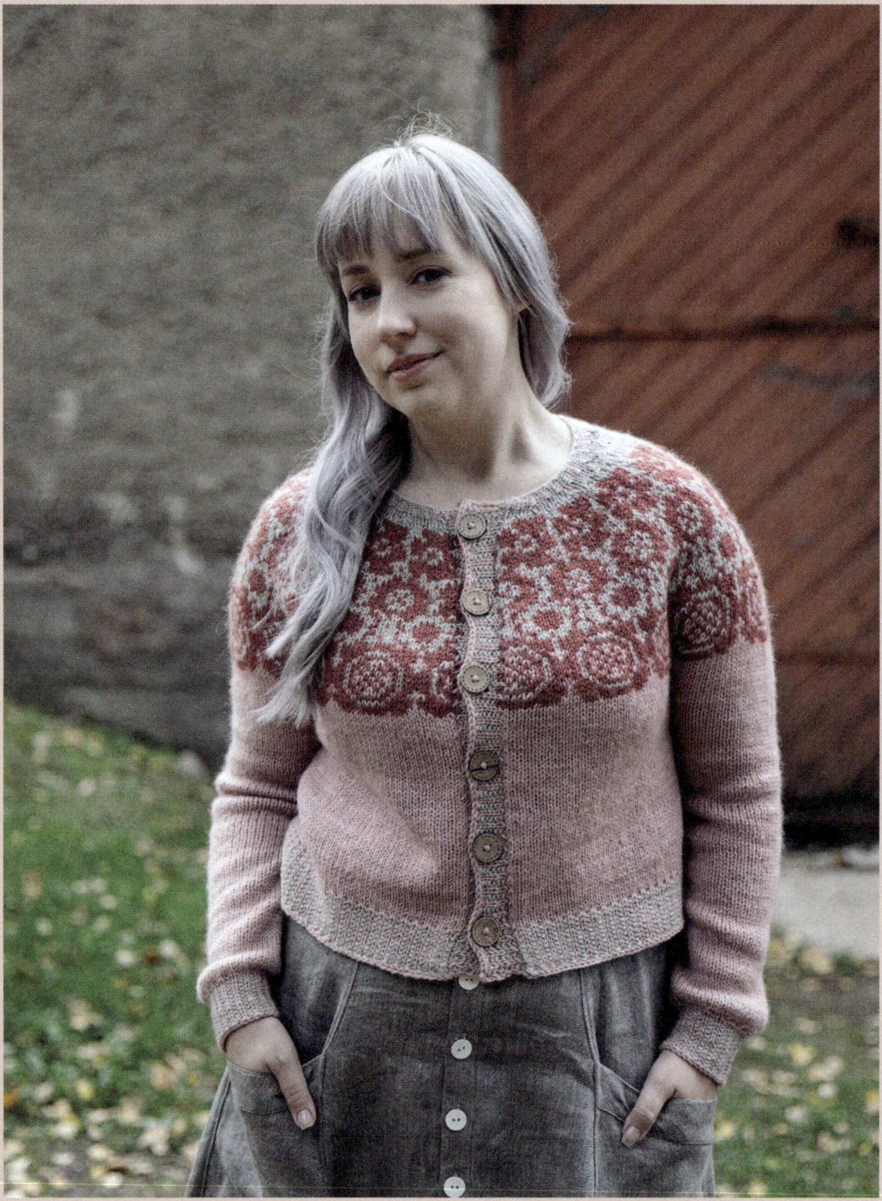

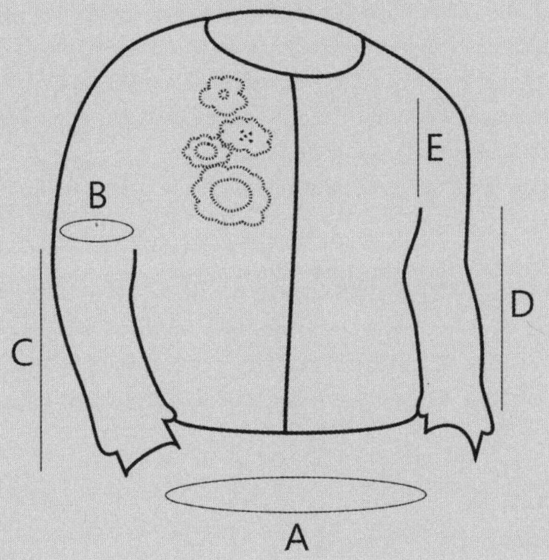

Größe
XXS / XS / S / M1 / M2 / L1 / L2 / XL / 2XL / 3XL / 4XL / 5XL
Die Angaben für die verschiedenen Größen sind durch Schrägstriche voneinander getrennt. Steht nur eine Angabe, gilt diese für alle Größen.
Dieser Cardigan soll bequem sitzen. Wählen Sie die Größe, deren Oberweite etwa 10 cm größer ist als Ihr Brustumfang.

Garn
Aara Maja (100 % finnische Wolle; LL 220 m/100 g):
Fb A: Ilta, 3 / 3 / 3 / 3 / 3 / 3 / 3 / 4 / 4 / 4 / 4 / 4 Stränge
Fb B: Pisara, 1 / 1 / 1 / 1 / 1 / 1 / 1 / 2 / 2 / 2 / 2 / 2 Stränge
Fb C: Kirsikka, 1 / 1 / 1 / 1 / 1 / 1 / 1 / 1 / 2 / 2 / 2 / 2 Stränge

Materialverbrauch
Fb A: 450 / 460 / 490 / 510 / 540 / 610 / 650 / 675 / 700 / 740 / 810 / 875 m
Fb B: 170 / 170 / 175 / 195 / 205 / 210 / 220 / 235 / 250 / 260 / 300 / 330 m
Fb C: 170 / 175 / 175 / 180 / 190 / 200 / 215 / 220 / 225 / 240 / 260 / 275 m

Stricknadeln
Rundstricknadel 4,5 mm, 100 cm lang
Nadelspiel 4,5 mm (optional für die Ärmel)
Passen Sie die Nadelstärke gegebenenfalls an, um die korrekte Maschenprobe zu erzielen.

Maschenprobe
18 M und 23 Rd in Rd glatt rechts und in Jacquardtechnik = 10 cm x 10 cm (nach dem Spannen)

Zubehör
6 Maschenmarkierer
6 Knöpfe, ø 2,5 cm
Wollnadel

Maße
A Ober- und Taillenweite: 86,5 / 91 / 98 / 104,5 / 109 / 111 / 120 / 126,5 / 140 / 146,5 / 158 / 169 cm
B Oberarmumfang: 28 / 30 / 31 / 32 / 34,5 / 35,5 / 38 / 39 / 41 / 44,5 / 50 / 53,5 cm
C Ärmellänge: 43,5 / 44,5 / 44,5 / 44,5 / 45,5 / 45,5 / 46 / 46,5 / 46,5 / 46,5 / 46,5 / 46,5 cm
D Rumpflänge ab Armausschnitt: 28 / 28 / 27,5 / 27,5 / 27 / 26 / 26 / 26 / 25,5 / 25,5 / 25,5 / 25,5 cm.
E Armausschnitthöhe: 21,5 / 22 / 22,5 / 23 / 24 / 25,5 / 25 / 26,5 / 28 / 29,5 / 30,5 / 32 cm.

Steek
Den Steek mit einer Häkelnadel oder mit der Nähmaschine verstärken (siehe Seite 55) und in der Mitte der Steekmaschen aufschneiden. Die Schnittkanten zur linken Seite der Arbeit umfalten und mit einem Faden in Fb A annähen.

ANLEITUNG

In Fb B im Kreuzanschlag 91 / 87 / 87 / 87 / 87 / 91 / 91 / 87 / 91 / 89 / 93 / 97 M anschl, MM platzieren, 5 M durch Aufschlingen anschl, MM platzieren und die Arbeit zur Rd schließen.

Nächste Rd (Vorderseite): 1 M rechts in Fb A, * 1 M links in Fb B, 1 M rechts in Fb A *; von * bis * stets wdh bis MM, MM abheben, 1 M links in Fb B, 1 M rechts in Fb A, 1 M rechts in Fb B, 1 M rechts in Fb A, 1 M links in Fb B.

Weitere 3 / 3 / 3 / 3 / 3 / 5 / 3 / 3 / 3 / 5 / 5 / 5 Rd im so eingeteilten Rippenmuster str.

Den Faden in Fb A abschneiden.

Hinweis: Die 5 Steek-M zwischen den MM sind nie in die M-Zahl einbezogen. Die Steek-M stets [1 M links, 3 M rechts, 1 M links] str. In Rd, die mit 2 Fb gearbeitet werden, die Steek-M arb wie folgt: 2 x [Fb 1, Fb 2], Fb 1. Wird in einer Rd mit 3 Fb gestrickt, die 5 Steek-M wie folgt arb: Fb 1, Fb 2, Fb 3, Fb 2, Fb 1.

Nächste Rd (Fb B): 2 M rechts zusammenstr, rechte M str bis MM, MM abheben, die Steek-M str.

Nächste Rd (nur Größe XS / S / M1 / M2 / L1 / L2 / XL / 2XL / 3XL / 4XL / 5XL): * – / 8 / 8 / 8 / 5 / 5 / 5 / 2 / 2 / 2 / 2 / 2 M rechts, 1 M links tiefgestochen zunehmen, – / 9 / 9 / 9 / 5 / 5 / 5 / 3 / 3 / 2 / 2 / 2 M rechts, 1 M links tiefgestochen zunehmen *; von * bis * stets wdh bis – / 1 / 1 / 1 / 6 / 0 / 0 / 1 / 0 / 0 / 0 / 0 M vor dem MM, rechte M str bis MM, MM abheben, die Steek-M str (= 90 / 96 / 96 / 96 / 102 / 108 / 108 / 120 / 126 / 132 / 138 / 144 M).

Nächste Rd (nur Größe XS / S / M1 / M2 / L1 / L2 / XL / 2XL / 3XL / 4XL / 5XL): Rechte M str bis MM, MM abheben, die Steek-M str.

Nun den hinteren Halsausschnitt durch verkürzte R erhöhen wie folgt:

1. R (Hinr): 70 / 75 / 75 / 75 / 80 / 85 / 85 / 94 / 100 / 104 / 110 / 115 M rechts; w&w.

2. R (Rückr): 50 / 54 / 54 / 54 / 58 / 62 / 62 / 68 / 74 / 76 / 82 / 86 M links; w&w.

3. R: Rechte M str bis zur umwickelten M, diese M mit dem Wickelfaden rechts zusammenstr, 2 / 2 / 2 / 2 / 2 / 3 / 3 / 3 / 3 / 3 / 3 / 3 M rechts; w&w.

4. R: Linke M str bis zur umwickelten M, diese M mit dem Wickelfaden links zusammenstr, 2 / 2 / 2 / 2 / 2 / 3 / 3 / 3 / 3 / 3 / 3 / 3 M links; w&w.

Die 3. und 4. R noch 2x wdh.

Nächste Rd (Vorderseite): Rechte M str bis zur umwickelten M, dabei die MM abheben, die umwickelte M mit dem Wickelfaden rechts zusammenstr, rechte M str bis MM, MM abheben, die Steek-M str.

PASSE

Nächste Rd (Vorderseite): Glatt rechts in Jacquardtechnik nach dem Zählmuster für die Passe für die gewünschte Größe weiterstr, dabei den Rapport des Zählmusters 15 / 16 / 16 / 16 / 17 / 18 / 18 / 20 / 21 / 22 / 23 / 24x innerhalb der Rd arb und die letzte umwickelte M mit ihrem Wickelfaden rechts zusammenstr, MM abheben, die Steek-M str.

Nach der letzte Rd des Zählmusters liegen insgesamt 240 / 256 / 256 / 256 / 272 / 288 / 288 / 320 / 336 / 352 / 368 / 384 M auf der Nd.

Die Fäden in Fb B und Fb C abschneiden.

In Fb A glatt rechts weiterstr bis zu einer Vorderteilhöhe von 20 / 20 / 21 / 21 / 21,5 / 22,5 / 23,5 / 24,5 / 25 / 27 / 28 / 28,5 cm (von der Unterkante der Halsausschnittblende aus gemessen).

RUMPF

Einteilungs-Rd (Vorderseite): 37 / 39 / 40 / 41 / 43 / 45 / 46 / 51 / 55 / 57 / 59 / 62 M rechts, die nächsten 46 / 50 / 48 / 46 / 50 / 54 / 52 / 58 / 58 / 62 / 66 / 68 M auf einem Maschenraffer stilllegen, 2 / 2 / 4 / 6 / 6 / 5 / 8 / 6 / 8 / 9 / 12 / 14 M durch Aufschlingen neu anschl, MM platzieren, 2 / 2 / 4 / 6 / 6 / 5 / 8 / 6 / 8 / 9 / 12 / 14 M durch Aufschlingen neu anschl, 74 / 78 / 80 / 82 / 86 / 90 / 92 / 102 / 110 / 114 / 118 / 124 M rechts, die nächsten 46 / 50 / 48 / 46 / 50 / 54 / 52 / 58 / 58 / 62 / 66 / 68 M auf einem Maschenraffer stilllegen, 2 / 2 / 4 / 6 / 6 / 5 / 8 / 6 / 8 / 9 / 12 / 14 M durch Aufschlingen neu anschl, MM platzieren, 2 / 2 / 4 / 6 / 6 / 5 / 8 / 6 / 8 / 9 / 12 / 14 M durch Aufschlingen neu anschl, rechte M str bis MM, MM abheben, die Steek-M str (= 156 / 164 / 176 / 188 / 196 / 200 / 216 / 228 / 252 / 264 / 284 / 304 M).

Wenn Sie möchten, können Sie an dieser Stelle Brustabnäher str. Die Abnäher an der Stelle des größten Brustumfangs entsprechend der Körbchengröße arb. Achtung: Wenn Ihr größter Brustumfang noch nicht an dieser Stelle liegt, den Rumpf weiterstr und die Abnäher später arb. Die Steek-M sind in den Angaben zu den Brustabnähern nicht berücksichtigt, sie werden weiter wie eingeteilt gestrickt. Wenn Sie keine Abnäher str wollen, gleich mit „Nach den Brustabnähern" weiterarb.

Brustabnäher C/D/E

1. R (Hinr): Rechte M str bis 10 / 11 / 11 / 12 / 13 / 13 / 14 / 15 / 16 / 17 / 18 / 19 M vor dem linken Seiten-MM; w&w.

2. R (Rückr): Linke M str bis 10 / 11 / 11 / 12 / 13 / 13 / 14 / 15 / 16 / 17 / 18 / 19 M vor dem rechten Seiten-MM; w&w.

3. R: Rechte M str bis 2 / 2 / 3 / 3 / 3 / 3 / 3 / 4 / 4 / 4 / 4 / 5 M vor der zuletzt umwickelten M; w&w.

4. R: Linke M str bis 2 / 2 / 3 / 3 / 3 / 3 / 3 / 4 / 4 / 4 / 4 / 5 M vor der zuletzt umwickelten M; w&w.

Die 3. und 4. R noch 2x wdh.

9. R (Hinr): Rechte M str bis Rd-Ende, dann in Rd weiterstr.

10. Rd: Rechte M str bis Rd-Ende, dabei die umwickelten M jeweils mit ihrem Wickelfaden rechts zusammenstr.

Brustabnäher F/G/H
1. R (Hinr): Rechte M str bis 10 / 11 / 11 / 12 / 13 / 13 / 14 / 15 / 16 / 17 / 18 / 19 M vor dem linken Seiten-MM; w&w.
2. R (Rückr): Linke M str bis 10 / 11 / 11 / 12 / 13 / 13 / 14 / 15 / 16 / 17 / 18 / 19 M vor dem rechten Seiten-MM; w&w.
3. R: Rechte M str bis 1 / 1 / 1 / 2 / 2 / 2 / 2 / 2 / 2 / 2 / 2 / 2 M vor der zuletzt umwickelten M; w&w.
4. R: Linke M str bis 1 / 1 / 1 / 2 / 2 / 2 / 2 / 2 / 2 / 2 / 2 / 2 M vor der zuletzt umwickelten M; w&w.
Die 3. und 4. R noch 7x wdh.
19. R (Hinr): Rechte M str bis Rd-Ende, dann in Rd weiterstr.
20. Rd: Rechte M str bis Rd-Ende, dabei die umwickelten M jeweils mit ihrem Wickelfaden rechts zusammenstr.

Nach den Brustabnähern
Nächste Rd (Vorderseite): Rechte M str bis MM, MM abheben, die Steek-M str.
In der gegebenen Einteilung glatt rechts und mit Steek-M weiterstr bis zu einer Rumpfhöhe von 23,5 / 23,5 / 23 / 23 / 22,5 / 21,5 / 21,5 / 21,5 / 21 / 21 / 21 / 21 cm ab Unterkante der Armausschnitte oder bis der Rumpf 4,5 cm kürzer ist als die gewünschte Gesamtlänge.
Nächste Rd (Vorderseite): 1 M rechts, 1 M links tiefgestochen zunehmen, rechte M str bis MM, MM abheben, die Steek-M str.
Nächste Rd: 1 M rechts in Fb A, * 1 M links in Fb B, 1 M rechts in Fb A *; von * bis * stets wdh bis MM, MM abheben, die Steek-M str.
Weitere 9 Rd im so eingeteilten Rippenmuster str.
Nächste Rd: 1 M rechts in Fb A, * 1 M links in Fb B, 1 M rechts in Fb A *; von * bis * stets wdh bis MM, MM entfernen, die 5 Steek-M abk, MM entfernen.
Nächste R (Hinr): 1 M rechts in Fb A, * 1 M links in Fb B, 1 M rechts in Fb A *; von * bis * stets wdh bis R-Ende.
Die Arbeit wenden und alle M in Fb A im Rippenmuster abk.

ÄRMEL

Die M für einen Ärmel zurück auf die Nd nehmen.
Einteilungs-Rd (Vorderseite): In Fb A und in der Mitte der unteren Armausschnittkante beginnend 2 / 2 / 4 / 6 / 6 / 5 / 8 / 6 / 8 / 9 / 12 / 14 M aus der Kante rechts herausstr, die Ärmel-M rechts str, weitere 2 / 2 / 4 / 6 / 6 / 5 / 8 / 6 / 8 / 9 / 12 / 14 M aus der unteren Armausschnittkante rechts herausstr, MM platzieren und die Arbeit zur Rd schließen (= 50 / 54 / 56 / 58 / 62 / 64 / 68 / 70 / 74 / 80 / 90 / 96 M).
21 / 16 / 12 / 12 / 9 / 7 / 6 / 7 / 6 / 5 / 3 / 3 Rd rechte M str.
Abnahme-Rd: 1 M rechts, 2 M rechts zusammenstr, rechte M str bis zu den letzten 3 M, 2 M rechts abgehoben zusammenstr, 1 M rechts (= 2 M abgenommen).
Glatt rechts weiterstr, dabei die Abnahme-Rd noch 2 / 3 / 4 / 4 / 6 / 7 / 8 / 8 / 9 / 11 / 15 / 17x in jeder 22. / 17. / 13. / 13. / 10. / 8. / 7. / 8. / 7. / 6. / 4. / 4. Rd wdh (= 44 / 46 / 46 / 48 / 48 / 48 / 50 / 52 / 54 / 56 / 58 / 60 M).
Glatt rechts gerade weiterstr bis zu einer Ärmellänge von 38,5 / 39,5 / 39,5 / 39,5 / 40,5 / 40,5 / 41 / 41,5 / 41,5 / 41,5 / 41,5 / 41.5 cm ab Unterkante des Armausschnitts oder bis der Ärmel 5 cm kürzer ist als die gewünschte Gesamtlänge.
Abnahme-Rd: * 1 / 1 / 1 / 2 / 2 / 2 / 2 / 2 / 2 / 2 / 2 / 3 M rechts, 2 M rechts zusammenstr, 2 / 2 / 2 / 2 / 2 / 2 / 2 / 2 / 3 / 3 / 3 / 3 M rechts, 2 M rechts zusammenstr *; von * bis * stets wdh bis zu den letzten 2 / 4 / 4 / 0 / 0 / 0 / 2 / 4 / 0 / 2 / 4 / 0 M, rechte M str bis Rd-Ende (= 32 / 34 / 34 / 36 / 36 / 36 / 38 / 40 / 42 / 44 / 46 / 48 M).
Nächste Rd: * 1 M rechts in Fb A, 1 M links in Fb B *; von * bis * stets wdh bis Rd-Ende.
Weitere 11 Rd im so eingeteilten Rippenmuster str. Alle M im Rippenmuster in Fb A abk.
Den 2. Ärmel genauso arb.

FRONTBLENDEN

Die Steek-M verstärken und aufschneiden (siehe Seite 107).
Dann aus den Vorderkanten der Vorderteile jeweils direkt neben der linken M des Steeks für die Frontblenden M rechts herausstr (ca. 2 M aus 3 Rd) und die Blenden im zweifarbigen Rippenmuster str wie folgt (den jeweils nicht verwendeten Faden auf der Rückseite der Arbeit mitführen):

Wenn keine Brustabnäher gearbeitet wurden:
Einteilungs-R (Hinr): In Fb A 85 / 85 / 85 / 85 / 87 / 87 / 87 / 89 / 89 / 91 / 93 / 95 M aus der Vorderkante des rechten Vorderteils rechts herausstr.
1. R (Rückr): 1 M links in Fb A, * 1 M rechts in Fb B, 1 M links in Fb A *; von * bis * stets wdh bis R-Ende.
2. R: 1 M rechts in Fb A, * 1 M links in Fb B, 1 M rechts in Fb A *; von * bis * stets wdh bis R-Ende.
3. R: Wie die 1. R str.
4. R (Knopfloch-R): 6 / 6 / 6 / 6 / 4 / 4 / 4 / 5 / 5 / 6 / 5 / 6 M mustergemäß im zweifarbigen Rippenmuster str, 2 M abk, * 12 / 12 / 12 / 12 / 13 / 13 / 13 / 13 / 13 / 13 / 14 / 14 M mustergemäß str, 2 M abk *; von * bis * noch 4x wdh, mustergemäß weiterstr bis R-Ende.
5. R (Knopfloch-R): * Mustergemäß im zweifarbigen Rippenmuster str bis zur Lücke, 2 M durch Aufschlingen neu anschl (dabei die Fb-Folge beibehalten) *; von * bis * noch 5x wdh, mustergemäß str bis R-Ende.
6. R: Wie die 2. R str.
7. R: Wie die 1. R str.
Alle M in Fb A abk.

Die Knopfblende am linken Vorderteil genauso str, jedoch in der 4. und 5. R die Knopflöcher weglassen.

Wenn Brustabnäher gearbeitet wurden:

Einteilungs-R (Hinr): In Fb A 92 / 94 / 94 / 94 / 94 / 94 / 94 / 96 / 98 / 100 / 100 / 104 M aus der Vorderkante des rechten Vorderteils rechts herausstr.

1. R (Rückr): 1 M links in Fb A, * 1 M rechts in Fb B, 1 M links in Fb A *; von * bis * stets wdh bis R-Ende.

2. R: 1 M rechts in Fb A, * 1 M links in Fb B, 1 M rechts in Fb A *; von * bis * stets wdh bis R-Ende.

3. R: Wie die 1. R str.

4. R (Knopfloch-R): 5 / 6 / 6 / 6 / 6 / 6 / 6 / 7 / 5 / 6 / 6 / 6 M mustergemäß im zweifarbigen Rippenmuster str, 2 M abk, * 14 / 14 / 14 / 14 / 14 / 14 / 14 / 14 / 15 / 15 / 15 / 16 M mustergemäß str, 2 M abk *; von * bis * noch 4x wdh, mustergemäß str bis R-Ende.

5. R (Knopfloch-R): * Mustergemäß im zweifarbigen Rippenmuster str bis zur Lücke, 2 M durch Aufschlingen neu anschl (dabei die Fb-Folge beibehalten) *; von * bis * noch 5x wdh, mustergemäß str bis R-Ende.

6. R: Wie die 2. R str.

7. R: Wie die 1. R str.

Alle M in Fb A abk.

Die Knopfblende am linken Vorderteil genauso str, jedoch in der 4. und 5. R die Knopflöcher weglassen.

Zählmuster für die Passe (Größe XXS / XS / S / M1 / M2 / L1)

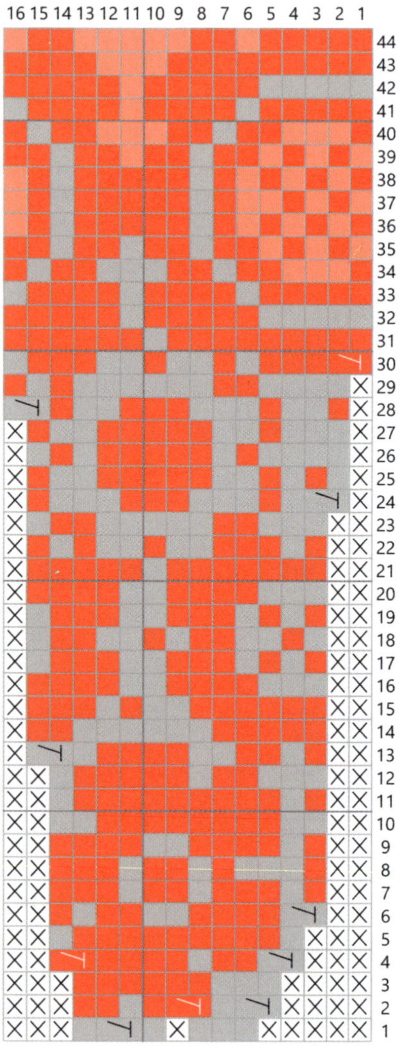

Zählmuster für die Passe (Größe L2 / XL / 2XL / 3XL / 4XL / 5XL)

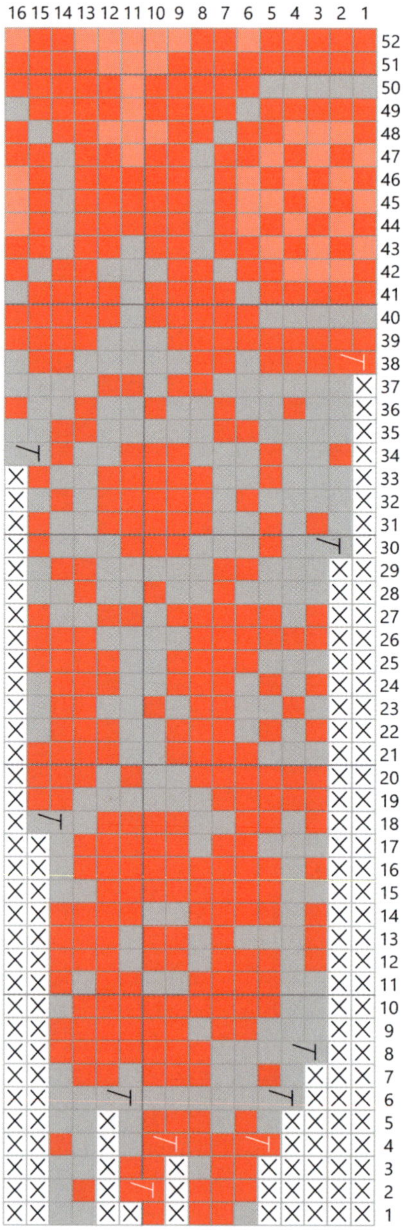

Fb A

Fb B

Fb C

1 M rechts, 1 M links tiefgestochen zunehmen

keine M

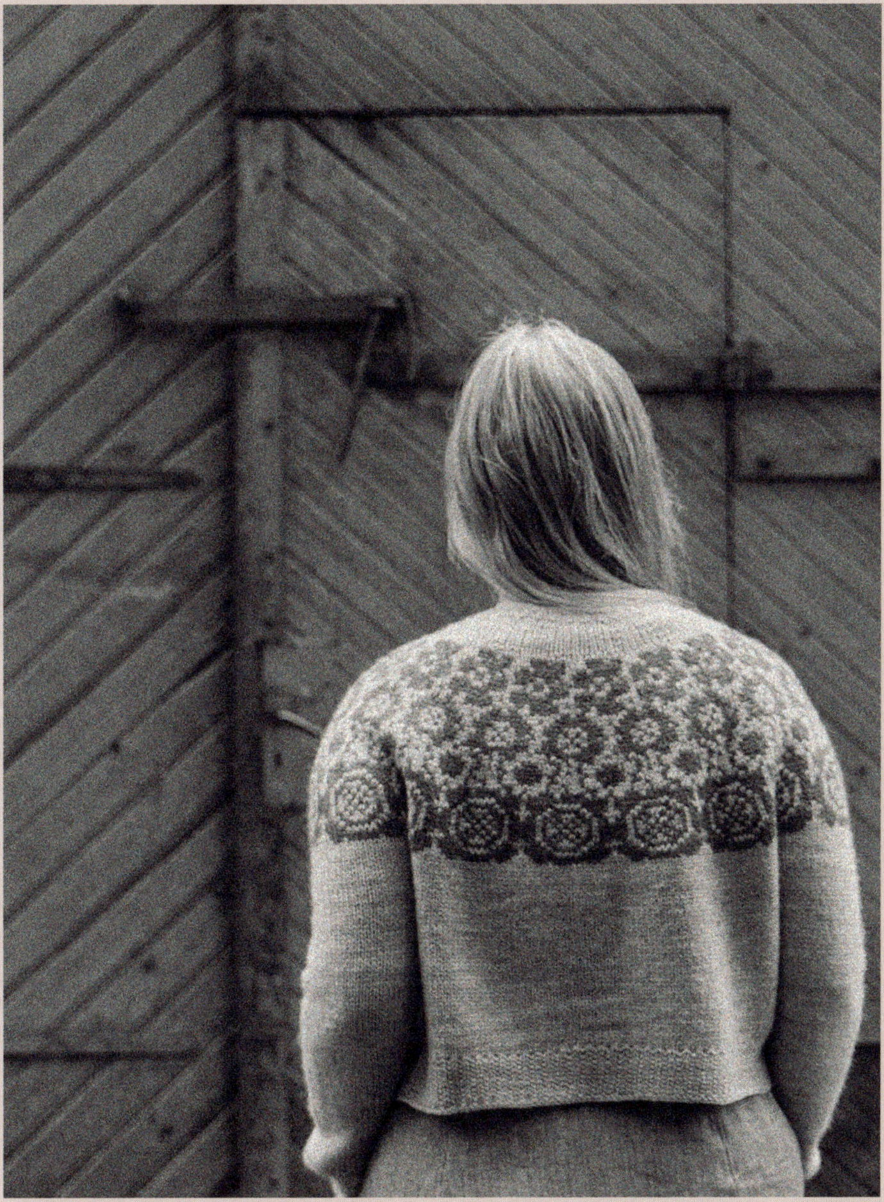

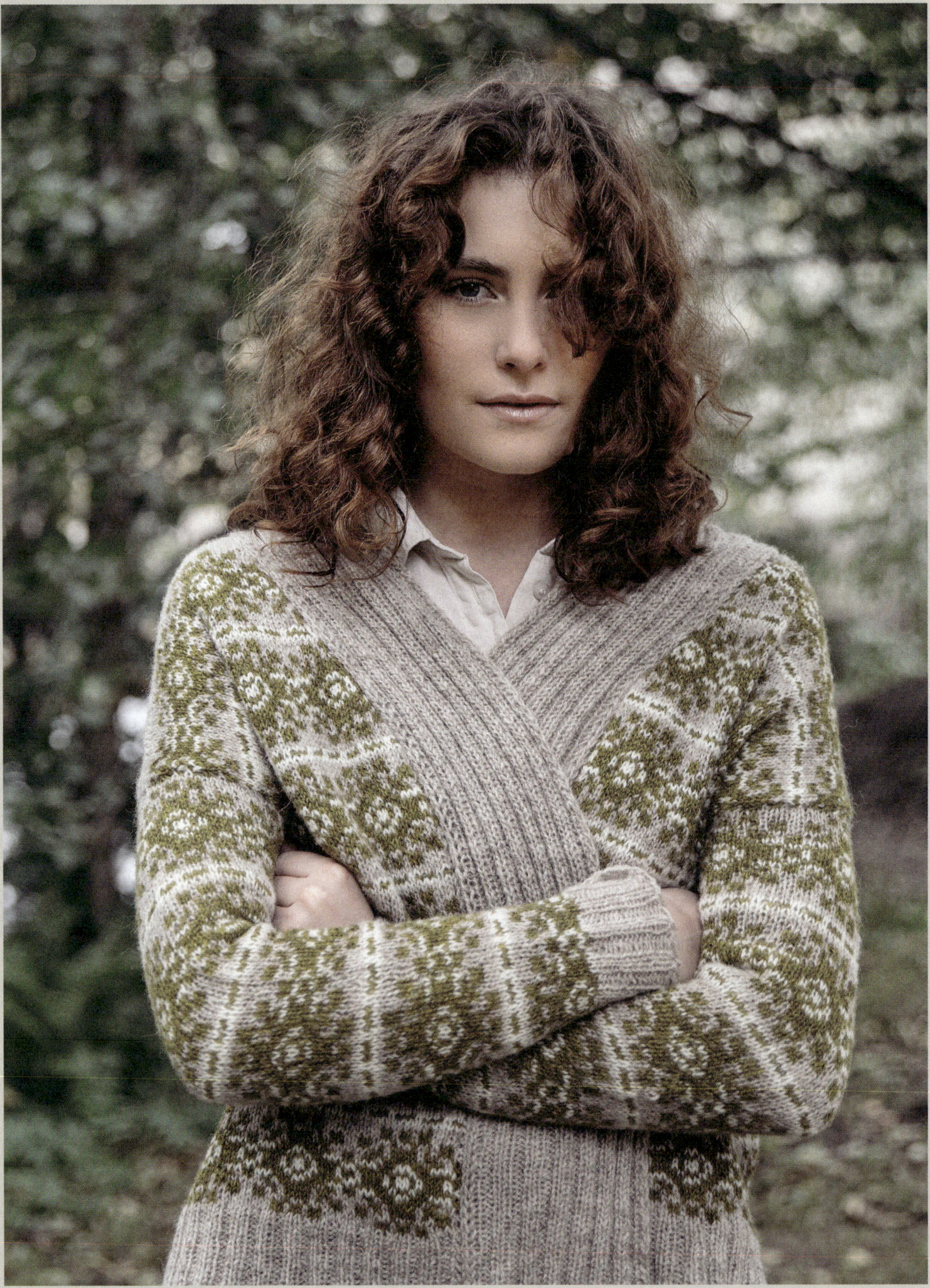

13

THISTLE

Dieser kastig geschnittene Cardigan ist bis auf die Blenden komplett mit zweifarbigen Bordüren gemustert. Er wird in Runden mit Steeks für die vordere Öffnung und die Armausschnitte gearbeitet und aufgeschnitten, wenn der Rumpf fertig gestrickt ist.

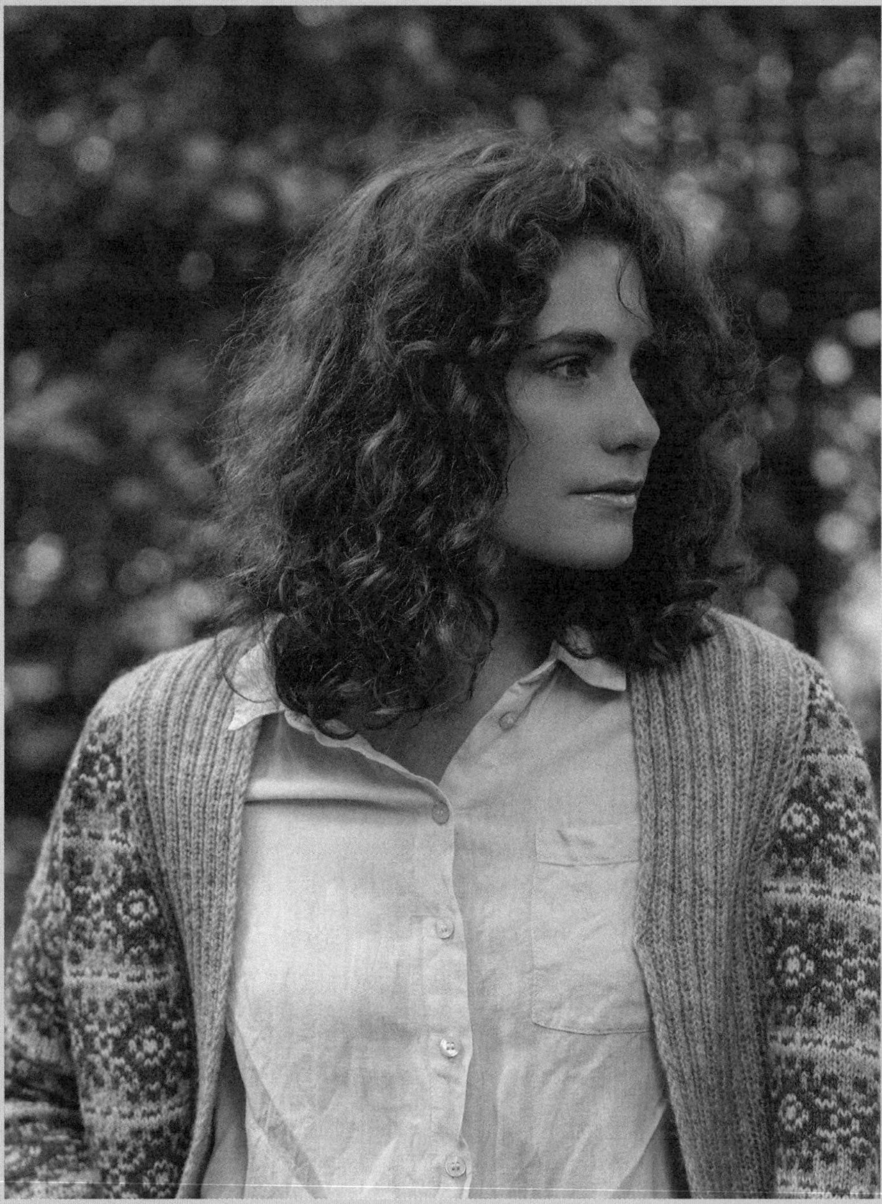

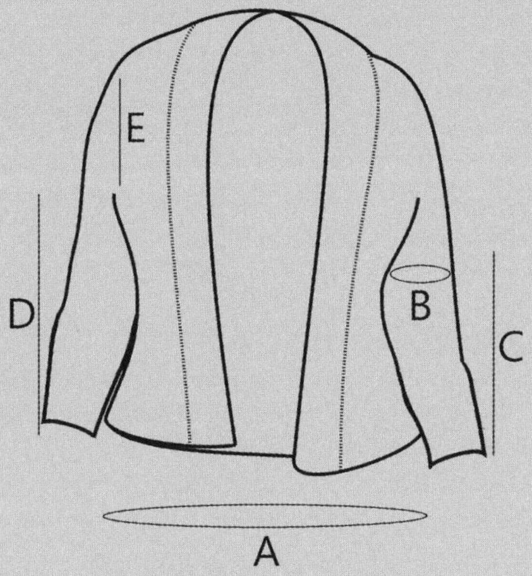

Größe
XXS / XS / S / M / L / XL / 2XL / 3XL / 4XL / 5XL
Die Angaben für die verschiedenen Größen sind durch Schrägstriche voneinander getrennt. Steht nur eine Angabe, gilt diese für alle Größen.
Dieser Cardigan soll locker sitzen. Wählen Sie die Größe, deren Oberweite etwa 15 cm größer ist als Ihr Brustumfang.

Garn
Tukuwool Fingering (100 % finnische Wolle; LL 195 m/50 g):
Fb A: Runo, 4 / 4 / 4 / 5 / 5 / 6 / 6 / 7 / 7 / 8 Stränge
Fb B: Selja, 2 / 2 / 3 / 3 / 3 / 3 / 4 / 4 / 4 / 5 Stränge
Fb C: Sake, 1 / 1 / 1 / 1 / 1 / 1 / 2 / 2 / 2 / 2 Stränge

Materialverbrauch
Fb A: 640 / 675 / 720 / 815 / 915 / 995 / 1120 / 1190 / 1330 / 1455 m
Fb B: 355 / 375 / 400 / 450 / 505 / 550 / 620 / 660 / 735 / 805 m
Fb C: 120 / 125 / 135 / 150 / 170 / 185 / 205 / 220 / 245 / 270 m

Stricknadeln
Rundstricknadeln 3,0 mm, 3,5 mm und 4,0 mm, 100 cm lang
Nadelspiel 4,0 mm (optional für die Ärmel)
Passen Sie die Nadelstärke gegebenenfalls an, um die korrekte Maschenprobe zu erzielen.

Maschenprobe
20 M und 28 Rd mit Nd 4,0 mm in Rd glatt rechts in Jacquardtechnik = 10 cm x 10 cm (nach dem Spannen)

Zubehör
6 Maschenmarkierer
Hilfsgarn
Häkelnadel 3,5 mm
Wollnadel

Maße
A Ober- und Taillenweite: 88 / 96 / 104 / 112 / 120 / 128 / 144 / 152 / 160 / 176 cm
B Oberarmumfang: 33 / 34 / 36 / 39 / 42 / 44 / 47 / 49 / 55 / 58 cm
C Ärmellänge: 42 / 42 / 41,5 / 43 / 44 / 45 / 46 / 46 / 47 / 47,5 cm
D Rumpflänge ab Armausschnitt: 35 cm
E Armausschnitthöhe: 16 / 16,5 / 18 / 19,5 / 20,5 / 22 / 22 / 23 / 24,5 / 25 cm

ANLEITUNG

Mit dem Hilfsgarn und der Häkelnd auf der Rundstricknd 3,5 mm 2x 25 / 29 / 33 / 36 / 40 / 44 / 46 / 50 / 51 / 56 M provisorisch anschl und den Arbeitsfaden zwischen den beiden M-Gruppen abschneiden.

Einteilungs-R (Hinr; Fb A): Die 1. M-Gruppe rechts str, 38 / 38 / 38 / 40 / 40 / 40 / 44 / 44 / 46 / 48 M durch Aufschlingen neu anschl, dann die 2. M-Gruppe rechts str (= 88 / 96 / 104 / 112 / 120 / 128 / 136 / 144 / 148 / 160 M).

Einteilungs-R (Rückr): Linke M str bis R-Ende.

SCHULTERSCHRÄGEN DES RÜCKENTEILS

Nun die Schulterschrägen mit verkürzten R arb wie folgt:

1. R (Hinr): 65 / 70 / 74 / 80 / 84 / 88 / 95 / 99 / 102 / 110 M rechts; w&w.

2. R (Rückr): 42 / 44 / 44 / 48 / 48 / 48 / 54 / 54 / 56 / 60 M links; w&w.

3. R: Rechte M str bis zur umwickelten M, diese M mit dem Wickelfaden rechts zusammenstr, 1 / 2 / 2 / 3 / 3 / 3 / 4 / 4 / 4 / 5 M rechts; w&w.

4. R: Linke M str bis zur umwickelten M, diese M mit dem Wickelfaden links zusammenstr, 1 / 2 / 2 / 3 / 3 / 3 / 4 / 4 / 4 / 5 M links; w&w.

Die 3. und 4. R noch 6x wdh.

17. R (Hinr): Rechte M str bis zur umwickelten M, die umwickelte M mit dem Wickelfaden rechts zusammenstr, rechte M str bis R-Ende.

18. R (Rückr): Linke M str bis zur umwickelten M, die umwickelte M mit dem Wickelfaden links zusammenstr, linke M str bis R-Ende.

Den Faden abschneiden und die M auf einem Maschenraffer stilllegen.

SCHULTER DES LINKEN VORDERTEILS

Für die Schulter des linken Vorderteils M aufnehmen, die Schulterschräge mit verkürzten R arb und mit den Zunahmen für den Halsausschnitt beginnen wie folgt:

Vorsichtig den provisorischen M-Anschlag auflösen und die 25 / 29 / 33 / 36 / 40 / 44 / 46 / 50 / 51 / 56 M für die linke Schulter auf die Rundstricknd 3,5 mm auffassen.

1. R (Hinr; Fb A): Rechte M str bis R-Ende.

2. R (Rückr): Linke M str bis R-Ende.

3. R: 2 / 3 / 3 / 4 / 4 / 4 / 5 / 5 / 5 / 6 M rechts; w&w.

4. R: Linke M str bis R-Ende.

5. R: 1 M rechts, 1 ML zunehmen, rechte M str bis zur umwickelten M, die umwickelte M mit dem Wickelfaden rechts zusammenstr, 1 / 2 / 2 / 3 / 3 / 3 / 4 / 4 / 4 / 5 M rechts; w&w (= 1 M zugenommen).

6. R: Wie die 4. R str.

7. R: Rechte M str bis zur umwickelten M, diese M mit dem Wickelfaden rechts zusammenstr, 1 / 2 / 2 / 3 / 3 / 3 / 4 / 4 / 4 / 5 M rechts; w&w.

Die 4.–7. R noch 2x wdh (= 28 / 32 / 36 / 39 / 43 / 47 / 49 / 53 / 54 / 59 M).

16. R (Rückr): Wie die 4. R str.

17. R (Hinr): Wie die 5. R str (= 29 / 33 / 37 / 40 / 44 / 48 / 50 / 54 / 55 / 60 M).

18. R: Wie die 4. R str.

19. R: Rechte M str bis zur umwickelten M, diese M mit dem Wickelfaden rechts zusammenstr, rechte M str bis R-Ende.

Den Faden abschneiden und die M auf einem Maschenraffer stilllegen.

SCHULTER DES RECHTEN VORDERTEILS

Vorsichtig den provisorischen M-Anschlag auflösen und die 25 / 29 / 33 / 36 / 40 / 44 / 46 / 50 / 51 / 56 M für die rechte Schulter auf die Rundstricknd 3,5 mm auffassen.

1. R (Rückr; Fb A): Linke M str bis R-Ende.

2. R (Hinr): Rechte M str bis R-Ende.

3. R: 2 / 3 / 3 / 4 / 4 / 4 / 5 / 5 / 5 / 6 M links; w&w.

4. R: Rechte M str bis zur letzten M, 1 MR zunehmen, 1 M rechts.

5. R: Linke M str bis zur umwickelten M, diese M mit dem Wickelfaden links zusammenstr, 1 / 2 / 2 / 3 / 3 / 3 / 4 / 4 / 4 / 5 M links; w&w.

6. R: Rechte M str bis R-Ende.

7. R: Wie die 5. R str.

Die 4.–7. R noch 2x wdh (= 28 / 32 / 36 / 39 / 43 / 47 / 49 / 53 / 54 / 59 M).

16. R (Hinr): Wie die 4. R str (= 29 / 33 / 37 / 40 / 44 / 48 / 50 / 54 / 55 / 60 M).

17. R (Rückr): Wie die 5. R str.

18. R: Rechte M str bis R-Ende.

19. R: Linke M str bis zur umwickelten M, diese M mit dem Wickelfaden links zusammenstr, linke M str bis R-Ende.

ARBEIT ZUR RUNDE SCHLIESSEN

Einteilungs-R (Hinr; Fb A): Die M für das rechte Vorderteil rechts str, MM platzieren, 5 M durch Aufschlingen neu anschl, MM platzieren, die M für das linke Vorderteil zurück auf die Nd nehmen, 1 M rechts str, 1 ML zunehmen, rechte M str bis R-Ende, MM platzieren, 5 M durch Aufschlingen neu anschl, MM platzieren, die M für das Rückenteil zurück auf die Nd nehmen und rechts str, MM platzieren, 5 M durch Aufschlingen neu anschl, MM platzieren, die Arbeit zur Rd schließen und rechte M str bis zur letzten M vor dem MM, 1 MR zunehmen, 1 M rechts, MM abheben, 1 M links, 3 M rechts, 1 M links (= 163 / 179 / 195 / 209 / 225 / 241 / 253 / 269 / 275 /

297 M). Der Rd-Beginn liegt nur direkt nach den Steek-M zwischen den Vorderteilen.
Nächste Rd: Glatt rechts in Jacquardtechnik nach dem Zählmuster für das Distelmuster weiterstr, dabei mit der 15. / 15. / 15. / 16. / 16. / 16. / 2. / 2. / 3. / 4. M des Zählmusters beginnen, * MM abheben, 1 M links in Fb A, 1 M rechts in Fb B, 1 M rechts in Fb A, 1 M rechts in Fb B, 1 M links in Fb A, MM abheben *; im Distelmuster weiterstr bis MM, dabei mit der 13. / 1. / 5. / 9. / 13. / 1. / 13. / 1. / 7. / 1. M des Zählmusters beginnen; von * bis * wdh, im Distelmuster str bis MM, dabei mit der 5. / 1. / 13. / 9. / 5. / 1. / 13. / 9. / 7. / 1. M des Zählmusters beginnen; von * bis * wdh. Die Steek-M immer [1 M links, 3 M rechts, 1 M links] str und die Garn-Fb nach jeder M wechseln.
In der gegebenen Einteilung im Distelmuster und mit den Steeks weiterstr, dabei die Zunahmen für den Halsausschnitt in der gegebenen Einteilung noch 6 / 6 / 6 / 5 / 5 / 5 / 3 / 3 / 2 / 1x in jeder 4. Rd und 8 / 8 / 8 / 10 / 10 / 10 / 14 / 14 / 16 / 18x in jeder 2. Rd wdh; die neuen M ins Distelmuster integrieren (dadurch ändert sich die Start- bzw. End-M des Zählmusters in der Rd).
GLEICHZEITIG in einer Armausschnitthöhe von 16 / 16,5 / 18 / 19,5 / 20,5 / 22 / 22 / 23 / 24,5 / 25 cm die Steek-M für die Armausschnitte abk wie folgt:
Nächste Rd: * Im Distelmuster str bis MM, MM entfernen, die 5 Steek-M abk, MM entfernen *; von * bis * noch 1x wdh, im Distelmuster str bis MM, MM abheben, die Steek-M str.
Nächste Rd: * Im Distelmuster str bis zur Lücke, 0 / 0 / 0 / 0 / 0 / 0 / 8 / 8 / 12 / 16 M durch Aufschlingen neu anschl (dabei die Garn-Fb abwechseln, wenn es sich um eine 2-farbige Rd handelt) *; von * bis * noch 1x wdh, im Distelmuster str bis MM, MM abheben, die Steek-M str.
Nächste Rd: Im Distelmuster str bis MM, MM abheben, die Steek-M str.
In der gegebenen Mustereinteilung weiterstr bis zu einer Rumpfhöhe von 29,5 cm ab Unterkante des Armausschnitts oder bis der Rumpf 5,5 cm kürzer ist als die gewünschte Gesamthöhe; idealerweise mit einer 19. Rd des Zählmusters enden. Nach den letzten Zunahmen für den Halsausschnitt sollte das linke Vorderteil mit der 1. M des Zählmusters beginnen (= 181 / 197 / 213 / 229 / 245 / 261 / 293 / 309 / 325 / 357 M).
Die Fäden in Fb B und Fb C abschneiden. Zu Nd 3,0 mm wechseln.
Einteilungs-Rd (Fb A): Rechte M str bis MM, MM entfernen, die 5 Steek-M abk, MM entfernen.
Nächste R (Hinr): 1 M rechts, * 2 M links, 2 M rechts *; von * bis * stets wdh bis zu den letzten 3 M, 2 M links, 1 M rechts.
Nächste R (Rückr): 1 M links, * 2 M rechts, 2 M links *; von * bis * stets wdh bis zu den letzten 3 M, 2 M rechts, 1 M links.
Weitere 14 R im so eingeteilten Rippenmuster str. Alle M im Rippenmuster abk. Den Faden nicht abschneiden.

SCHALKRAGEN

Aus den Vorderkanten der Vorderteile M aufnehmen (den Steek noch nicht aufschneiden) und dann 30 M für den Schalkragen anschl. In Hin- und Rückr über die 30 M str und die aufgenommenen M abnehmen wie folgt:
Einteilungs-R (Hinr): Mit Nd 3,0 mm und Fb A von der rechten Seite der Arbeit aus an der Unterkante des rechten Vorderteils beginnend und an der Unterkante des linken Vorderteils endend jeweils 1 M aus 2 R der Vorderkanten und 1 M aus 1 M des hinteren Halsausschnitts rechts herausstr, dann 30 M durch Aufschlingen neu anschl (= ca. 229 / 230 / 234 / 242 / 244 / 248 / 246 / 248 / 252 / 252 M; die genaue M-Zahl ist nicht entscheidend).
1. R (Rückr): 1 M abheben, 1 M links, 6 x [2 M rechts, 2 M links], 2 M rechts, 1 M links, 2 M links abgehoben zusstr; wenden.
2. R (Hinr): 1 M abheben, 1 M rechts, * 2 M links, 2 M rechts *; von * bis * stets wdh bis R-Ende.
Die 1. und 2. R stets wdh, bis alle aus den Vorderteilen aufgenommenen M abgenommen sind; mit einer Rückr enden. In der folgenden Hinr alle M im Rippenmuster abk.
Die M des Steeks zwischen den Vorderteilen mit einer Häkelnd oder mit der Nähmaschine verstärken und den Steek der Länge nach mittig aufschneiden. Die Schnittkanten auf der linken Seite der Arbeit annähen.

ÄRMEL

Den Steek eines Armausschnitts mit einer Häkelnd oder mit einer Nähmaschine verstärken und der Länge nach mittig aufschneiden. Die Schnittkanten auf der linken Seite der Arbeit annähen.
Hinweis: Das Stricken in kleineren Rd in Jacquardtechnik führt bisweilen zu einer festeren Maschenprobe, sodass die Ärmel zu eng werden könnten. Falls die Ärmel zu eng zu werden drohen, etwas dickere Nd verwenden.
Einteilungs-Rd (Vorderseite): Mit dem Ndspiel 4,0 mm und Fb A in der Mitte der Unterkante des Armausschnitts beginnend 66 / 68 / 72 / 78 / 84 / 88 / 94 / 98 / 110 / 116 M aus der Kante des Armausschnitts rechts herausstr, MM platzieren die Arbeit zur Rd schließen.
10 / 10 / 6 / 16 / 2 / 10 / 8 / 8 / 8 / 20 Rd glatt rechts in Jacquardtechnik im Distelmuster nach dem Zählmuster str, dabei mit der 16. / 15. / 13. / 10. / 15. / 13. / 10. / 16. / 10. / 15. M des Zählmusters beginnen.
Abnahme-Rd: 1 M rechts, 2 M rechts zusammenstr, im Distelmuster str bis zu den letzten 3 M, 2 M rechts abgehoben zusammenstr, 1 M rechts (= 2 M abgenommen).
Mustergemäß weiterstr, dabei die Abnahme-Rd noch 12 / 11 / 13 / 16 / 17 / 19 / 20 / 20 / 26 / 29x in jeder 7. / 8. / 7. / 5. / 6. / 5. / 5. / 5. / 4. / 3. Rd wdh (= 40 / 44 / 44 / 44 / 48 / 48 / 52 / 56 / 56 / 56 M).

Mustergemäß gerade weiterstr bis zu einer Ärmellänge von 36,5 / 36,5 / 36 / 37,5 / 38,5 / 39,5 / 40,5 / 40,5 / 41,5 / 42 cm ab Unterkante des Armausschnitts oder bis der Ärmel 5,5 cm kürzer ist als die gewünschte Gesamtlänge.
Die Fäden in Fb B und Fb C abschneiden. Zu Nd 3,0 mm wechseln.
Nächste Rd (Fb A): * 2 M rechts, 2 M links *; von * bis * stets wdh bis Rd-Ende.
Weitere 15 Rd im so eingeteilten Rippenmuster str. Alle M im Rippenmuster abk.
Den 2. Ärmel genauso arb.

Zählmuster für das Distelmuster

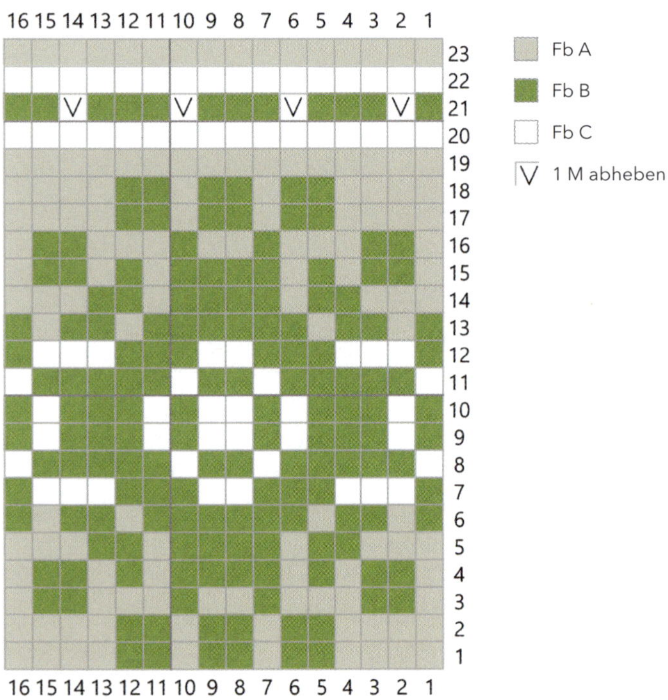

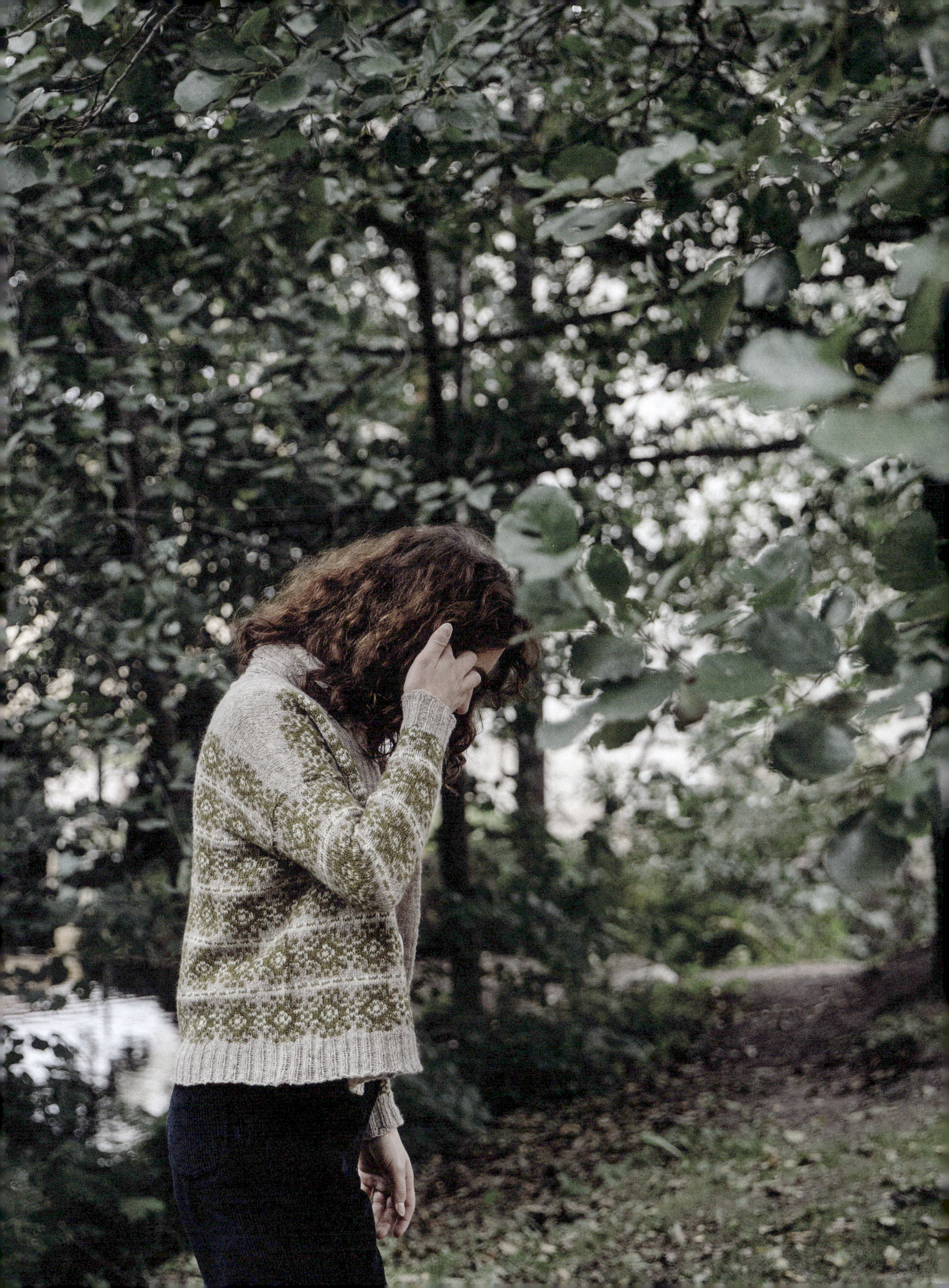

14

SPROUT

Der kurz geschnittene Pullover Sprout wird nahtlos von oben nach unten gearbeitet. Er hat eine Rundpasse und lange Ärmel. Zweifarbige Einstrickmuster zieren die Passe und den unteren Teil des Rumpfs.

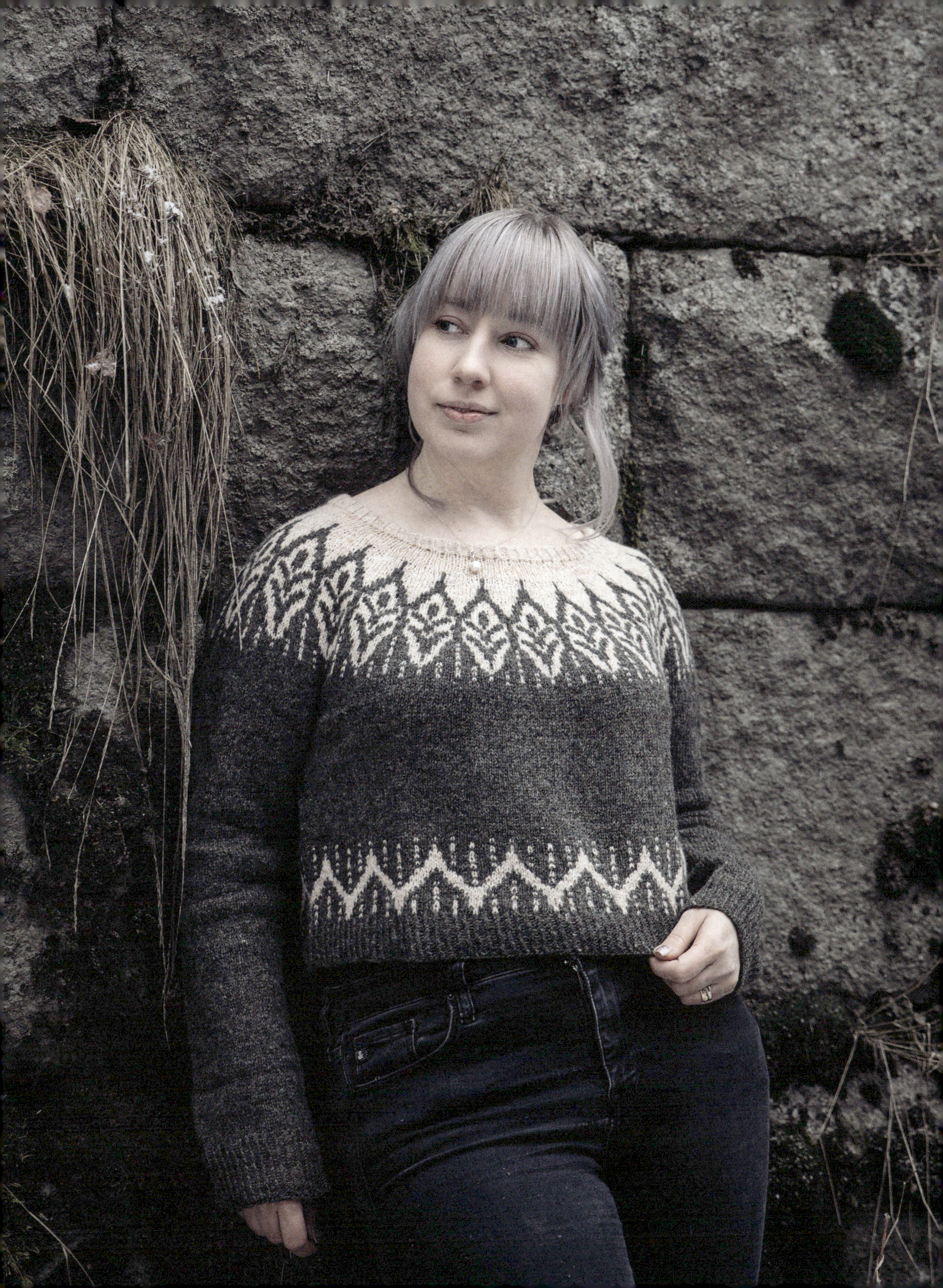

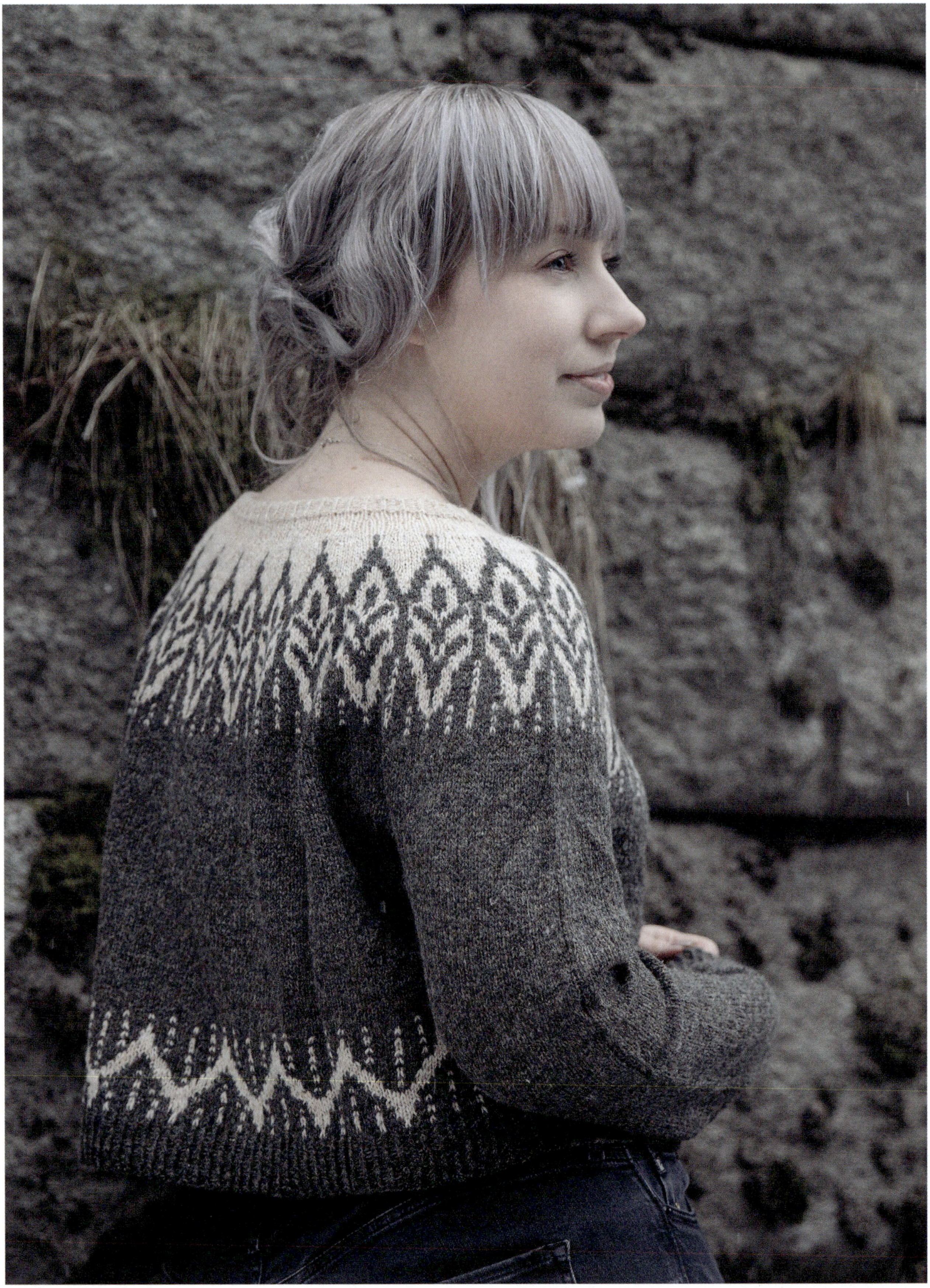

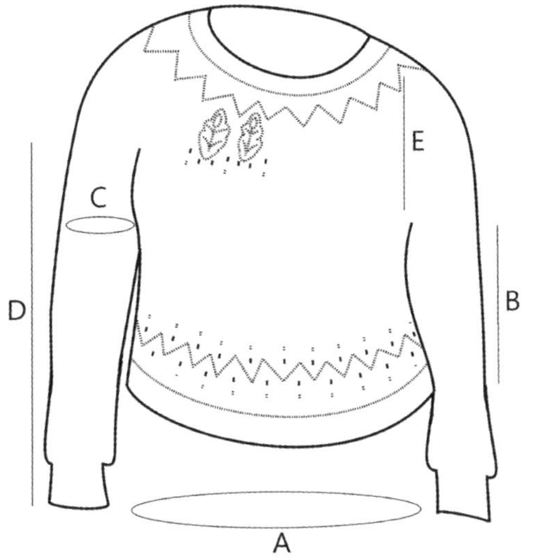

Größe
XXS / XS / S / M1 / M2 / L1 / L2 / XL / 2XL / 3XL / 4XL / 5XL
Die Angaben für die verschiedenen Größen sind durch Schrägstriche voneinander getrennt. Steht nur eine Angabe, gilt diese für alle Größen.
Dieser Pullover soll locker sitzen. Wählen Sie die Größe, deren Oberweite etwa 12 cm größer ist als Ihr Brustumfang.

Garn
Biches & Buches Le Petit Lambswool (100 % Wolle; LL 248 m/50 g):
Fb A: The Dark Green Grey, 4 / 4 / 5 / 5 / 5 / 5 / 6 / 6 / 7 / 7 / 8 / 9 Stränge
Fb B: Beige, 1 / 1 / 2 / 2 / 2 / 2 / 2 / 2 / 2 / 2 / 2 / 3 Stränge

Materialverbrauch
Fb A: 925 / 980 / 1055 / 1090 / 1165 / 1230 / 1285 / 1395 / 1575 / 1660 / 1830 / 2015 m
Fb B: 215 / 230 / 250 / 260 / 285 / 305 / 315 / 345 / 410 / 430 / 475 / 550 m

Stricknadeln
Rundstricknadeln 2,5 mm und 3,0 mm, 100 cm lang
Nadelspiel 3,0 mm (optional für die Ärmel)
Passen Sie die Nadelstärke gegebenenfalls an, um die korrekte Maschenprobe zu erzielen.

Maschenprobe
27 M und 33 Rd mit Nd 3,0 mm in Rd glatt rechts und in Jacquardtechnik = 10 cm x 10 cm (nach dem Spannen)

Zubehör
4 Maschenmarkierer
Häkelnadel 3,0 mm
Wollnadel

Maße
A Oberweite: 89 / 93,5 / 100,5 / 105 / 108 / 114 / 120 / 128 / 140,5 / 148 / 158,5 / 170,5 cm
A Hüftweite: 83 / 89 / 95 / 100,5 / 106,5 / 112,5 / 118,5 / 124,5 / 136,5 / 142 / 154 / 166 cm
B Rumpfhöhe ab Armausschnitt: 25 cm
C Oberarmumfang: 29,5 / 30,5 / 32,5 / 33,5 / 35 / 36,5 / 38 / 40 / 43,5 / 46 / 51 / 54 cm
D Ärmellänge: 45 / 45,5 / 45,5 / 45,5 / 47 / 47 / 47 / 48 / 48 / 48 / 48 / 48 cm
E Armausschnitthöhe: 19 / 19,5 / 20 / 20 / 21 / 22 / 22,5 / 23 / 25 / 25,5 / 26,5 / 28,5 cm

ANLEITUNG

Mit der Häkelnd und dem Hilfsfaden auf der Rundstricknd 2,5 mm 116 / 114 / 120 / 120 / 118 / 116 / 116 / 116 / 116 / 116 / 120 / 114 M provisorisch anschl.
Einteilungs-R (Hinr; Fb B): Rechte M str bis R-Ende, MM platzieren und die Arbeit zur Rd schließen.
Nächste Rd (Vorderseite): * 1 M rechts verschränkt, 1 M links *; von * bis * stets wdh bis Rd-Ende.
Weitere 17 Rd im so eingeteilten verschränkten Rippenmuster str. Den provisorischen M-Anschlag vorsichtig auflösen und die offenen M auf eine Nd 3,0 mm auffassen. Die Rippenblende links auf links mittig zusammenlegen und die M der aktuellen Rd und der Anschlag-Rd rechts zusammenstr wie folgt:
Nächste Rd (Vorderseite): Fortlaufend 2 M rechts zusammenstr (jeweils 1 M beider Nd).
Mit Nd 3,0 mm weiterstr.
Nächste Rd (nur Größe XS): 1 M rechts, 1 M links tiefgestochen zunehmen, rechte M str bis Rd-Ende (– / 115 / – / – / – / – / – / – / – / – / – / – M).
Nächste Rd (nur Größe XXS / M1 / M2 / L1 / L2 / 2XL / 3XL / 4XL / 5XL): * 7 / – / – / 24 / 9 / 6 / 6 / – / 9 / 7 / 6 / 3 M rechts, 1 M links tiefgestochen zunehmen, 7 / – / –/ 24 / 10 / 6 / 6 / – / 10 / 7 / 6 / 3 M rechts, 1 M links tiefgestochen zunehmen *; von * bis * stets wdh bis zu den letzten 4 / – / – / 0 / 4 / 2 / 2 / – / 2 / 4 / 0 / 0 M, rechte M str bis Rd-Ende (132 / – / – / 125 / 130 / 135 / 135 / – / 128 / 132 / 140 / 152 M).
Nächste Rd (nur Größe XXS / XS / M1 / M2 / L1 / L2 / 2XL / 3XL / 4XL / 5XL): Rechte M str bis Rd-Ende.
In Größe XXS / M2 / L1 / L2 / 3XL / 4XL / 5XL weitere 3 Rd rechte M str und erst dann zur Passe übergehen.
Nun liegen insgesamt 132 / 115 / 120 / 125 / 130 / 135 / 135 / 116 / 128 / 132 / 140 / 152 M auf der Nd.

PASSE

Glatt rechts in Jacquardtechnik nach dem Zählmuster für die Passe weiterstr, dabei den Rapport des Zählmusters 22 / 23 / 24 / 25 / 26 / 27 / 27 / 29 / 32 / 33 / 35 / 38x in der Rd arb (= 352 / 368 / 384 / 400 / 416 / 432 / 432 / 464 / 512 / 528 / 560 / 608 M).
Nach der letzten Rd des Zählmusters für die Passe den Faden in Fb B abschneiden, MM platzieren und die Arbeit mit verkürzten R formen wie folgt (die ersten Wendestellen für die verkürzten R liegen in den Ärmeln, die letzten im Vorderteil):
Einteilungs-Rd (Fb A): 54 / 57 / 60 / 63 / 65 / 68 / 69 / 75 / 82 / 85 / 89 / 97 M rechts (für das Rückenteil), MM platzieren, 68 / 70 / 72 / 74 / 78 / 80 / 78 / 83 / 92 / 94 / 102 / 110 M rechts (für den rechten Ärmel), MM platzieren, 108 / 114 / 120 / 126 / 130 / 136 / 138 / 149 / 164 / 170 / 178 / 194 M rechts (für das Vorderteil), MM platzieren, 68 / 70 / 72 / 74 / 78 / 80 / 78 / 83 / 92 / 94 / 102 / 110 M rechts (für den linken Ärmel), MM platzieren, rechte M str bis Rd-Ende, MM entfernen, rechte M str bis zum nächsten MM. Der Rd-Beginn liegt zwischen dem Rückenteil und dem rechten Ärmel.
1. R (Hinr): Rechte M str bis 15 M vor dem MM; w&w.
2. R (Rückr): * Linke M str bis MM, MM abheben *; von * bis * noch 1x wdh, linke M str bis 15 M vor dem MM; w&w.
3. R: Rechte M str bis zur umwickelten M, dabei die MM abheben, die umwickelte M mit dem Wickelfaden rechts zusammenstr, 4 M rechts; w&w.
4. R: Linke M str bis zur umwickelten M, dabei die MM abheben, die umwickelte M mit dem Wickelfaden links zusammenstr, 4 M links; w&w.
Die 3. und 4. R noch 3x wdh.
11. R: Rechte M str bis zur umwickelten M, dabei die MM abheben, die umwickelte M mit dem Wickelfaden rechts zusammenstr, 8 M rechts; w&w.
12. R: Linke M str bis zur umwickelten M, dabei die MM abheben, die umwickelte M mit dem Wickelfaden links zusammenstr, 8 M links; w&w.
Die 11. und 12. R noch 1x wdh.
Nächste Rd (Vorderseite): * Rechte M str bis zur umwickelten M, dabei die MM abheben, die umwickelte M mit dem Wickelfaden rechts zusammenstr *; von * bis * noch 1x wdh, rechte M str bis Rd-Ende.
Glatt rechts weiterstr bis zu einer Vorderteilhöhe von 19 / 19,5 / 20 / 20 / 21 / 22 / 22,5 / 23 / 25 / 25,5 / 26,5 / 28,5 cm (von der Oberkante der Halsausschnittblende aus gemessen).

RUMPF

Einteilungs-Rd (Vorderseite): * MM entfernen, die nächsten 68 / 70 / 72 / 74 / 78 / 80 / 78 / 83 / 92 / 94 / 102 / 110 M auf einem Maschenraffer stilllegen, 6 / 6 / 8 / 8 / 8 / 9 / 12 / 12 / 13 / 15 / 18 / 18 M durch Aufschlingen neu anschl, MM platzieren, 6 / 6 / 8 / 8 / 8 / 9 / 12 / 12 / 13 / 15 / 18 / 18 M durch Aufschlingen neu anschl, MM entfernen, rechte M str bis MM *; von * bis * noch 1x wdh. Der Rd-Beginn liegt nun in der Mitte der Unterkante des rechten Armausschnitts (= 240 / 252 / 272 / 284 / 292 / 308 / 324 / 346 / 380 / 400 / 428 / 460 M).
Wenn Sie möchten, können Sie an dieser Stelle Brustabnäher str. Die Abnäher an der Stelle des größten Brustumfangs entsprechend der Körbchengröße arb. Achtung: Wenn Ihr größter Brustumfang noch nicht an dieser Stelle liegt, den Rumpf weiterstr und die Abnäher später arb. Wenn Sie keine Abnäher str wollen, gleich mit „Nach den Brustabnähern" weiterarb.

Brustabnäher C/D

1. R (Hinr): Rechte M str bis 15 / 16 / 17 / 18 / 19 / 20 / 21 / 22 / 24 / 25 / 27 / 29 M vor dem linken Seiten-MM; w&w.
2. R (Rückr): Linke M str bis 15 / 16 / 17 / 18 / 19 / 20 / 21 / 22 / 24 / 25 / 27 / 29 M vor dem rechten Seiten-MM; w&w.

3. R: Rechte M str bis 5 / 5 / 6 / 6 / 6 / 6 / 7 / 7 / 8 / 8 / 9 / 10 M vor der zuletzt umwickelten M; w&w.
4. R: Linke M str bis 5 / 5 / 6 / 6 / 6 / 6 / 7 / 7 / 8 / 8 / 9 / 10 M vor der zuletzt umwickelten M; w&w.
Die 3. und 4. R noch 2x wdh.
9. R (Hinr): * Rechte M str bis zur umwickelten M und diese M mit dem Wickelfaden rechts zusammenstr *; von * bis * noch 3x wdh, rechte M str bis Rd-Ende und in Rd weiterstr.
10. Rd: Rechte M str bis Rd-Ende, dabei die restlichen umwickelten M jeweils mit ihrem Wickelfaden rechts zusammenstr.

Brustabnäher E/F
1. R (Hinr): Rechte M str bis 15 / 16 / 17 / 18 / 19 / 20 / 21 / 22 / 24 / 25 / 27 / 29 M vor dem linken Seiten-MM; w&w.
2. R (Rückr): Linke M str bis 15 / 16 / 17 / 18 / 19 / 20 / 21 / 22 / 24 / 25 / 27 / 29 M vor dem rechten Seiten-MM; w&w.
3. R: Rechte M str bis 3 / 3 / 3 / 4 / 4 / 4 / 4 / 4 / 5 / 5 / 5 / 6 M vor der zuletzt umwickelten M; w&w.
4. R: Linke M str bis 3 / 3 / 3 / 4 / 4 / 4 / 4 / 4 / 5 / 5 / 5 / 6 M vor der zuletzt umwickelten M; w&w.
Die 3. und 4. R noch 4x wdh.
13. R (Hinr): * Rechte M str bis zur umwickelten M und diese M mit dem Wickelfaden rechts zusammenstr *; von * bis * noch 5x wdh, rechte M str bis Rd-Ende und in Rd weiterstr.
14. Rd: Rechte M str bis Rd-Ende, dabei die restlichen umwickelten M jeweils mit ihrem Wickelfaden rechts zusammenstr.

Brustabnäher G/H
1. R (Hinr): Rechte M str bis 15 / 16 / 17 / 18 / 19 / 20 / 21 / 22 / 24 / 25 / 27 / 29 M vor dem linken Seiten-MM; w&w.
2. R (Rückr): Linke M str bis 15 / 16 / 17 / 18 / 19 / 20 / 21 / 22 / 24 / 25 / 27 / 29 M vor dem rechten Seiten-MM; w&w.
3. R: Rechte M str bis 2 / 2 / 2 / 3 / 3 / 3 / 3 / 3 / 3 / 4 / 4 / 4 M vor der zuletzt umwickelten M; w&w.
4. R: Linke M str bis 2 / 2 / 2 / 3 / 3 / 3 / 3 / 3 / 3 / 4 / 4 / 4 M vor der zuletzt umwickelten M; w&w.
Die 3. und 4. R noch 6x wdh.
17. R (Hinr): * Rechte M str bis zur umwickelten M und diese M mit dem Wickelfaden rechts zusammenstr *; von * bis * noch 7x wdh, rechte M str bis Rd-Ende und in Rd weiterstr.
18. Rd: Rechte M str bis Rd-Ende, dabei die restlichen umwickelten M jeweils mit ihrem Wickelfaden rechts zusammenstr.

Nach den Brustabnähern
9 / 13 / 9 / 13 / 20 / 20 / 20 / 15 / 13 / 9 / 13 / 13 Rd rechte M str.
Abnahme-Rd: * 1 M rechts, 2 M rechts zusammenstr, rechte M str bis 3 M vor dem MM, 2 M rechts abgehoben zusammenstr, 1 M rechts, MM abheben *; von * bis * noch 1x wdh (= 4 M abgenommen).
Glatt rechts weiterstr, dabei die Abnahme-Rd noch 3 / 2 / 3 / 2 / 0 / 0 / 0 / 1 / 2 / 3 / 2 / 2x in jeder 10. / 14. / 10. / 14. / 0 / 0 / 0 / 16. / 14. / 10. / 14. / 14. Rd wdh (= 224 / 240 / 256 / 272 / 288 / 304 / 320 / 338 / 368 / 384 / 416 / 448 M).
Glatt rechts weiterstr bis zu einer Rumpfhöhe von 13 cm ab Unterkante der Armausschnitte oder bis der Rumpf 12 cm kürzer ist als die gewünschte Gesamtlänge.
Nächste Rd (nur Größe XL): * 1 M rechts, 2 M rechts zusammenstr, rechte M str bis MM, MM abheben *; von * bis * noch 1x wdh (= 2 M abgenommen).
Den Faden in Fb B dazunehmen und glatt rechts in Jacquardtechnik nach dem Zählmuster für die untere Bordüre weiterstr, dabei das Zählmuster 14 / 15 / 16 / 17 / 18 / 19 / 20 / 21 / 23 / 24 / 26 / 28x in der Rd arb.
Den Faden in Fb B abschneiden und 1 Rd rechte M in Fb A str. Zu Nd 2,5 mm wechseln.
Nächste Rd: * 1 M rechts verschränkt, 1 M links *; von * bis * stets wdh bis Rd-Ende.
Weitere 15 Rd im so eingeteilten verschränkten Rippenmuster str. Alle M im Rippenmuster abk.

ÄRMEL
Die M für einen Ärmel auf das Ndspiel 3,0 mm nehmen.
Einteilungs-Rd (Vorderseite): In der Mitte der Unterkante eines Armausschnitts beginnend in Fb A 6 / 6 / 8 / 8 / 8 / 9 / 12 / 12 / 13 / 15 / 18 / 18 M aus der Armausschnitt-Unterkante rechts herausstr, die Ärmel-M rechts str, weitere 6 / 6 / 8 / 8 / 8 / 9 / 12 / 13 / 13 / 15 / 18 / 18 M aus der Armausschnitt-Unterkante rechts herausstr, MM platzieren und die Arbeit zur Rd schließen (= 80 / 82 / 88 / 90 / 94 / 98 / 102 / 108 / 118 / 124 / 138 / 146 M).
10 / 11 / 8 / 8 / 7 / 6 / 6 / 5 / 4 / 4 / 3 / 3 Rd rechte M str.
Abnahme-Rd: 1 M rechts, 2 M rechts zusammenstr, rechte M str bis zu den letzten 3 M, 2 M rechts abgehoben zusammenstr, 1 M rechts (= 2 M abgenommen).
Glatt rechts in Rd weiterstr, dabei die Abnahme-Rd noch 7 / 7 / 9 / 9 / 11 / 12 / 13 / 15 / 18 / 20 / 25 / 28x in jeder 11. / 12. / 9. / 9. / 8. / 7. / 7. / 6. / 5. / 5. / 4. / 4. Rd wdh (= 64 / 66 / 68 / 70 / 70 / 72 / 74 / 76 / 80 / 82 / 86 / 88 M).
Glatt rechts gerade weiterstr bis zu einer Ärmellänge von 39 / 39,5 / 39,5 / 39,5 / 41 / 41 / 41 / 42 / 42 / 42 / 42 / 42 cm ab Unterkante des Armausschnitts oder bis der Ärmel 6 cm kürzer ist als die gewünschte Gesamtlänge.
Abnahme-Rd: * 2 / 2 / 2 / 2 / 2 / 2 / 2 / 2 / 2 / 3 / 3 / 3 / 3 M rechts, 2 M rechts zusammenstr, 2 / 2 / 2 / 2 / 2 / 3 / 3 / 3 / 3 / 3 / 3 / 4 M rechts, 2 M rechts zusammenstr *; von * bis * stets wdh bis zu den letzten 0 / 2 / 4 / 6 / 6 / 0 / 2 / 4 / 0 / 2 / 6 / 0 M, rechte M str bis Rd-Ende (= 48 / 50 / 52 / 54 / 54 / 56 / 58 / 60 / 64 / 66 / 70 / 72 M).
Zu Nd 2,5 mm wechseln.

Zählmuster für die Passe (Größe XXS / XS / S / M1 / M2 / L1 / L2)

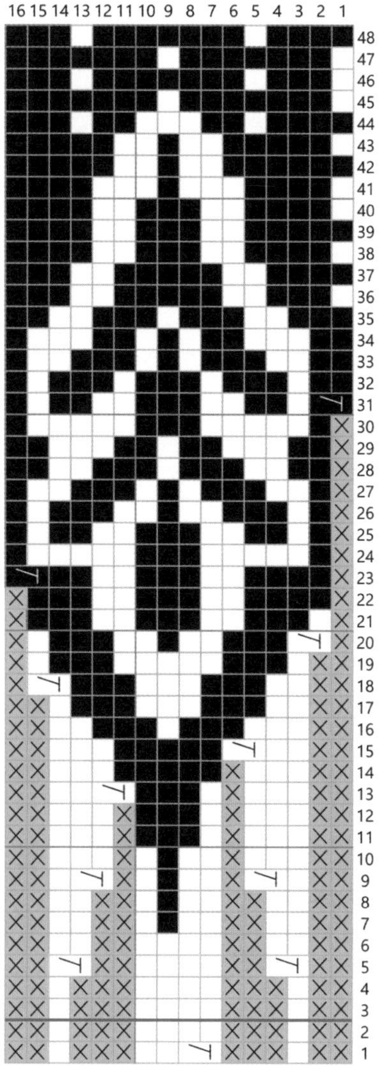

Zählmuster für die Passe (Größe XL / 2XL / 3XL / 4XL / 5XL)

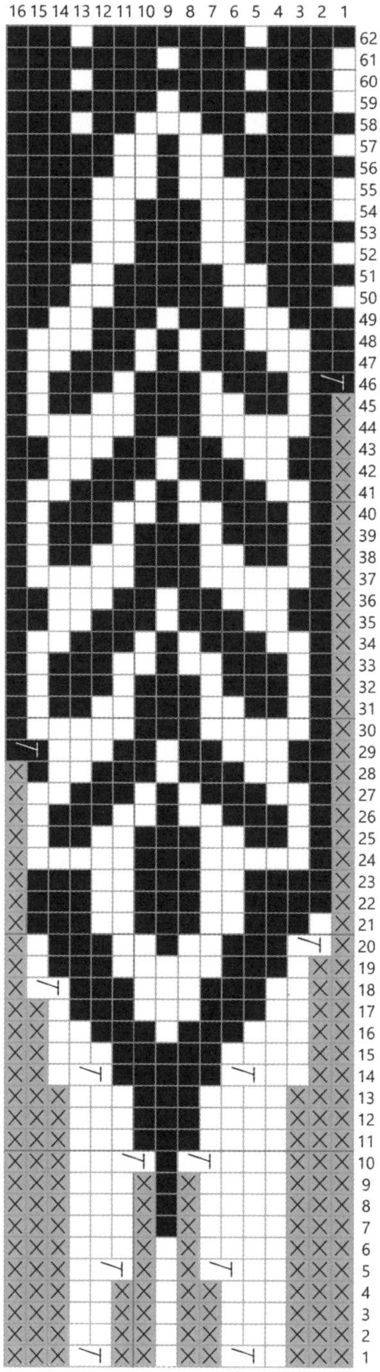

Zählmuster für die untere Bordüre

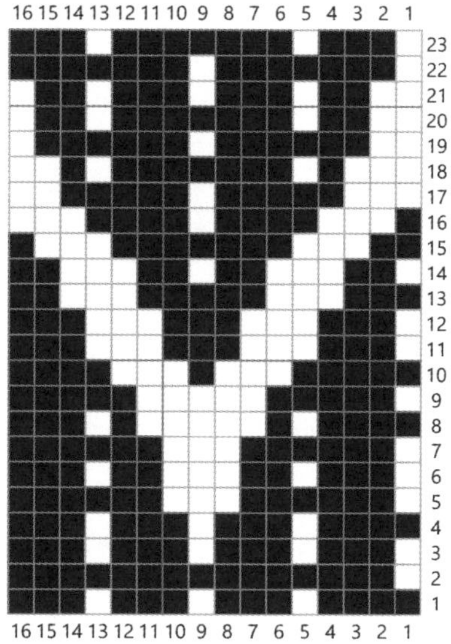

- Fb B
- Fb A
- 1 M rechts, 1 M links tiefgestochen zunehmen
- keine M
- Für Größe XXS mit der 3. Rd beginnen

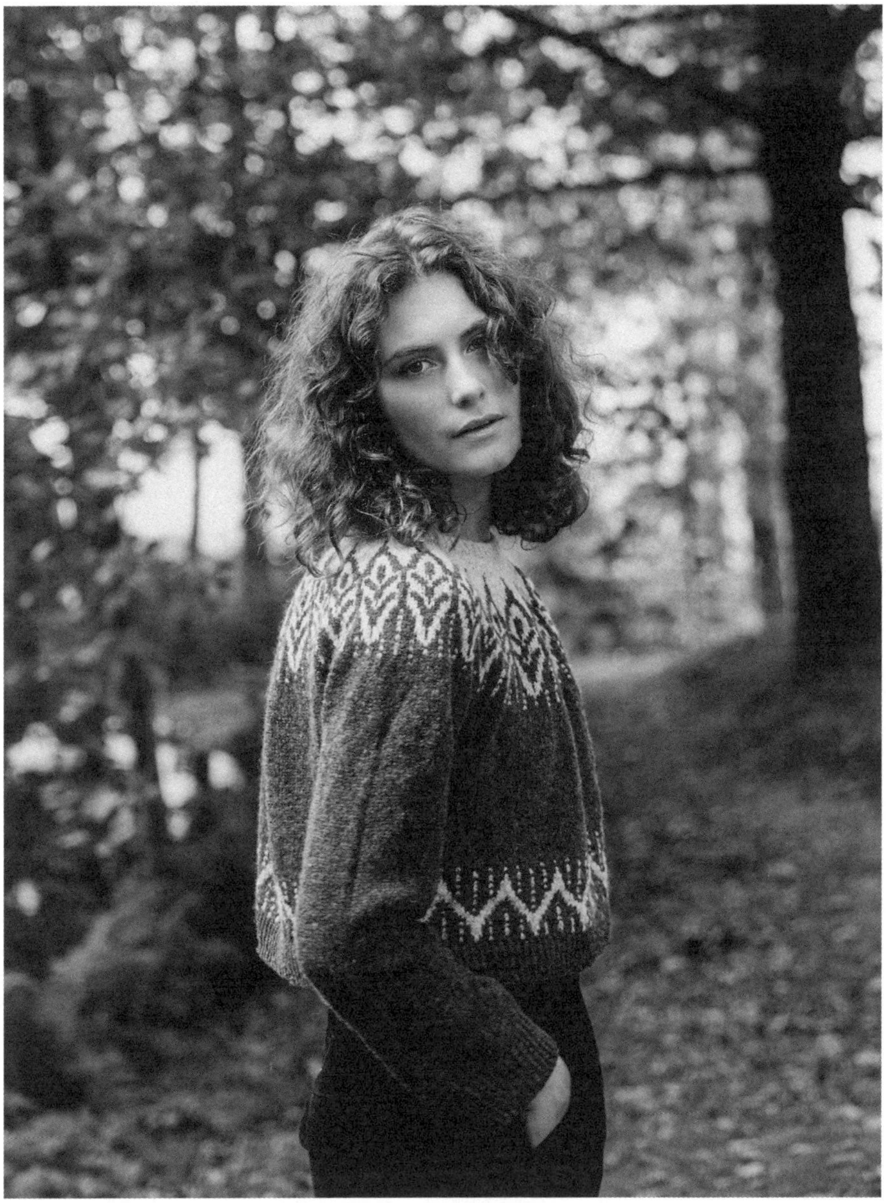

Nächste Rd: * 1 M rechts verschränkt, 1 M links *; von * bis * stets wdh bis Rd-Ende.
Weitere 19 Rd im so eingeteilten verschränkten Rippenmuster str. Alle M im Rippenmuster abk.
Den 2. Ärmel genauso arb.

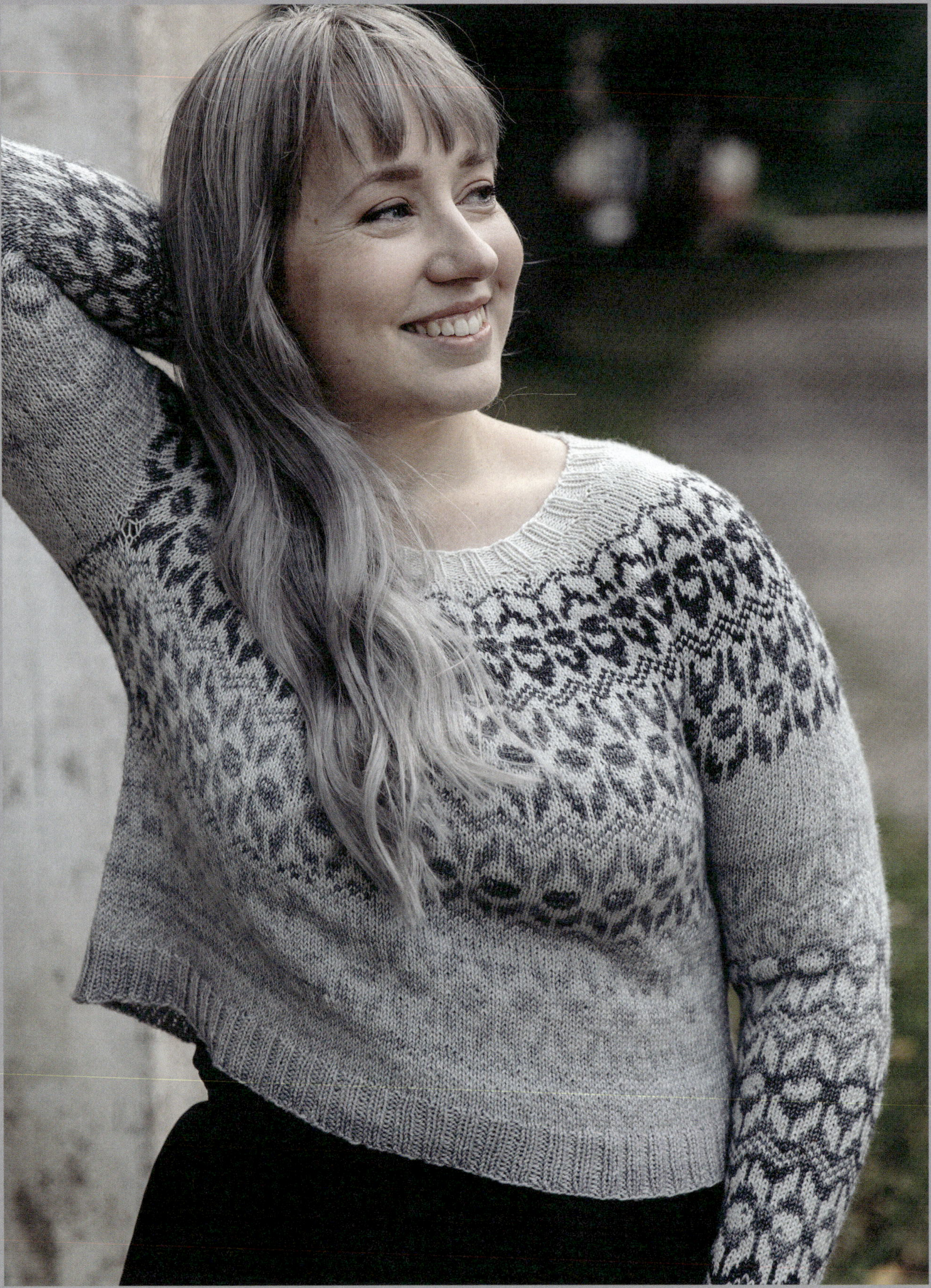

15

JUXTAPOSITION

Der Pullover Juxtaposition wird nahtlos von oben nach unten gearbeitet. Er hat eine Rundpasse und ein flächendeckendes Einstrickmuster. Sie können zwei verschiedene Garnfärbungen für Farbe A und B verwenden, doch die spezielle Optik des Originalmodells wurde mit einem einzigen Verlaufsgarn erzielt: Farbe A wurde mit dem hellen Ende und Farbe B mit dem dunklen Ende des Strangs begonnen.

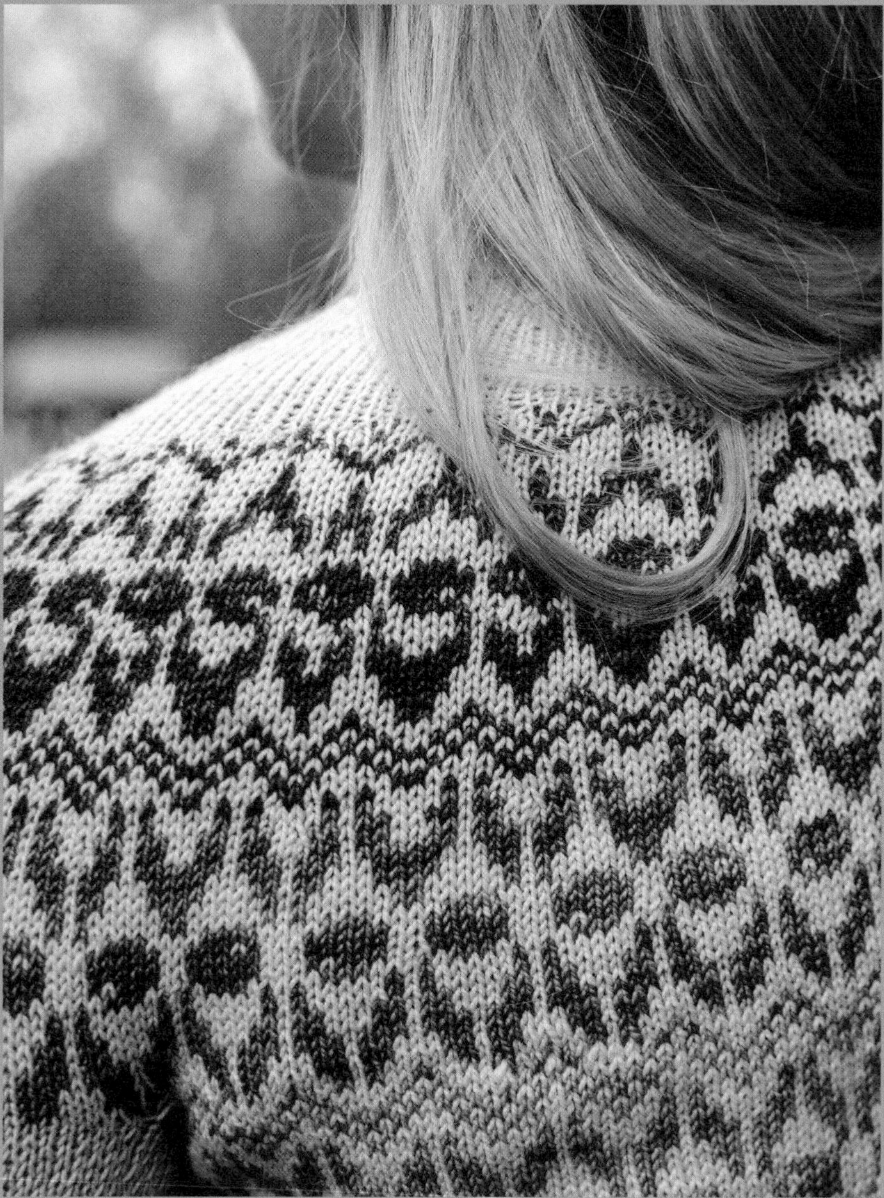

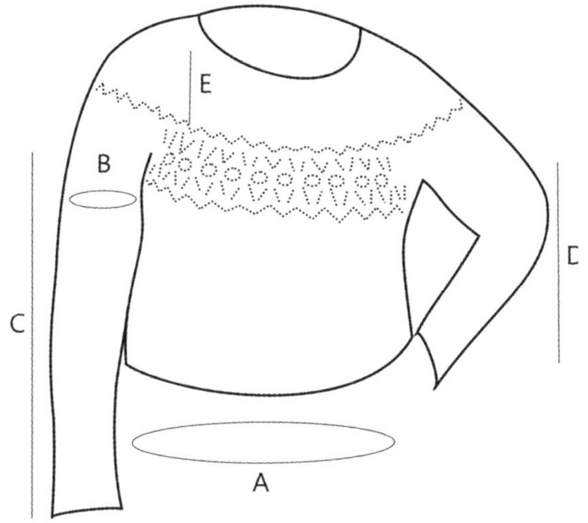

Größe

XXS / XS / S / M1 / M2 / L1 / L2 / XL / 2XL / 3XL / 4XL / 5XL

Die Angaben für die verschiedenen Größen sind durch Schrägstriche voneinander getrennt. Steht nur eine Angabe, gilt diese für alle Größen.

Dieser Pullover soll bequem sitzen. Wählen Sie die Größe, deren Oberweite etwa 6 cm größer ist als Ihr Brustumfang.

Garn

Handu Merinosukkis (75 % Merinowolle, 25 % Polyamid; LL 210 m/50 g)

Das abgebildete Originalmodell wurde mit ein und derselben Verlaufsfärbung mit einem Fb-Verlauf von Schwarz nach Weiß gestrickt, wobei Fb A am hellen Ende und Fb B am dunklen Ende des Fb-Verlaufs begonnen wurde.

Fb A: 4 / 4 / 4 / 4 / 4 / 5 / 5 / 5 / 5 / 6 / 6 / 7 / 8 Stränge

Fb B: 3 / 3 / 4 / 4 / 4 / 4 / 4 / 5 / 5 / 5 / 6 / 6 Stränge

Materialverbrauch

Fb A: 655 / 725 / 760 / 815 / 855 / 930 / 985 / 1035 / 1145 / 1245 / 1370 / 1500 m

Fb B: 545 / 610 / 635 / 680 / 715 / 780 / 825 / 865 / 960 / 1040 / 1150 / 1255 m

Stricknadeln

Rundstricknadel 3–3,5 mm, 100 cm lang

Nadelspiel 3–3,5 mm (optional für die Ärmel)

Passen Sie die Nadelstärke gegebenenfalls an, um die korrekte Maschenprobe zu erzielen.

Maschenprobe

26 M und 31 Rd in Rd glatt rechts in Jacquardtechnik = 10 cm x 10 cm (nach dem Spannen)

Zubehör

2 Maschenmarkierer

Wollnadel

Maße

A Ober- und Taillenweite: 80 / 86 / 92,5 / 98,5 / 104,5 / 111 / 117 / 123 / 135,5 / 141,5 / 154 / 166 cm

B Oberarmumfang: 27,5 / 31 / 31 / 34 / 34 / 37 / 40 / 40 / 43 / 46 / 52,5 / 55,5 cm

C Ärmellänge: 45 / 46 / 46 / 46 / 47 / 47 / 47,5 / 48 / 48 / 48 / 48 / 48 cm

D Rumpflänge ab Armausschnitt: 26 cm

E Armausschnitthöhe: 18,5 / 19,5 / 20 / 20 / 21,5 / 22 / 22 / 23 / 24,5 / 26 / 26,5 / 28,5 cm

ANLEITUNG

In Fb A 108 / 108 / 108 / 108 / 108 / 112 / 108 / 112 / 120 / 116 / 116 / 120 M anschl, MM platzieren und die Arbeit zur Rd schließen.

Nächste Rd (Vorderseite): * 2 M rechts, 2 M links *; von * bis * stets wdh bis Rd-Ende.

Weitere 9 Rd im so eingeteilten Rippenmuster str.

Nächste Rd: Rechte M str bis Rd-Ende.

Nächste Rd (nur Größe XXS / XS / S / M1 / M2 / L1 / L2 / XL / 3XL / 4XL / 5XL): * 6 / 4 / 3 / 3 / 3 / 2 / 2 / 2 / – / 9 / 5 / 5 M rechts, 1 M links tiefgestochen zunehmen, 6 / 5 / 4 / 3 / 3 / 3 / 2 / 2 / – / 10 / 6 / 5 M rechts, 1 M links tiefgestochen zunehmen *; von * bis * stets wdh bis zu den letzten 0 / 0 / 3 / 0 / 0 / 2 / 0 / 0 / – / 2 / 6 / 0 M, rechte M str bis Rd-Ende (= 126 / 132 / 138 / 144 / 144 / 156 / 162 / 168 / – / 128 / 136 / 144 M).

Nächste Rd (nur Größe XXS / XS / S / M1 / M2 / L1 / L2 / XL / 3XL / 4XL / 5XL): Rechte M str bis Rd-Ende.

Nun den Halsausschnitt des Rückenteils durch verkürzte R leicht erhöhen wie folgt:

1. R (Hinr): 37 / 40 / 42 / 44 / 44 / 48 / 49 / 51 / 34 / 38 / 41 / 44 M rechts; w&w.

2. R (Rückr): 74 / 80 / 84 / 88 / 88 / 96 / 98 / 102 / 68 / 76 / 82 / 88 M links; w&w.

3. R: Rechte M str bis zur umwickelten M, diese M mit dem Wickelfaden rechts zusammenstr, 1 / 1 / 1 / 2 / 2 / 2 / 2 / 2 / 1 / 1 / 1 / 2 M rechts; w&w.

4. R: Linke M str bis zur umwickelten M, diese M mit dem Wickelfaden links zusammenstr, 1 / 1 / 1 / 2 / 2 / 2 / 2 / 2 / 1 / 1 / 1 / 2 M links; w&w.

Die 3. und 4. R noch 4x wdh.

Nächste Rd (Vorderseite): * Rechte M str bis zur umwickelten M, diese M mit dem Wickelfaden rechts zusammenstr *; von * bis * noch 1x wdh, rechte M str bis Rd-Ende.

PASSE

Den Faden in Fb B dazunehmen und glatt rechts in Jacquardtechnik nach dem Zählmuster für die Passe für die gewünschte Größe weiterstr, dabei den Rapport des Zählmusters 21 / 22 / 23 / 24 / 24 / 26 / 27 / 28 / 30 / 32 / 34 / 36x in der Rd arb (= 336 / 352 / 368 / 384 / 384 / 416 / 432 / 448 / 480 / 512 / 544 / 576 M).

Nach der letzten Rd des Zählmusters für die Passe nach dem Zählmuster für den Rumpf weiterstr, dabei die 1.–56. Rd stets wdh bis zu einer Vorderteilhöhe von 18,5 / 19,5 / 20 / 20 / 21,5 / 22 / 22 / 23 / 24,5 / 26 / 26,5 / 28,5 cm (von der Anschlagkante aus gemessen).

RUMPF

Nun die Ärmel-M auf Maschenraffern stilllegen und M für die Unterkanten der Armausschnitte durch Aufschlingen anschl wie folgt, dabei Garn-Fb A und B im Wechsel verwenden:

Einteilungs-Rd (Vorderseite): 51 / 53 / 56 / 59 / 60 / 64 / 67 / 71 / 77 / 81 / 84 / 90 M mustergemäß str, * die nächsten 66 / 70 / 72 / 74 / 72 / 80 / 82 / 82 / 86 / 94 / 104 / 108 M auf einem Maschenraffer stilllegen, 2 / 6 / 8 / 10 / 16 / 16 / 18 / 18 / 22 / 22 / 32 / 36 M anschl *; 102 / 106 / 112 / 118 / 120 / 128 / 134 / 142 / 154 / 162 / 168 / 180 M mustergemäß str; von * bis * wdh; mustergemäß weiterstr bis MM (= 208 / 224 / 240 / 256 / 272 / 288 / 304 / 320 / 352 / 368 / 400 / 432 M).

Der Rd-Beginn liegt in der Mitte des Rückenteils.

Mustergemäß nach dem Zählmuster für den Rumpf weiterstr bis zu einer Rumpfhöhe von 22 cm ab Unterkante der Armausschnitte oder bis der Rumpf 4 cm kürzer ist als die gewünschte Gesamtlänge. Den Faden in Fb B abschneiden.

Nächste Rd (Fb A): * 2 M rechts, 2 M links *; von * bis * stets wdh bis Rd-Ende.

Weitere 11 Rd im so eingeteilten Rippenmuster str. Alle M im Rippenmuster abk.

Wenn Sie den Pullover mit Verlaufsgarn arb wie das abgebildete Originalmodell, brauchen Sie für die Ärmel etwa die 0,6-fache Menge an Garn wie für den Rumpf.

ÄRMEL

Die M für einen Ärmel zurück auf die Nd nehmen. Achten Sie beim Aufnehmen der M aus der Unterkante der Armausschnitte auf den richtigen Anschluss an das Jacquardmuster des Rumpfes, um mit der richtigen Rd des Zählmusters weiterzustr. Außerdem kann es sinnvoll sein, die Ärmel mit etwas dickeren Nd zu str, denn oftmals strickt man in kleineren Rd wie bei Ärmeln vor allem in Jacquardtechnik fester als gewöhnlich.

Einteilungs-Rd (Vorderseite): Mit den Fäden in Fb A und Fb B in der Mitte der Unterkante eines Armausschnitts beginnend 3 / 5 / 4 / 7 / 8 / 8 / 11 / 11 / 13 / 13 / 16 / 18 M gemäß dem Muster für den Rumpf rechts aus der Kante herausstr, die Ärmel-M mustergemäß str, dann weitere 3 / 5 / 4 / 7 / 8 / 8 / 11 / 11 / 13 / 13 / 16 / 18 M mustergemäß aus der Armausschnittkante rechts herausstr, MM platzieren und die Arbeit zur Rd schließen (= 72 / 80 / 80 / 88 / 88 / 96 / 104 / 104 / 112 / 120 / 136 / 144 M).

9 / 9 / 9 / 9 / 9 / 9 / 3 / 3 / 3 / 3 / 3 / 3 Rd mustergemäß str.

Abnahme-Rd: 1 M rechts, 2 M rechts zusammenstr, mustergemäß str bis zu den letzten 3 M, 2 M rechts abgehoben zusammenstr, 1 M rechts (= 2 M abgenommen).

Mustergemäß weiterstr, dabei die Abnahme-Rd noch 11 / 15 / 13 / 17 / 17 / 19 / 23 / 21 / 23 / 27 / 33 / 35x in jeder 10. / 8. / 9. / 7. / 7. / 6. / 5. / 6. / 5. / 4. / 4. / 3. Rd wdh (= 48 / 48 / 52 / 52 / 52 / 56 / 56 / 60 / 64 / 64 / 68 / 72 M).

Mustergemäß gerade weiterstr bis zu einer Ärmellänge von 41 / 42 / 42 / 42 / 43 / 43 / 43,5 / 44 / 44 / 44 / 44 / 44 cm ab Armausschnitt-Unterkante oder bis der Ärmel 4 cm kürzer ist als die gewünschte Gesamtlänge. Den Faden in Fb B abschneiden.

Nächste Rd (Fb A): * 2 M rechts, 2 M links *; von * bis * stets wdh bis Rd-Ende.

Weitere 11 Rd im so eingeteilten Rippenmuster str. Alle M im Rippenmuster abk.

Den 2. Ärmel genauso arb.

Zählmuster für die Passe (Größe XXS / XS / S / M1 / M2 / L1 / L2 / XL)

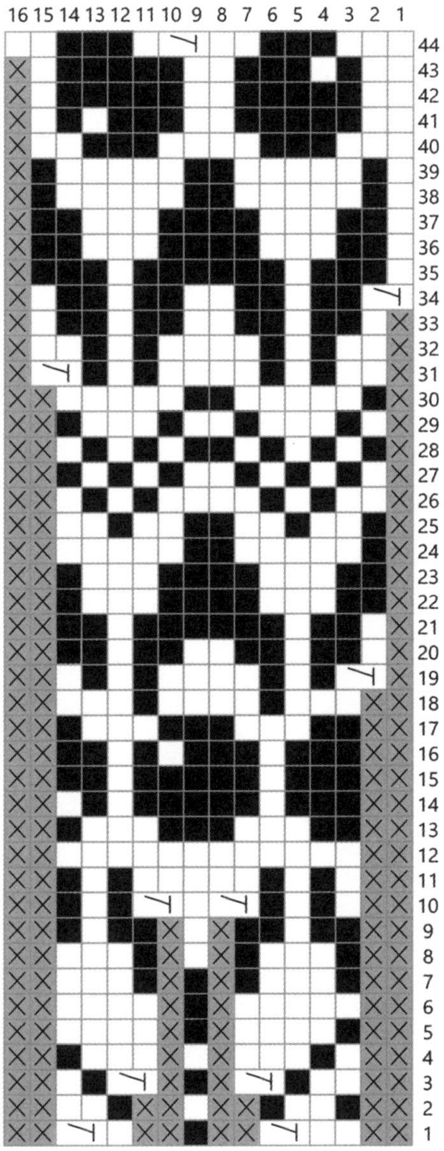

Zählmuster für die Passe (Größe 2XL / 3XL / 4XL / 5XL)

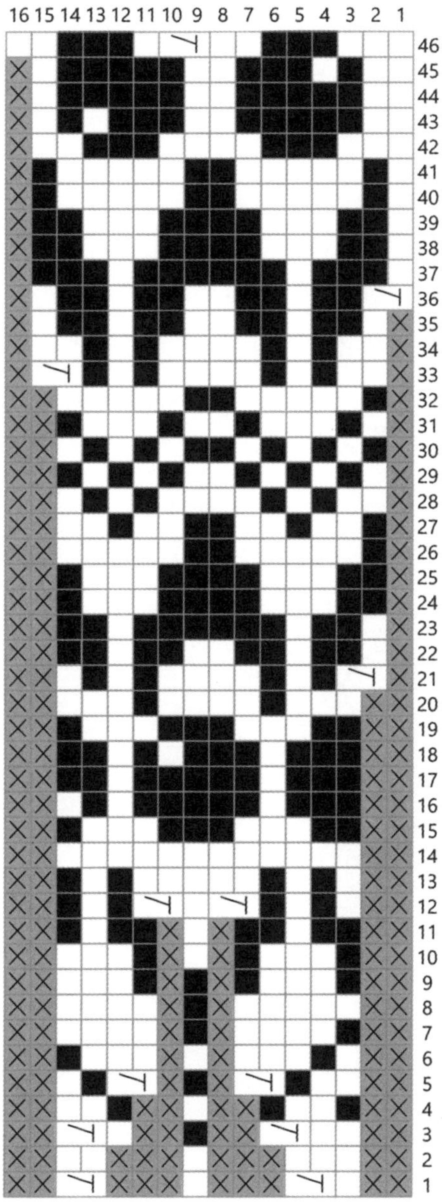

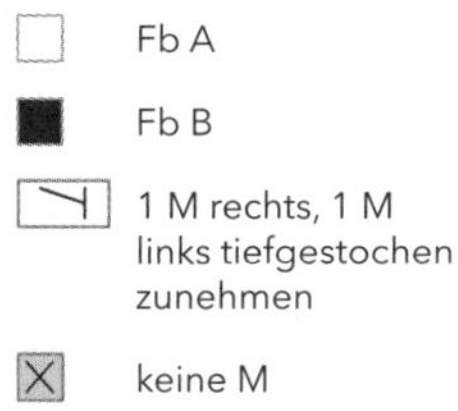

Zählmuster für den Rumpf

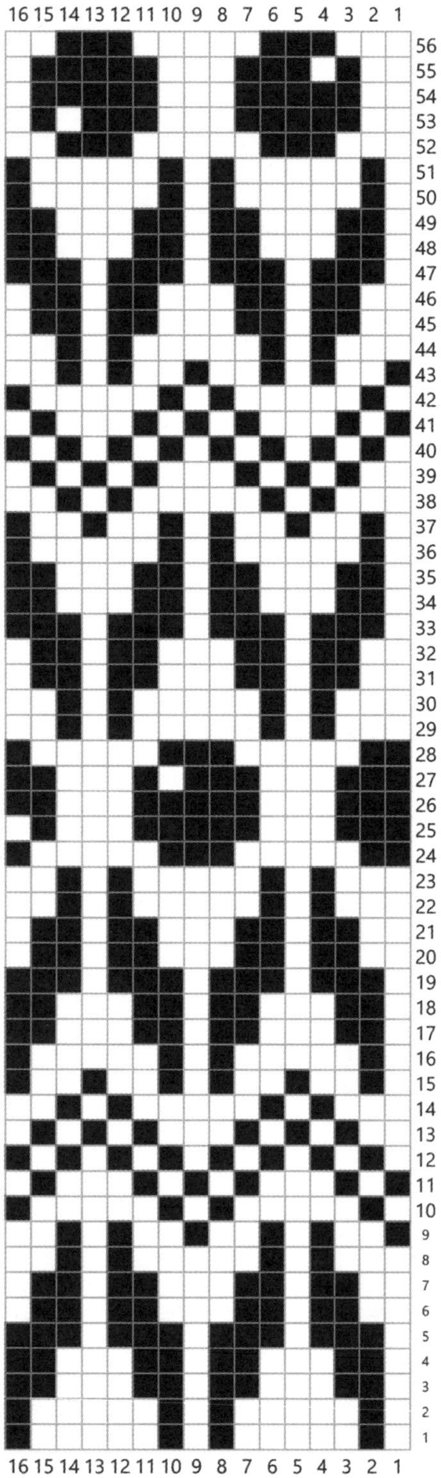

Fb A

Fb B

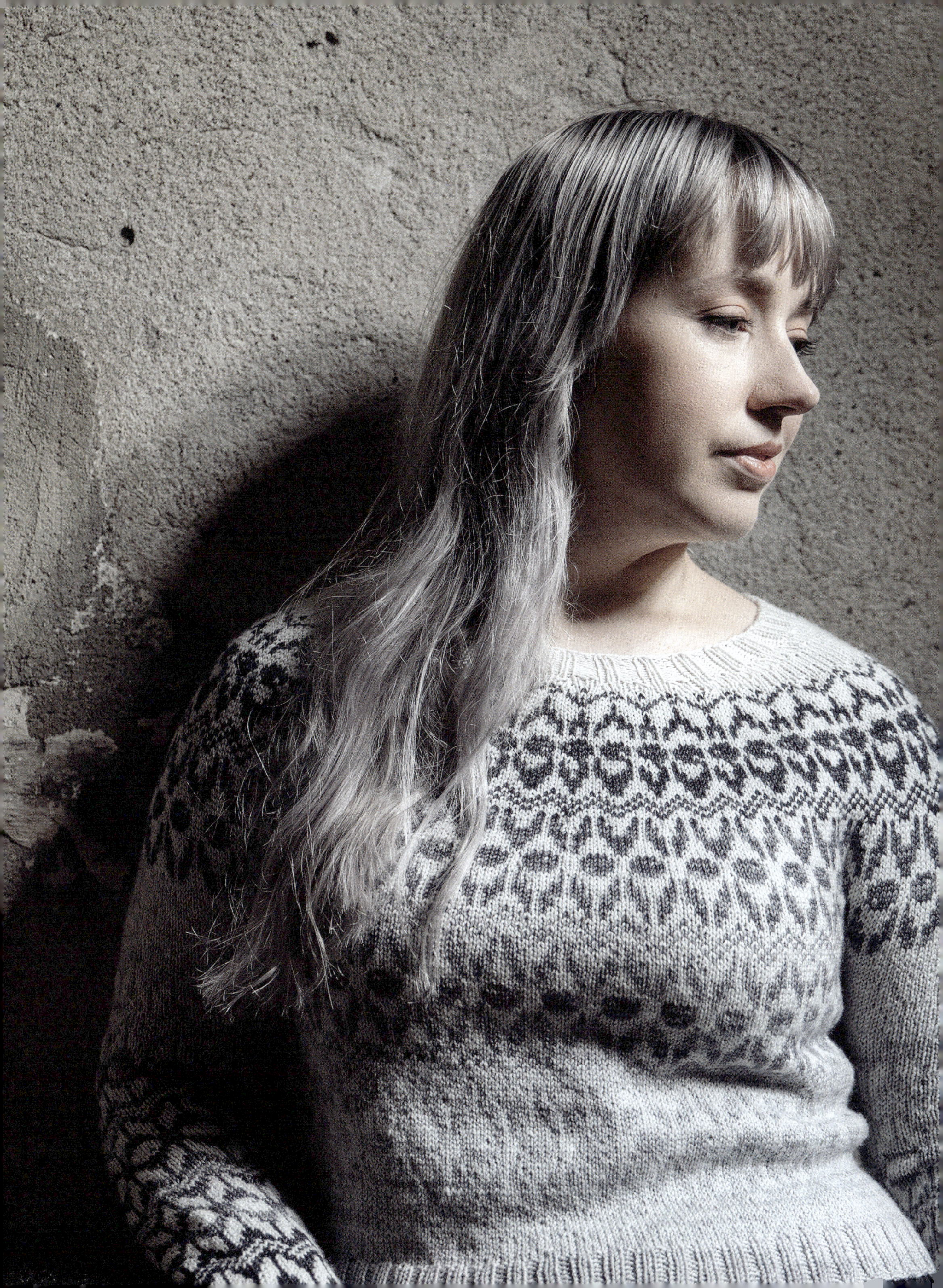

16

CALM

Calm ist ein lässiges, leicht tailliertes Kleid, das nahtlos von oben nach unten gestrickt wird. Es hat Dreiviertelärmel und eine Rundpasse mit einem entzückenden Lotusmuster, das sich auf dem unteren Rockteil wiederholt.

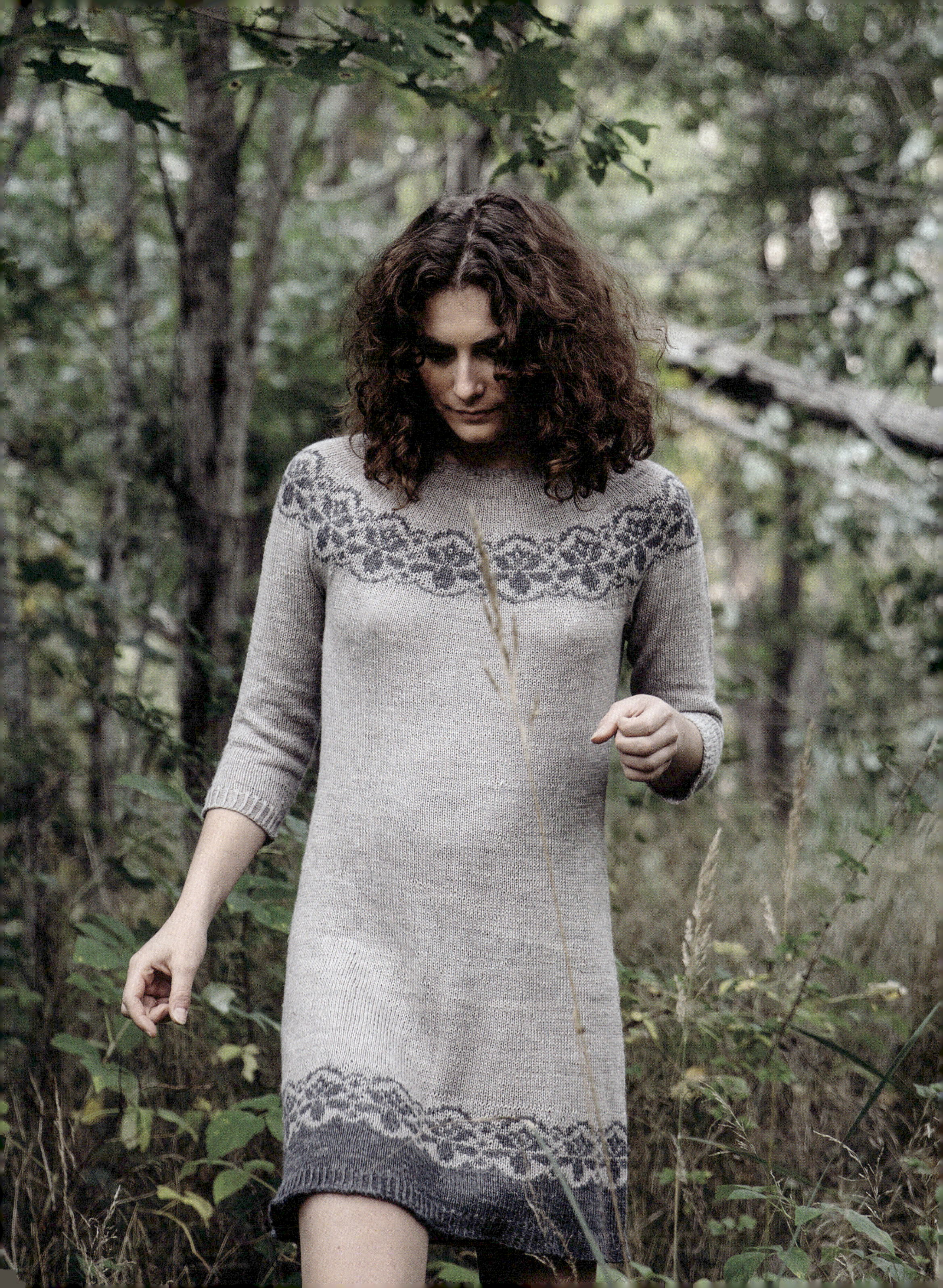

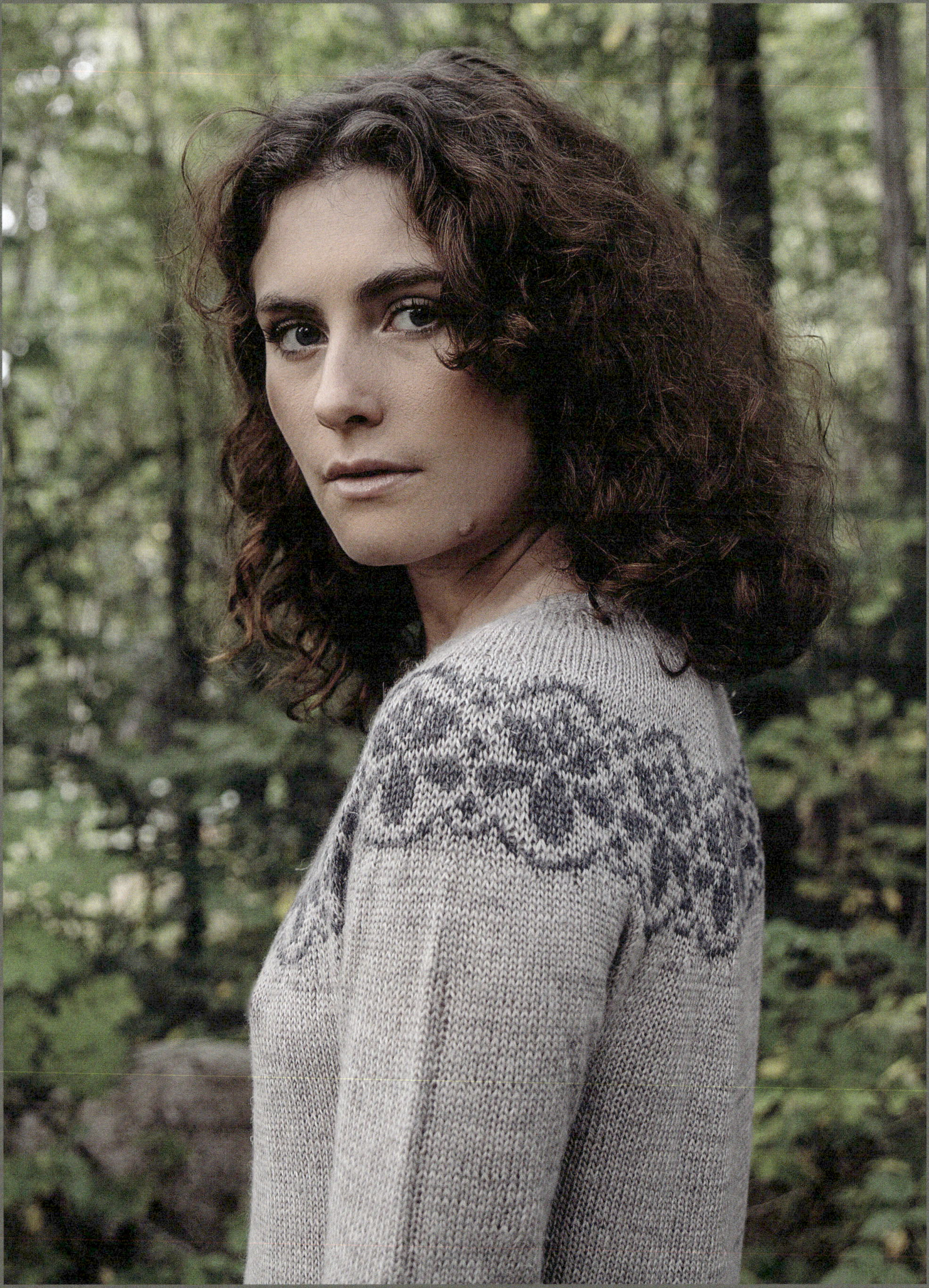

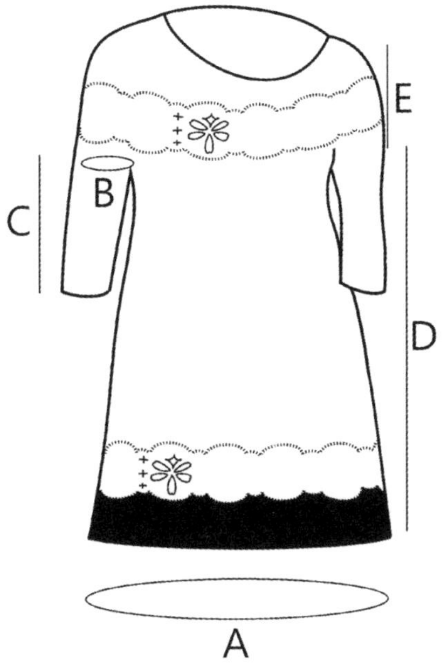

Größe
XXS / XS / S / M1 / M2 / L1 / L2 / XL / 2XL / 3XL / 4XL / 5XL
Die Angaben für die verschiedenen Größen sind durch Schrägstriche voneinander getrennt. Steht nur eine Angabe, gilt diese für alle Größen.
Das Kleid soll bequem sitzen. Wählen Sie die Größe, deren Oberweite etwa 9 cm größer ist als Ihr Brustumfang.

Garn
Aara Liina (50 % Alpaka, 25 % Leinen, 25 % Seide; LL 400 m/100 g):
Fb A: Koru, 3 / 3 / 3 / 3 / 3 / 4 / 4 / 4 / 4 / 4 / 5 / 5 / 6 Stränge
Fb B: Jalo, 1 Strang

Materialverbrauch
Fb A: 935 / 990 / 1085 / 1150 / 1210 / 1285 / 1365 / 1440 / 1595 / 1675 / 1785 / 2055 m
Fb B: 215 / 230 / 245 / 260 / 265 / 275 / 295 / 305 / 330 / 345 / 355 / 395 m

Stricknadeln
Rundstricknadeln 2,5 mm und 3,0 mm, 100 cm lang
Nadelspiel 3,0 mm und 2,5 mm (optional für die Ärmel)
Passen Sie die Nadelstärke gegebenenfalls an, um die korrekte Maschenprobe zu erzielen.

Maschenprobe
22 M und 34 Rd mit Nd 3,0 mm in Rd glatt rechts und in Jacquardtechnik = 10 cm x 10 cm (nach dem Spannen)

Zubehör
4 Maschenmarkierer
Wollnadel

Maße
A Oberweite: 85,5 / 89 / 94,5 / 102 / 105,5 / 109 / 117,5 / 124,5 / 135,5 / 144,5 / 153,5 / 171 cm
A Taillenweite: 78 / 82 / 85,5 / 91 / 96,5 / 100 / 106,5 / 115,5 / 128 / 137,5 / 148 / 156,5 cm
A Saumweite: 98 / 106,5 / 106,5 / 114.5 / 114,5 / 122,5 / 131 / 139 / 147,5 / 155,5 / 163,5 / 172 cm
B Oberarmumfang: 27,5 / 29 / 32 / 32 / 34,5 / 36,5 / 37,5 / 39 / 42 / 44,5 / 51 / 53,5 cm
C Ärmellänge: 32 / 32 / 32 / 33 / 33 / 34 / 34 / 34 / 34 / 34 / 34 / 34 cm
D Rumpflänge ab Armausschnitt: 65 cm
E Armausschnitthöhe: 16,5 / 17 / 17,5 / 18 / 19 / 20 / 20 / 21 / 23 / 23,5 / 24,5 / 26,5 cm

ANLEITUNG

Mit der Rundstricknd 2,5 mm im Kreuzanschlag 98 / 98 / 98 / 98 / 96 / 96 / 98 / 98 / 98 / 98 / 98 / 98 M in Fb A anschl, MM platzieren und die Arbeit zur Rd schließen. Die Halsausschnittblende liegt ziemlich eng an, deshalb sollten Sie darauf achten, die Maschen nicht zu fest anzuschlagen, oder gleich eine elastische Anschlagtechnik wie den runden M-Anschlag wählen.
1. Rd: * 1 M rechts verschränkt, 1 M links *; von * bis * stets wdh bis Rd-Ende.
Die letzte Rd noch 9x wdh.

PASSE

Zur Rundstricknd 3,0 mm wechseln.
Nächste Rd (Fb A): Rechte M str bis Rd-Ende.
Zunahme-Rd (nur Größe XXS / XS / S / M1 / L2 / XL / 2XL / 3XL / 4XL / 5XL): * 9 / 9 / 9 / 9 / – / – / 24 / 24 / 6 / 6 / 6 / 9 M rechts, 1 M links tiefgestochen zunehmen, 10 / 10 / 10 / 10 / – / – / 25 / 25 / 6 / 6 / 6 / 10 M rechts, 1 M links tiefgestochen zunehmen *; von * bis * stets wdh bis zu den letzten 3 / 3 / 3 / 3 / – / – / 0 / 0 / 2 / 2 / 2 / 3 M, rechte M str bis Rd-Ende (= 108 / 108 / 108 / 108 / – / – / 102 / 102 / 114 / 114 / 114 / 108 M).
Nächste Rd (nur Größe XXS / XS / S / M1 / L2 / XL / 2XL / 3XL / 4XL / 5XL): Rechte M str bis Rd-Ende.
1. Zunahme-Rd für die Passe (alle Größen): * 3 / 3 / 2 / 2 / 1 / 1 / 1 / 1 / 1 / 1 / 1 / 1 M rechts, 1 M links tiefgestochen zunehmen, 3 / 3 / 2 / 2 / 2 / 2 / 2 / 2 / 2 / 2 / 2 / 1 M rechts, 1 M links tiefgestochen zunehmen *; von * bis * stets wdh bis Rd-Ende (= 144 / 144 / 162 / 162 / 160 / 160 / 170 / 170 / 190 / 190 / 190 / 216 M).
4 / 4 / 5 / 6 / 6 / 8 / 8 / 9 / 11 / 12 / 13 / 15 Rd rechte M str.
2. Zunahme-Rd für die Passe: * 4 / 4 / 3 / 3 / 2 / 2 / 2 / 2 / 2 / 2 / 2 / 2 M rechts, 1 M links tiefgestochen zunehmen, 4 / 4 / 3 / 3 / 3 / 3 / 3 / 3 / 3 / 3 / 3 / 2 M rechts, 1 M links tiefgestochen zunehmen *; von * bis * stets wdh bis Rd-Ende (= 180 / 180 / 216 / 216 / 224 / 224 / 238 / 238 / 266 / 266 / 266 / 324 M).
6 / 8 / 9 / 10 / 12 / 14 / 14 / 17 / 21 / 22 / 25 / 29 Rd rechte M str.
3. Zunahme-Rd für die Passe: * 5 / 5 / 4 / 4 / 3 / 3 / 3 / 3 / 3 / 3 / 3 / 3 M rechts, 1 M links tiefgestochen zunehmen, 5 / 5 / 4 / 4 / 4 / 4 / 4 / 4 / 4 / 4 / 4 / 3 M rechts, 1 M links tiefgestochen zunehmen *; von * bis * stets wdh bis Rd-Ende (= 216 / 216 / 270 / 270 / 288 / 288 / 306 / 306 / 342 / 342 / 342 / 432 M).
Den Faden in Fb B dazunehmen und glatt rechts in Jacquardtechnik nach dem Zählmuster für die Passe weiterstr, dabei das Zählmuster 12 / 12 / 15 / 15 / 16 / 16 / 17 / 17 / 19 / 19 / 19 / 24x in der Rd arb.
Den Faden in Fb B abschneiden und in Fb A 2 Rd rechte M str.
4. Zunahme-Rd für die Passe: * 6 / 6 / 6 / 5 / 5 / 4 / 4 / 4 / 4 / 4 / 4 / 4 / 4 M rechts, 1 M links tiefgestochen zunehmen, 6 / 6 / 5 / 5 / 5 / 5 / 5 / 5 / 5 / 5 / 5 / 4 M rechts, 1 M links tiefgestochen zunehmen *; von * bis * stets wdh bis Rd-Ende (= 252 / 252 / 324 / 324 / 352 / 352 / 374 / 374 / 418 / 418 / 418 / 540 M).
Nun MM platzieren und die Arbeit mit verkürzten R formen wie folgt (die ersten Wendestellen für die verkürzten R liegen in den Ärmeln, die letzten im Vorderteil):
Einteilungs-Rd: 40 / 40 / 49 / 51 / 54 / 54 / 58 / 59 / 66 / 67 / 66 / 85 M rechts, MM platzieren (für das Rückenteil), 46 / 46 / 64 / 60 / 68 / 68 / 70 / 68 / 76 / 74 / 76 / 100 M rechts, MM platzieren (für den rechten Ärmel), 80 / 80 / 98 / 102 / 108 / 108 / 117 / 119 / 133 / 135 / 133 / 170 M rechts, MM platzieren (für das Vorderteil), 46 / 46 / 64 / 60 / 68 / 68 / 70 / 68 / 76 / 74 / 76 / 100 M rechts, MM platzieren (für den linken Ärmel), rechte M str bis Rd-Ende, MM entfernen, rechte M str bis zum nächsten MM. Der Rd-Beginn liegt nun zwischen dem Rückenteil und dem rechten Ärmel.
1. R (Hinr): 30 / 30 / 48 / 44 / 52 / 52 / 54 / 52 / 60 / 58 / 60 / 84 M rechts; w&w.
2. R (Rückr): *Linke M str bis MM, MM abheben *; von * bis * noch 1x wdh, 30 / 30 / 48 / 44 / 52 / 52 / 54 / 52 / 60 / 58 / 60 / 84 M links; w&w.
3. R: Rechte M str bis zur umwickelten M, dabei die MM abheben, die umwickelte M mit dem Wickelfaden rechts zusammenstr, 10 M rechts; w&w.
4. R: Linke M str bis zur umwickelten M, dabei die MM abheben, die umwickelte M mit dem Wickelfaden links zusammenstr, 10 M links; w&w.
Die 3. und 4. R noch 2x wdh.
Nächste Rd (Vorderseite): * Rechte M str bis zur umwickelten M, dabei die MM abheben, die umwickelte M mit dem Wickelfaden rechts zusammenstr *; von * bis * noch 1x wdh, rechte M str bis Rd-Ende.
Glatt rechts weiterstr bis zu einer Vorderteilhöhe von 16,5 / 17 / 17,5 / 18 / 19 / 20 / 20 / 21 / 23 / 23,5 / 24,5 / 26,5 cm (von der Anschlagkante aus gemessen).

RUMPF

Einteilungs-Rd: * MM entfernen, die nächsten 46 / 46 / 64 / 60 / 68 / 68 / 70 / 68 / 76 / 74 / 76 / 100 M auf einem Maschenraffer stilllegen, 7 / 9 / 3 / 5 / 4 / 6 / 6 / 9 / 8 / 12 / 18 / 9 M durch Aufschlingen neu anschl, MM platzieren, 7 / 9 / 3 / 5 / 4 / 6 / 6 / 9 / 8 / 12 / 18 / 9 M durch Aufschlingen neu anschl, MM entfernen, rechte M str bis MM *; von * bis * noch 1x wdh (= 188 / 196 / 208 / 224 / 232 / 240 / 258 / 274 / 298 / 318 / 338 / 376 M). Der Rd-Beginn liegt nun in der Mitte der Unterkante des rechten Armausschnitts.
10 Rd rechte M str.
Abnahme-Rd für die Taille: *1 M rechts, 2 M rechts zusammenstr, rechte M str bis 3 M vor dem MM, 2 M rechts abgehoben zusammenstr, 1 M rechts, MM abheben *, von * bis * noch 1x wdh (= 4 M abgenommen).

Glatt rechts weiterstr und dabei die Abnahme-Rd für die Taille noch 3 / 3 / 4 / 5 / 4 / 4 / 5 / 4 / 3 / 3 / 2 / 7x in jeder 17. / 17. / 12. / 10. / 12. / 12. / 9. / 11. / 15. / 15. / 22. / 6. Rd wdh (= 172 / 180 / 188 / 200 / 212 / 220 / 234 / 254 / 282 / 302 / 326 / 344 M).
20 Rd rechte M str.
1. Zunahme-Rd für den Rock: * 15 / 13 / 17 / 15 / 21 / 18 / 18 / 19 / 28 / 30 / 40 / 43 M rechts, 1 M links tiefgestochen zunehmen, 16 / 14 / 17 / 15 / 21 / 18 / 18 / 20 / 28 / 30 / 41 / 43 M rechts, 1 M links tiefgestochen zunehmen *; von * bis * noch 4 / 5 / 4 / 5 / 4 / 5 / 5 / 5 / 4 / 4 / 3 / 3x wdh, rechte M str bis Rd-Ende, 1 / 1 / 1 / 1 / 0 / 0 / 1 / 1 / 0 / 0 / 0 / 0 M links tiefgestochen zunehmen (= 183 / 193 / 199 / 213 / 222 / 232 / 247 / 267 / 292 / 312 / 334 / 352 M).
21 / 21 / 22 / 22 / 22 / 23 / 23 / 23 / 23 / 23 / 23 / 23 Rd rechte M str.
2. Zunahme-Rd für den Rock: * 16 / 13 / 16 / 16 / 22 / 17 / 17 / 20 / 26 / 31 / 37 / 39 M rechts, 1 M links tiefgestochen zunehmen, 17 / 14 / 17 / 16 / 22 / 18 / 18 / 21 / 27 / 31 / 37 / 39 M rechts, 1 M links tiefgestochen zunehmen *; von * bis * noch 4 / 6 / 5 / 5 / 4 / 5 / 6 / 5 / 4 / 4 / 3 / 3x wdh, rechte M str bis Rd-Ende, 1 / 0 / 0 / 1 / 0 / 1 / 0 / 1 / 1 / 0 / 1 / 1 M links tiefgestochen zunehmen (= 194 / 207 / 211 / 226 / 232 / 245 / 261 / 280 / 303 / 322 / 343 / 361 M).
29 / 29 / 29 / 29 / 30 / 30 / 31 / 31 / 31 / 31 / 31 / 31 Rd rechte M str.
3. Zunahme-Rd für den Rock: * 17 / 15 / 19 / 17 / 23 / 20 / 20 / 21 / 30 / 32 / 42 / 45 M rechts, 1 M links tiefgestochen zunehmen, 18 / 16 / 19 / 17 / 23 / 20 / 20 / 22 / 30 / 32 / 43 / 45 M rechts, 1 M links tiefgestochen zunehmen *; von * bis * noch 4 / 5 / 4 / 5 / 4 / 5 / 5 / 5 / 4 / 4 / 3 / 3x wdh, rechte M str bis Rd-Ende, 1 / 1 / 1 / 1/ 0 / 0 / 1 / 1 / 0 / 0 / 0 / 0 M links tiefgestochen zunehmen (= 205 / 220 / 222 / 239 / 242 / 257 / 274 / 293 / 313 / 332 / 351 / 369 M).
34 / 34 / 35 / 35 / 35 / 36 / 37 / 37 / 38 / 38 / 38 / 38 Rd rechte M str.
4. Zunahme-Rd für den Rock: * 18 / 15 / 18 / 18 / 24 / 19 / 19 / 22 / 28 / 33 / 39 / 41 M rechts, 1 M links tiefgestochen zunehmen, 19 / 16 / 19 / 18 / 24 / 20 / 20 / 23 / 28 / 33 / 39 / 41 M rechts, 1 M links tiefgestochen zunehmen *; von * bis * noch 4 / 6 / 5 / 5 / 4 / 5 / 6 / 5 / 4 / 4 / 3 / 3x wdh, rechte M str bis Rd-Ende, 1 / 0 / 0 / 1 / 0 / 1 / 0 / 1 / 1 / 0 / 1 / 1 M links tiefgestochen zunehmen (= 216 / 234 / 234 / 252 / 252 / 270 / 288 / 306 / 324 / 342 / 360 / 378 M).
Glatt rechts weiterstr bis zu einer Höhe von 50,5 cm ab Unterkante der Armausschnitte oder bis das Kleid 14,5 cm kürzer ist als die gewünschte Gesamtlänge.
Den Faden in Fb B dazunehmen und glatt rechts in Jacquardtechnik nach dem Zählmuster für die untere Bordüre weiterstr, dabei das Zählmuster 12 / 13 / 13 / 14 / 14 / 15 / 16 / 17 / 18 / 19 / 20 / 21x in der Rd arb.
Den Faden in Fb A abschneiden und 18 Rd rechte M in Fb B str.
Zu Nd 2,5 mm wechseln.
Nächste Rd: * 1 M rechts verschränkt, 1 M links *; von * bis * stets wdh bis Rd-Ende.
Die letzte R noch 9x wdh. Alle M in einer elastischen Technik abk.

ÄRMEL
Die M für einen Ärmel auf das Ndspiel 3,0 mm auffassen.
Einteilungs-Rd (Vorderseite): In Fb A und in der Mitte der Unterkante eines Armausschnitts beginnend 7 / 9 / 3 / 5 / 4 / 6 / 6 / 9 / 8 / 12 / 18 / 9 M aus der Kante rechts herausstr, die Ärmel-M rechts str, dann weitere 7 / 9 / 3 / 5 / 4 / 6 / 6 / 9 / 8 / 12 / 18 / 9 M aus der Armausschnittkante rechts herausstr, MM platzieren und die Arbeit zur Rd schließen (= 60 / 64 / 70 / 70 / 76 / 80 / 82 / 86 / 92 / 98 / 112 / 118 M).
10 Rd rechte M str.
Abnahme-Rd: 1 M rechts, 2 M rechts zusammenstr, rechte M str bis zu den letzten 3 M, 2 M rechts abgehoben zusammenstr, 1 M rechts (= 2 M abgenommen).
Glatt rechts weiterstr, dabei die Abnahmen noch 5 / 6 / 9 / 8 / 11 / 12 / 12 / 13 / 15 / 17 / 22 / 24x in jeder 17. / 14. / 9. / 11. / 8. / 7. / 7. / 7. / 6. / 5. / 4. / 3. Rd wdh (= 48 / 50 / 50 / 52 / 52 / 54 / 56 / 58 / 60 / 62 / 66 / 68 M).
Glatt rechts gerade weiterstr bis zu einer Ärmellänge von 29 / 29 / 29 / 30 / 30 / 31 / 31 / 31 / 31 / 31 / 31 / 31 cm ab Armausschnittunterkante oder bis der Ärmel 3 cm kürzer ist als die gewünschte Gesamtlänge.
Zu Nd 2,5 mm wechseln.
Nächste Rd: * 1 M rechts verschränkt, 1 M links *; von * bis * stets wdh bis Rd-Ende.
Die letzte Rd noch 9x wdh. Alle M im Rippenmuster abk.
Den 2. Ärmel genauso arb.

Zählmuster für die Passe

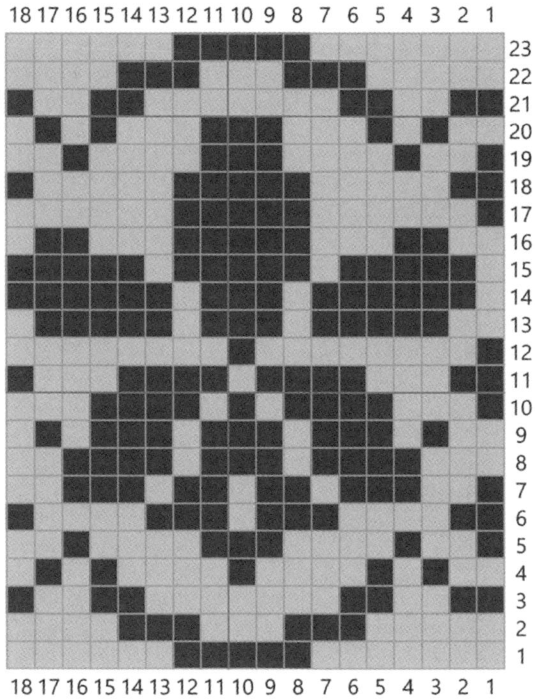

Fb A

Fb B

Zählmuster für die untere Bordüre

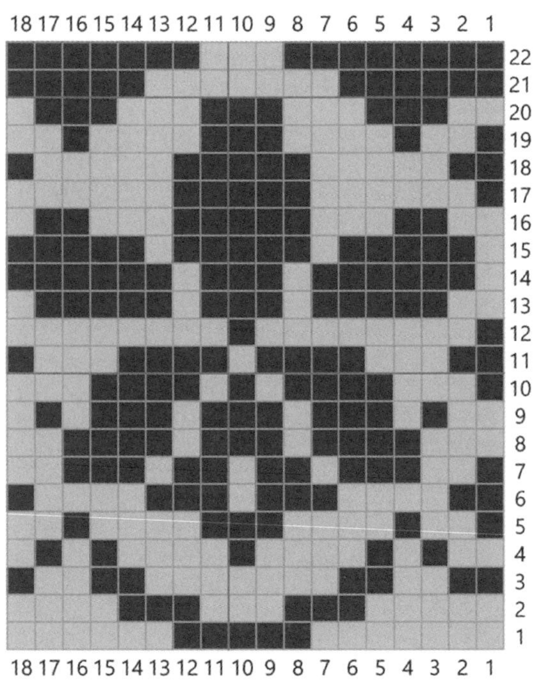

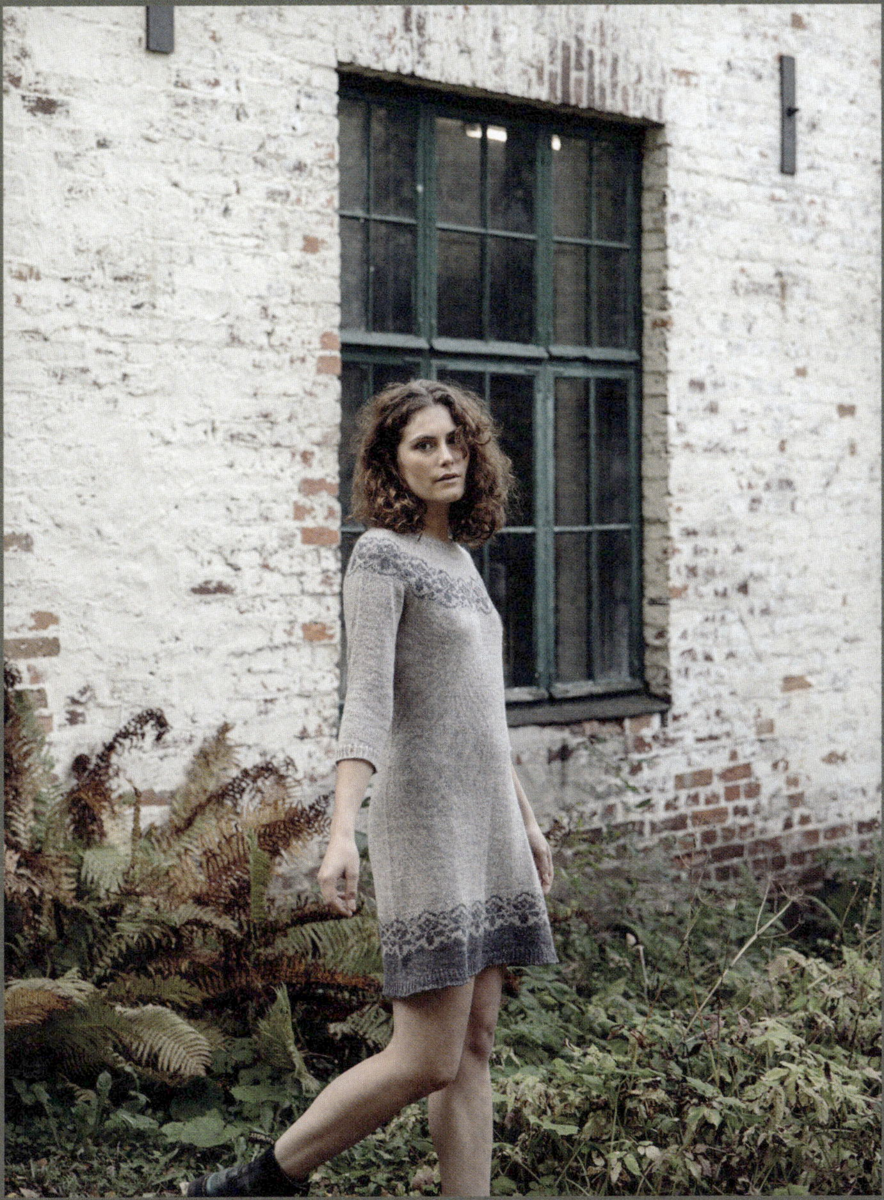

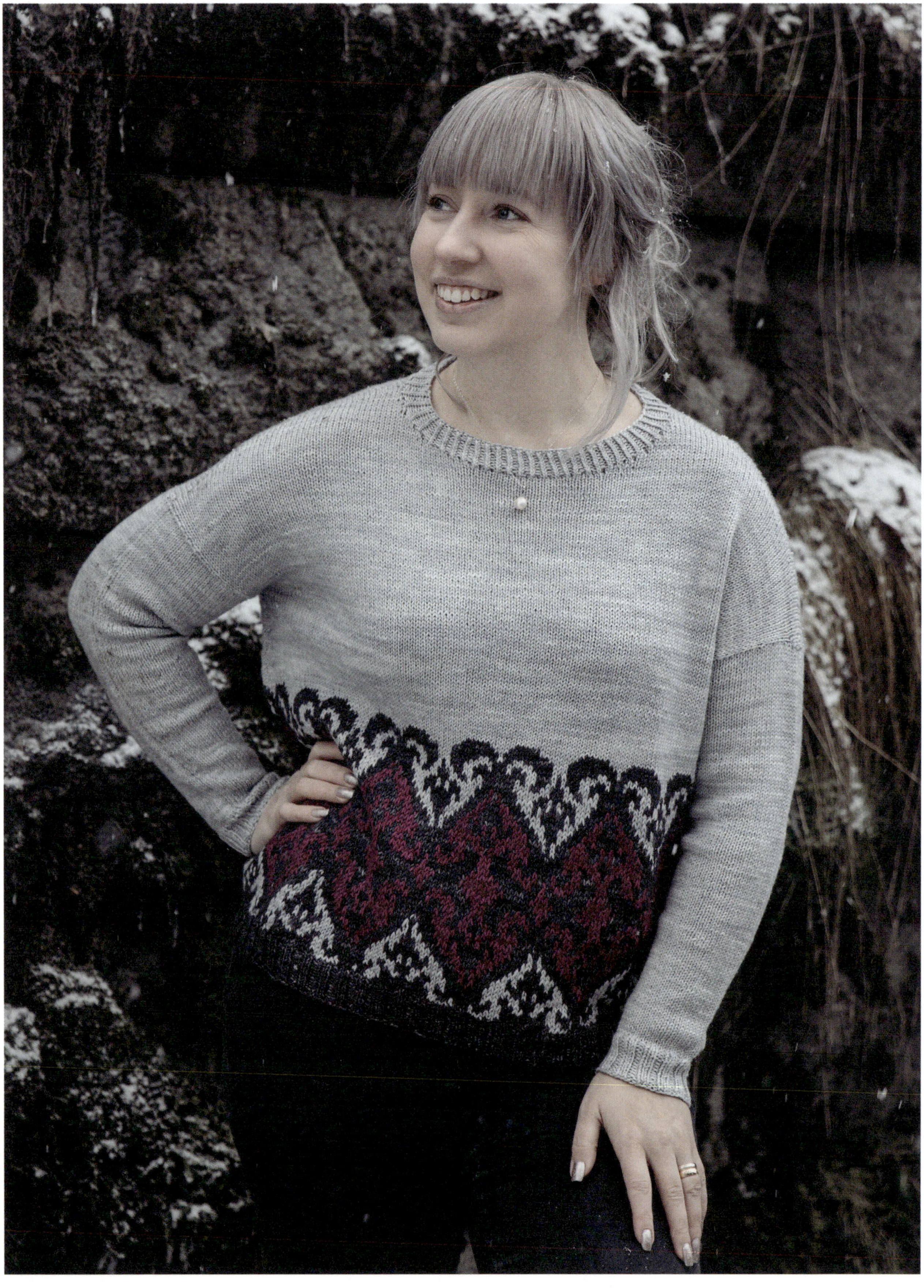

17

HEARTS ON A STRING

Dieser Langarmpullover in leichter A-Linie fällt durch das auffallende Damastmuster mit Herzmotiven am Rumpf auf. Er wird nahtlos von oben nach unten gestrickt. Das dreifarbige Einstrickmuster erfordert ein wenig Konzentration, doch das Ergebnis lohnt die Mühe.

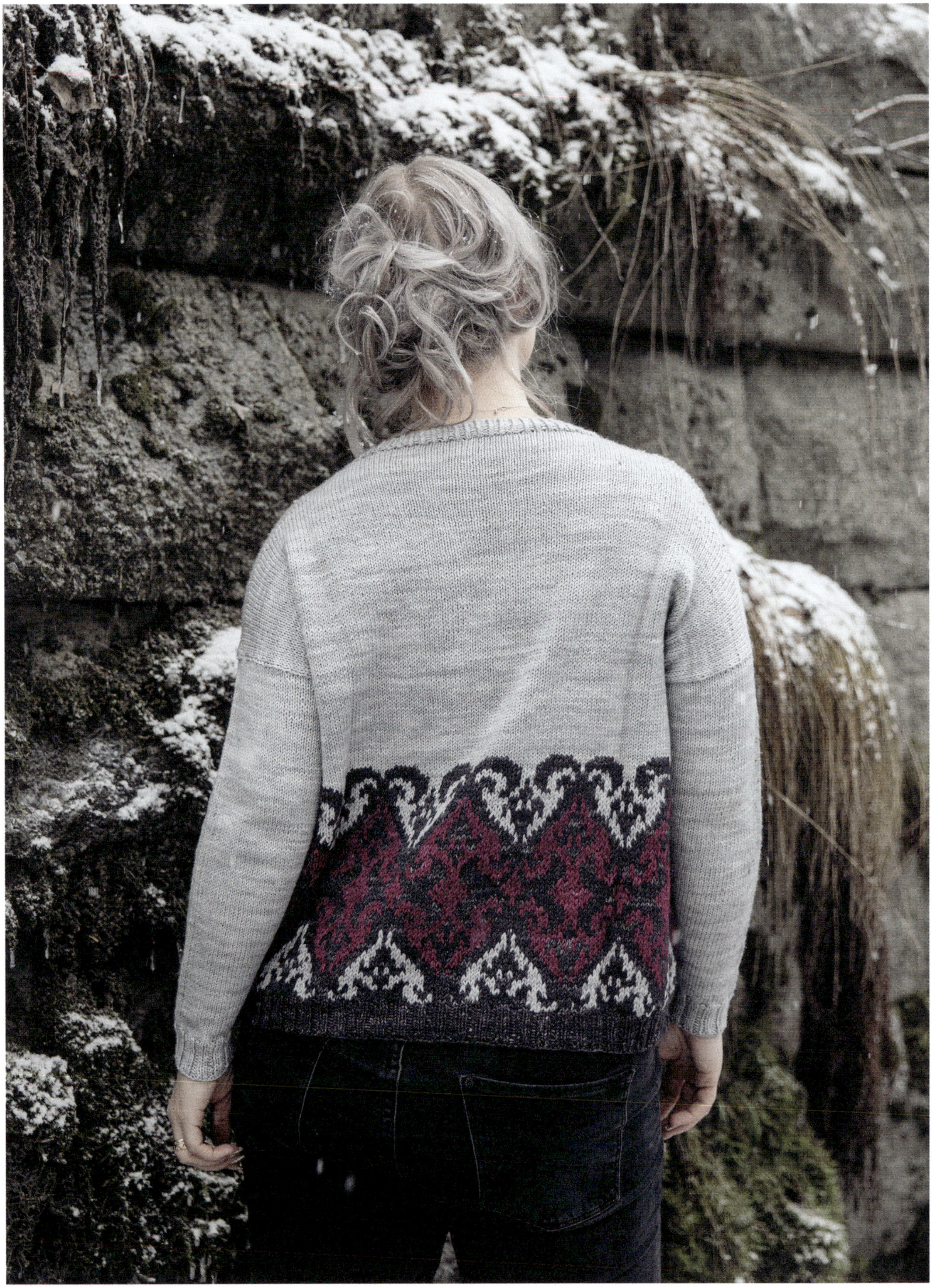

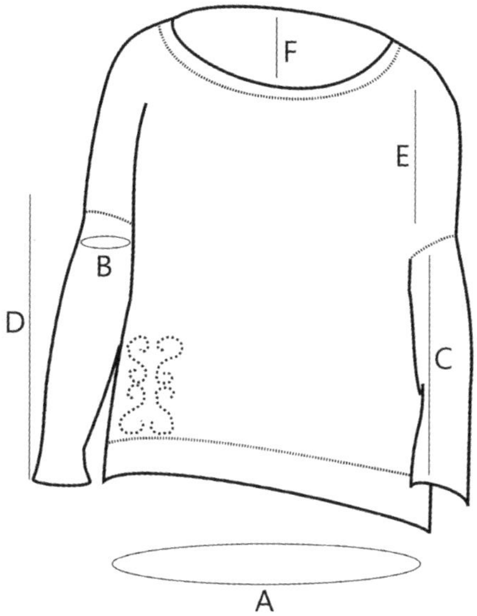

Größe
XS / S / M / L / XL / 2XL / 3XL / 4XL / 5XL
Die Angaben für die verschiedenen Größen sind durch Schrägstriche voneinander getrennt. Steht nur eine Angabe, gilt diese für alle Größen.
Dieser Pullover soll locker sitzen. Wählen Sie die Größe, deren Oberweite etwa 20 cm größer ist als Ihr Brustumfang.

Garn
Nurja Merino Sock 3ply (80 % Superwash-Merinowolle, 20 % Polyamid; LL 300 m/100 g):
Fb A: Afrikan tähti, 3 / 3 / 3 / 4 / 4 / 4 / 4 / 5 / 5 Stränge
Fb B: Jet, 1 / 1 / 1 / 1 / 1 / 2 / 2 / 2 / 2 Stränge
Fb C: Rubelliitti, 1 Strang

Materialverbrauch
Fb A: 650 / 730 / 850 / 925 / 995 / 1105 / 1200 / 1345 / 1480 m
Fb B: 230 / 240 / 255 / 265 / 280 / 320 / 335 / 360 / 385 m
Fb C: 120 / 130 / 145 / 155 / 165 / 180 / 190 / 205 / 220 m

Stricknadeln
Rundstricknadeln 3,5 mm und 4,0 mm, 100 cm lang
Nadelspiel 3,5 mm (optional für die Ärmel)
Passen Sie die Nadelstärke gegebenenfalls an, um die korrekte Maschenprobe zu erzielen.

Maschenprobe
24 M und 30 Rd mit Nd 4,0 mm in Rd glatt rechts in Jacquardtechnik = 10 cm x 10 cm (nach dem Spannen).
23 M und 33 Rd mit Nd 3,5 mm in Rd glatt rechts = 10 cm x 10 cm (nach dem Spannen).

Zubehör
4 Maschenmarkierer
Hilfsgarn
Häkelnadel 3,5 mm
Wollnadel

Maße
A Oberweite: 97,5 / 106 / 116,5 / 128,5 / 135,5 / 149,5 / 156,5 / 165 / 177,5 cm
A Hüftweite: 100 / 110 / 120 / 130 / 140 / 150 / 160 / 170 / 180 cm
B Oberarmumfang: 29,5 / 32 / 35,5 / 38,5 / 40 / 43,5 / 46 / 51,5 / 55 cm
C Ärmellänge: 41,5 / 43 / 44 / 44 / 45 / 44,5 / 47 / 47,5 / 48 cm
D Rumpflänge ab Armausschnitt: 32 cm
E Armausschnitthöhe: 15,5 / 17 / 18,5 / 20 / 21 / 22,5 / 21,5 / 24 / 26 cm
F Halsausschnitttiefe: 8 cm

ANLEITUNG

Mit Häkelnd und Hilfsgarn 2x 34 / 39 / 44 / 51 / 55 / 60 / 58 / 63 / 68 M auf der Rundstricknd 3,5 mm anschl, dabei den Faden zwischen den beiden M-Gruppen abschneiden.
Einteilungs-R (Hinr; Fb A): Die 1. M-Gruppe rechts str, 44 / 44 / 46 / 46 / 46 / 52 / 52 / 52 / 56 M durch Aufschlingen neu anschl, dann die 2. M-Gruppe rechts str (= 112 / 122 / 134 / 148 / 156 / 172 / 168 / 178 / 192 M).
Einteilungs-R (Rückr): Linke M str bis R-Ende.

RÜCKENTEIL

Nun die Schulterschrägen mit verkürzten R arb wie folgt:
1. R (Hinr): 81 / 86 / 94 / 102 / 106 / 118 / 115 / 121 / 130 M rechts; w&w.
2. R (Rückr): 50 / 50 / 54 / 56 / 56 / 64 / 62 / 64 / 68 M links; w&w.
3. R: Rechte M str bis zur umwickelten M, diese M mit dem Wickelfaden rechts zusammenstr, 2 / 2 / 3 / 4 / 4 / 5 / 4 / 5 / 5 M rechts; w&w.
4. R: Linke M str bis zur umwickelten M, diese M mit dem Wickelfaden links zusammenstr, 2 / 2 / 3 / 4 / 4 / 5 / 4 / 5 / 5 M links; w&w.
Die 3. und 4. R noch 7x wdh.
19. R (Hinr): Rechte M str bis zur umwickelten M und diese M mit dem Wickelfaden rechts zusammenstr, rechte M str bis R-Ende.
20. R (Rückr): Linke M str bis zur umwickelten M und diese M mit dem Wickelfaden links zusammenstr, linke M str bis R-Ende.
Glatt rechts in Hin- und Rückr weiterstr bis zu einer Höhe von 15,5 / 17 / 18,5 / 20 / 21 / 22,5 / 21,5 / 24 / 26 cm an der Kante; mit einer Rückr enden. Den Faden abschneiden und die M auf einem Maschenraffer stilllegen.

LINKE VORDERTEILSEITE

Nun M für die linke Vorderteilseite aufnehmen und die Schulterschräge mit verkürzten R arb wie folgt, dabei GLEICHZEITIG M an der Halsausschnittkante anschl (siehe Angaben unter den verkürzten R):
Vorsichtig den provisorischen M-Anschlag auflösen und die 34 / 39 / 44 / 51 / 55 / 60 / 58 / 63 / 68 M für die linke Schulter auf die Nd 3,5 mm auffassen.
1. R (Hinr): Rechte M str bis R-Ende.
2. R (Rückr): Linke M str bis R-Ende.
3. R: 3 / 3 / 4 / 5 / 5 / 6 / 5 / 6 / 6 M rechts; w&w.
4. R: Linke M str bis R-Ende.
5. R: Rechte M str bis zur umwickelten M, diese M mit dem Wickelfaden rechts zusammenstr, 2 / 2 / 3 / 4 / 4 / 5 / 4 / 5 / 5 M rechts; w&w.
Die 4. und 5. R noch 7x wdh, dabei gleichzeitig die Zunahmen für den Halsausschnitt arb.
20. R (Rückr): Linke M str bis R-Ende.
21. R (Hinr): Rechte M str bis zur umwickelten M, diese M mit dem Wickelfaden rechts zusammenstr, rechte M str bis R-Ende.
GLEICHZEITIG in einer Höhe von 3 cm an der Halsausschnittkante damit beginnen, am Ende der Rückr M neu anzuschlagen wie folgt:
1. R (Rückr): Linke M str bis R-Ende, 1 M durch Aufschlingen neu anschl.
2.–4. R: Glatt rechts in verkürzten R arb wie eingeteilt.
5. R: Wie die 1. R str.
6. R und alle folgenden Hinr: Alle M rechts str, dabei verkürzte R arb wie eingeteilt.
7. R: Wie die 1. R str.
9. R: Linke M str bis R-Ende, 2 M durch Aufschlingen neu anschl.
11. R: Wie die 9. R str.
13. R: Linke M str bis R-Ende, 3 M durch Aufschlingen neu anschl.
15. R: Linke M str bis R-Ende, 4 / 4 / 5 / 5 / 5 / 6 / 6 / 6 / 6 M durch Aufschlingen neu anschl.
Wenn die verkürzten R für die Schulterschräge beendet und die M für den Halsausschnitt angeschlagen sind, den Faden abschneiden und die M auf einem Maschenraffer stilllegen.

RECHTE VORDERTEILSEITE

Vorsichtig den provisorischen M-Anschlag auflösen und die 34 / 39 / 44 / 51 / 55 / 60 / 58 / 63 / 68 M für die rechte Schulter auf die Nd 3,5 mm auffassen.
1. R (Rückr): Linke M str bis R-Ende.
2. R (Hinr): Rechte M str bis R-Ende.
3. R: 3 / 3 / 4 / 5 / 5 / 6 / 5 / 6 / 6 M links; w&w.
4. R: Rechte M str bis R-Ende.
5. R: Linke M str bis zur umwickelten M, diese M mit dem Wickelfaden links zusammenstr, 2 / 2 / 3 / 4 / 4 / 5 / 4 / 5 / 5 M links; w&w.
Die 4. und 5. R noch 7x wdh, dabei gleichzeitig die Zunahmen für den Halsausschnitt arb.
20. R (Hinr): Rechte M str bis R-Ende.
21. R (Rückr): Linke M str bis zur umwickelten M, diese M mit dem Wickelfaden links zusammenstr, linke M str bis R-Ende.
GLEICHZEITIG in einer Höhe von 3 cm an der Halsausschnittkante damit beginnen, am Ende der Hinr M neu anzuschlagen wie folgt:
1. R (Hinr): Rechte M str bis R-Ende, 1 M durch Aufschlingen neu anschl.
2.–4. R: Glatt rechts in verkürzten R arb wie eingeteilt.
5. R: Wie die 1. R str.

6. R und alle folgenden Rückr: Alle M links str, dabei verkürzte R arb wie eingeteilt.
7. R: Wie die 1. R str.
9. R: Rechte M str bis R-Ende, 2 M durch Aufschlingen neu anschl.
11. R: Wie die 9. R str.
13. R: Rechte M str bis R-Ende, 3 M durch Aufschlingen neu anschl.
15. R: Rechte M str bis R-Ende, 4 / 4 / 5 / 5 / 5 / 6 / 6 / 6 / 6 M durch Aufschlingen neu anschl.
16. R: Linke M str bis R-Ende.
Wenn die verkürzten R für die Schulterschräge beendet und die M für den Halsausschnitt angeschlagen sind, werden beide Vorderteilseiten miteinander verbunden.

VORDERTEIL VERBINDEN
Einteilungs-R (Hinr): Die M der rechten Vorderteilseite rechts str, 16 / 16 / 16 / 16 / 16 / 20 / 20 / 20 / 24 M durch Aufschlingen neu anschl, die M der linken Vorderteilseite zurück auf die Nd nehmen und rechts str (= 112 / 122 / 134 / 148 / 156 / 172 / 168 / 178 / 192 M).
Nächste R (Rückr): Linke M str bis R-Ende.
Nächste R: Rechte M str bis R-Ende.
Glatt rechts weiterstr bis zu einer Höhe von 15,5 / 17 / 18,5 / 20 / 21 / 22,5 / 21,5 / 24 / 26 cm an der Kante; nach einer Rückr enden.

RUMPF
Einteilungs-R (Hinr): Rechte M str bis R-Ende, 0 / 0 / 0 / 0 / 0 / 0 / 6 / 6 / 6 M durch Aufschlingen neu anschl, MM platzieren, 0 / 0 / 0 / 0 / 0 / 0 / 6 / 6 / 6 M anschl, die M für das Rückenteil zurück auf die Nd nehmen und rechts str, 0 / 0 / 0 / 0 / 0 / 0 / 6 / 6 / 6 M anschl, MM platzieren, 0 / 0 / 0 / 0 / 0 / 0 / 6 / 6 / 6 M anschl, die Arbeit zur Rd schließen und rechte M str bis MM (= 224 / 244 / 268 / 296 / 312 / 344 / 360 / 380 / 408 M). Der Rd-Beginn liegt nun in der unteren Mitte des linken Armausschnitts.
Nächste Rd (Vorderseite): Rechte M str bis Rd-Ende, dabei die MM abheben.
Wenn Sie möchten, können Sie an dieser Stelle Brustabnäher str. Die Abnäher an der Stelle des größten Brustumfangs entsprechend der Körbchengröße arb. Wenn Sie keine Abnäher str wollen, gleich mit „Nach den Brustabnähern“ weiterarb.

Brustabnäher C/D
1. R (Hinr): Rechte M str bis 19 / 20 / 22 / 23 / 24 / 26 / 27 / 29 / 30 M vor dem linken Seiten-MM; w&w.
2. R (Rückr): Linke M str bis 19 / 20 / 22 / 23 / 24 / 26 / 27 / 29 / 30 M vor dem rechten Seiten-MM; w&w.
3. R: Rechte M str bis 6 / 7 / 7 / 8 / 8 / 9 / 9 / 10 / 10 M vor der zuletzt umwickelten M; w&w.
4. R: Linke M str bis 6 / 7 / 7 / 8 / 8 / 9 / 9 / 10 / 10 M vor der zuletzt umwickelten M; w&w.
Die 3. und 4. R noch 2x wdh.
9. R (Hinr): Rechte M str bis Rd-Ende, dabei die umwickelten M jeweils mit ihrem Wickelfaden rechts zusammenstr; dann in Rd weiterstr.
10. Rd: Rechte M str bis Rd-Ende, dabei die restlichen umwickelten M jeweils mit ihrem Wickelfaden rechts zusammenstr.

Brustabnäher E/F
1. R (Hinr): Rechte M str bis 19 / 20 / 22 / 23 / 24 / 26 / 27 / 29 / 30 M vor dem linken Seiten-MM; w&w.
2. R (Rückr): Linke M str bis 19 / 20 / 22 / 23 / 24 / 26 / 27 / 29 / 30 M vor dem rechten Seiten-MM; w&w.
3. R: Rechte M str bis 5 / 5 / 6 / 6 / 6 / 7 / 7 / 7 / 8 M vor der zuletzt umwickelten M; w&w.
4. R: Linke M str bis 5 / 5 / 6 / 6 / 6 / 7 / 7 / 7 / 8 M vor der zuletzt umwickelten M; w&w.
Die 3. und 4. R noch 3x wdh.
11. R (Hinr): Rechte M str bis Rd-Ende, dabei die umwickelten M jeweils mit ihrem Wickelfaden rechts zusammenstr; dann in Rd weiterstr.
12. Rd: Rechte M str bis Rd-Ende, dabei die restlichen umwickelten M jeweils mit ihrem Wickelfaden rechts zusammenstr.

Brustabnäher G/H
1. R (Hinr): Rechte M str bis 19 / 20 / 22 / 23 / 24 / 26 / 27 / 29 / 30 M vor dem linken Seiten-MM; w&w.
2. R (Rückr): Linke M str bis 19 / 20 / 22 / 23 / 24 / 26 / 27 / 29 / 30 M vor dem rechten Seiten-MM r; w&w.
3. R: Rechte M str bis 3 / 3 / 4 / 4 / 4 / 4 / 5 / 5 / 5 M vor der zuletzt umwickelten M; w&w.
4. R: Linke M str bis 3 / 3 / 4 / 4 / 4 / 4 / 5 / 5 / 5 M vor der zuletzt umwickelten M; w&w.
Die 3. und 4. R noch 5x wdh.
15. R (Hinr): Rechte M str bis Rd-Ende, dabei die umwickelten M jeweils mit ihrem Wickelfaden rechts zusammenstr; dann in Rd weiterstr.
16. Rd: Rechte M str bis Rd-Ende, dabei die restlichen umwickelten M jeweils mit ihrem Wickelfaden rechts zusammenstr.

Nach den Brustabnähern
5 / 4 / 4 / 5 / 4 / 5 / 3 / 3 / 4 Rd rechte M str.
Zunahme-Rd: *1 M rechts, 1 ML zunehmen, rechte M str bis 1 M vor dem MM, 1 MR zunehmen, 1 M rechts, MM abheben *; von * bis * noch 1x wdh (= 4 M zugenommen).
Glatt rechts weiterstr, dabei die Zunahmen noch 3 / 4 / 4 / 3 / 5 / 3 / 5 / 6 / 5x in jeder 6. / 5. / 5. / 6. / 5. / 6. / 4. / 4. / 5. Rd wdh (= 240 / 264 / 288 / 312 / 336 / 360 / 384 / 408 / 432 M).
Glatt rechts weiterstr bis zu einer Rumpfhöhe von 9,5 cm ab Unterkante der Armausschnitte.

Zur Rundstricknd 4,0 mm wechseln.
Die Fäden in Fb B und Fb C dazunehmen und glatt rechts in Jacquardtechnik nach dem Zählmuster weiterstr, dabei das Zählmuster 10 / 11 / 12 / 13 / 14 / 15 / 16 / 17 / 18x in der Rd arb.
Die Fäden in Fb A und Fb C abschneiden und zu Nd 3,5 mm wechseln.
Nächste Rd (Fb B): Rechte M str bis Rd-Ende, dabei die MM abheben.
Nächste Rd: * 2 M rechts, 2 M links *; von * bis * stets wdh bis Rd-Ende, dabei die MM abheben.
Weitere 13 Rd im so eingeteilten Rippenmuster str. Alle M im Rippenmuster abk.

ÄRMEL

Einteilungs-Rd (Vorderseite): Mit dem Faden in Fb A und dem Ndspiel 3,5 mm in der Mitte einer Armausschnitt-Unterkante beginnend 68 / 74 / 82 / 88 / 92 / 100 / 106 / 118 / 126 M aus der Armausschnittkante rechts herausstr (ca. 2 M aus 3 R), MM platzieren und die Arbeit zur Rd schließen.
9 / 9 / 9 / 9 / 9 / 9 / 3 / 3 / 3 Rd rechte M str.
Abnahme-Rd: 1 M rechts, 2 M rechts zusammenstr, rechte M str bis zu den letzten 3 M, 2 M rechts abgehoben zusammenstr, 1 M rechts (= 2 M abgenommen).
Glatt rechts weiterstr, dabei die Abnahmen noch 11 / 14 / 16 / 19 / 19 / 21 / 24 / 28 / 30x in jeder 10. / 8. / 7. / 6. / 6. / 6. / 5. / 5. / 4. Rd wdh (= 44 / 44 / 48 / 48 / 52 / 56 / 56 / 60 / 64 M).
Glatt rechts gerade weiterstr bis zu einer Ärmellänge von 38/ 39,5 / 40,5 / 40,5 / 41,5 / 41 / 43,5 / 44 / 44,5 cm ab Armausschnitt-Unterkante oder bis der Ärmel 3,5 cm kürzer ist als die gewünschte Gesamtlänge.
Nächste Rd: * 2 M rechts, 2 M links *; von * bis * stets wdh bis Rd-Ende.
Weitere 11 Rd im so eingeteilten Rippenmuster str. Alle M im Rippenmuster abk.
Den 2. Ärmel genauso arb.

HALSAUSSCHNITTBLENDE

Einteilungs-Rd (Vorderseite): Mit Nd 3,5 mm und Fb A an der rechten Schulter beginnend 102 / 102 / 106 / 106 / 106 / 118 / 118 / 118 / 126 M aus der Halsausschnittkante rechts herausstr (ca. 1 M aus 1 M der horizontalen Partien des vorderen bzw. hinteren Halsausschnitts und 2 M aus 3 R der vertikalen Kanten des Vorderteils), MM platzieren und die Arbeit zur Rd schließen.
Nächste Rd: * 1 M rechts verschränkt, 1 M links *; von * bis * stets wdh bis Rd-Ende.
Weitere 7 / 7 / 7 / 7 / 7 / 11 / 11 / 11 / 11 Rd im so eingeteilten verschränkten Rippenmuster str. Alle M im Rippenmuster abk.

Zählmuster für die Damastbordüre

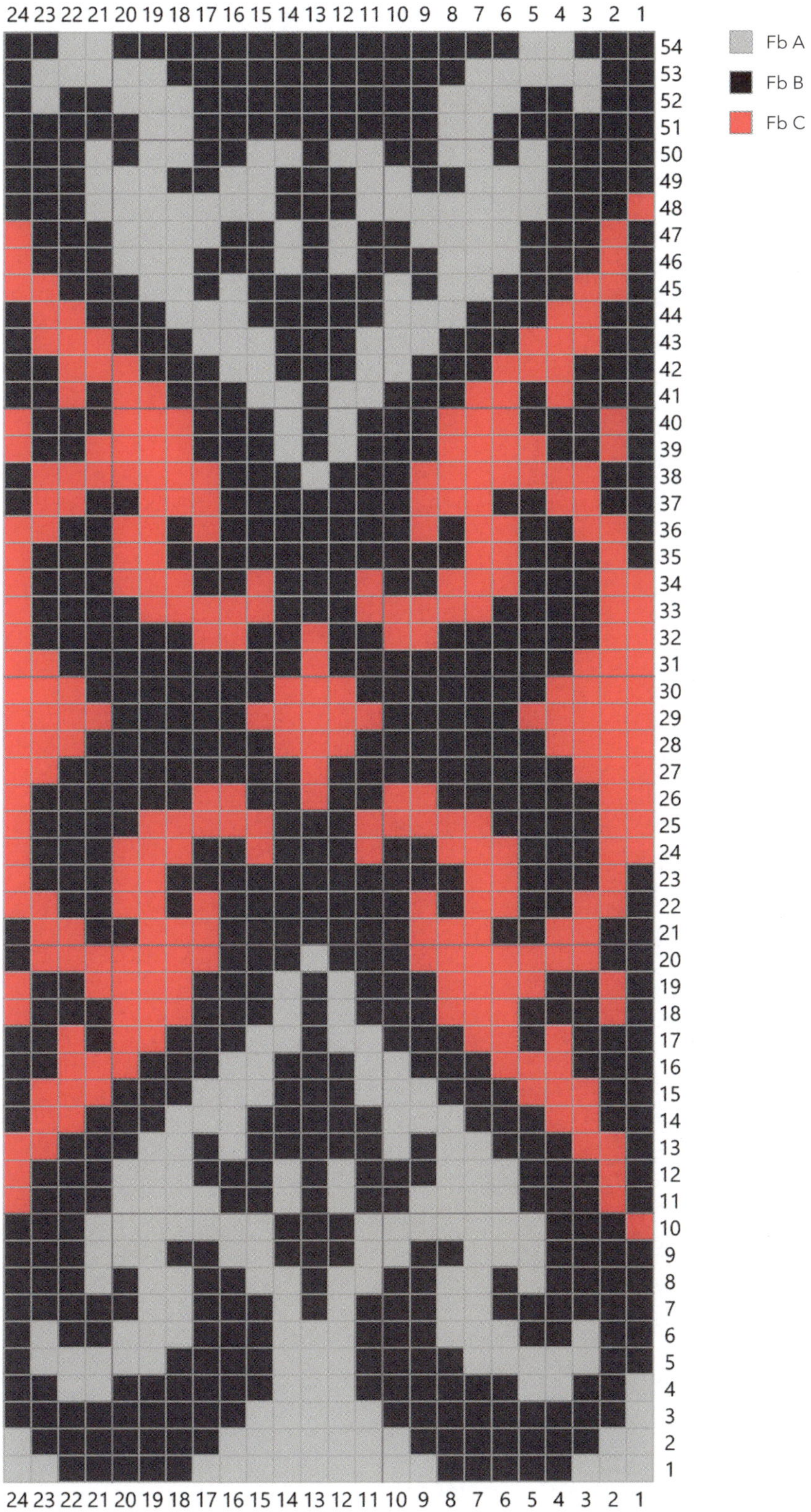

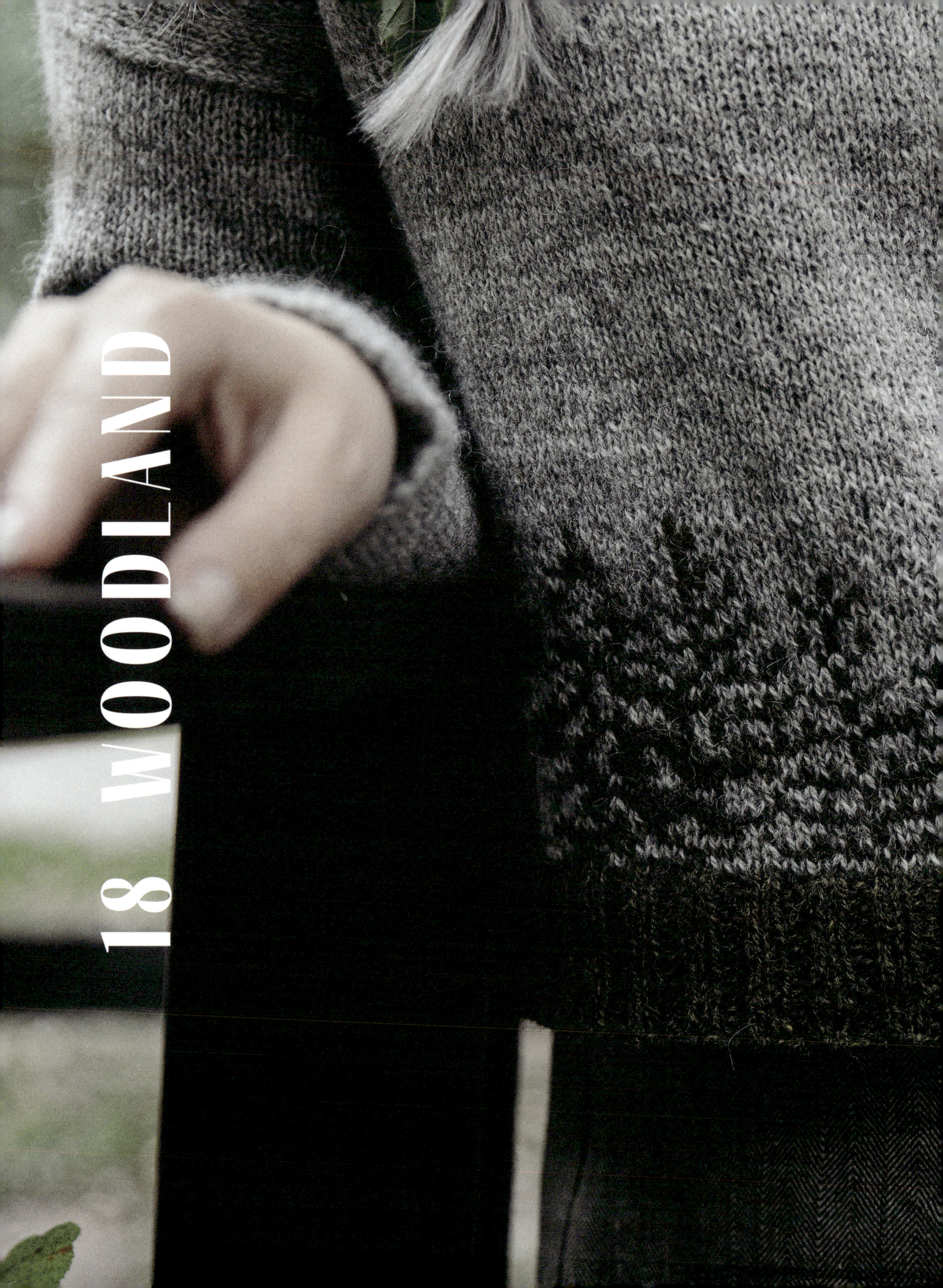

18 WOODLAND

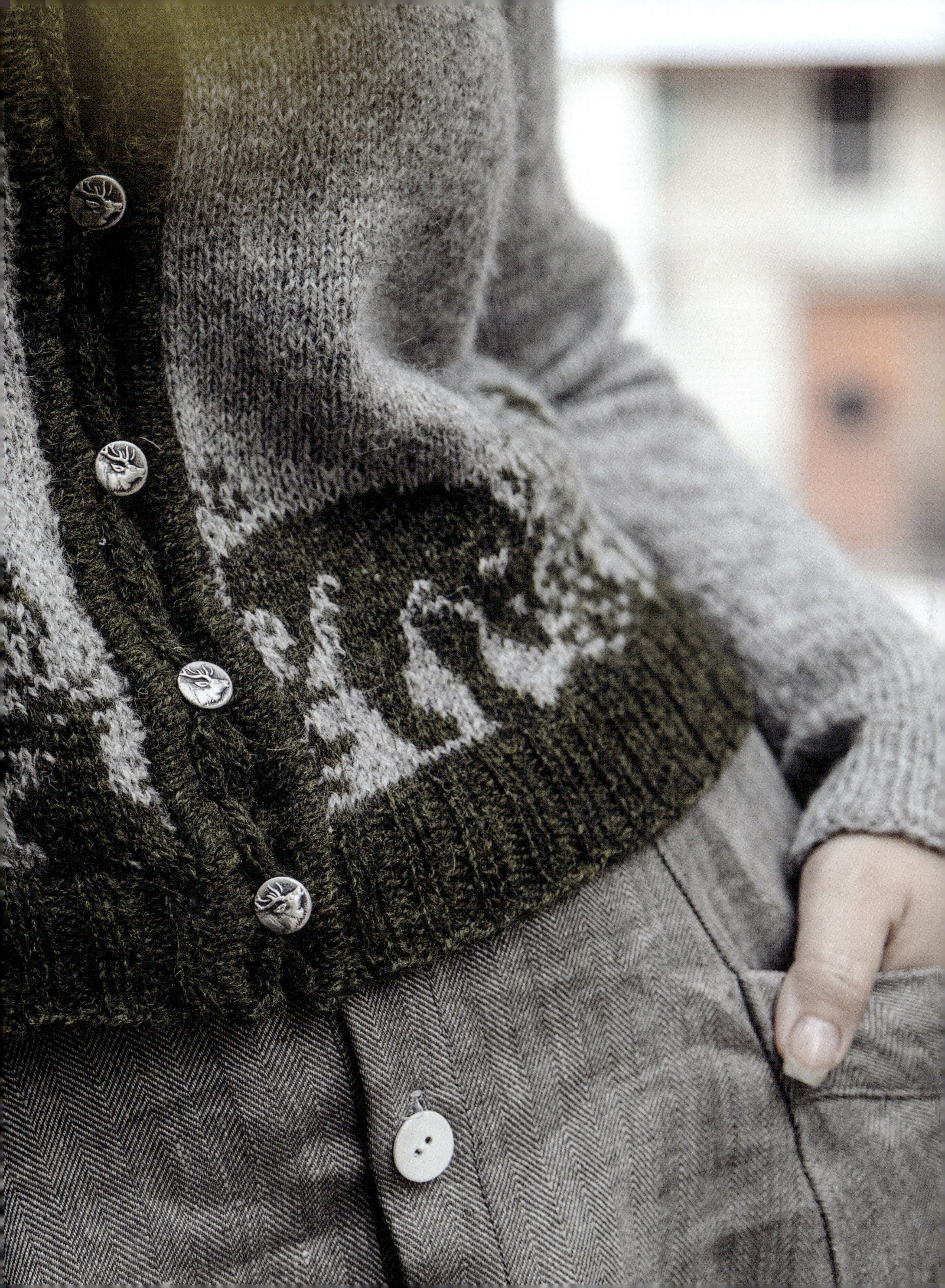

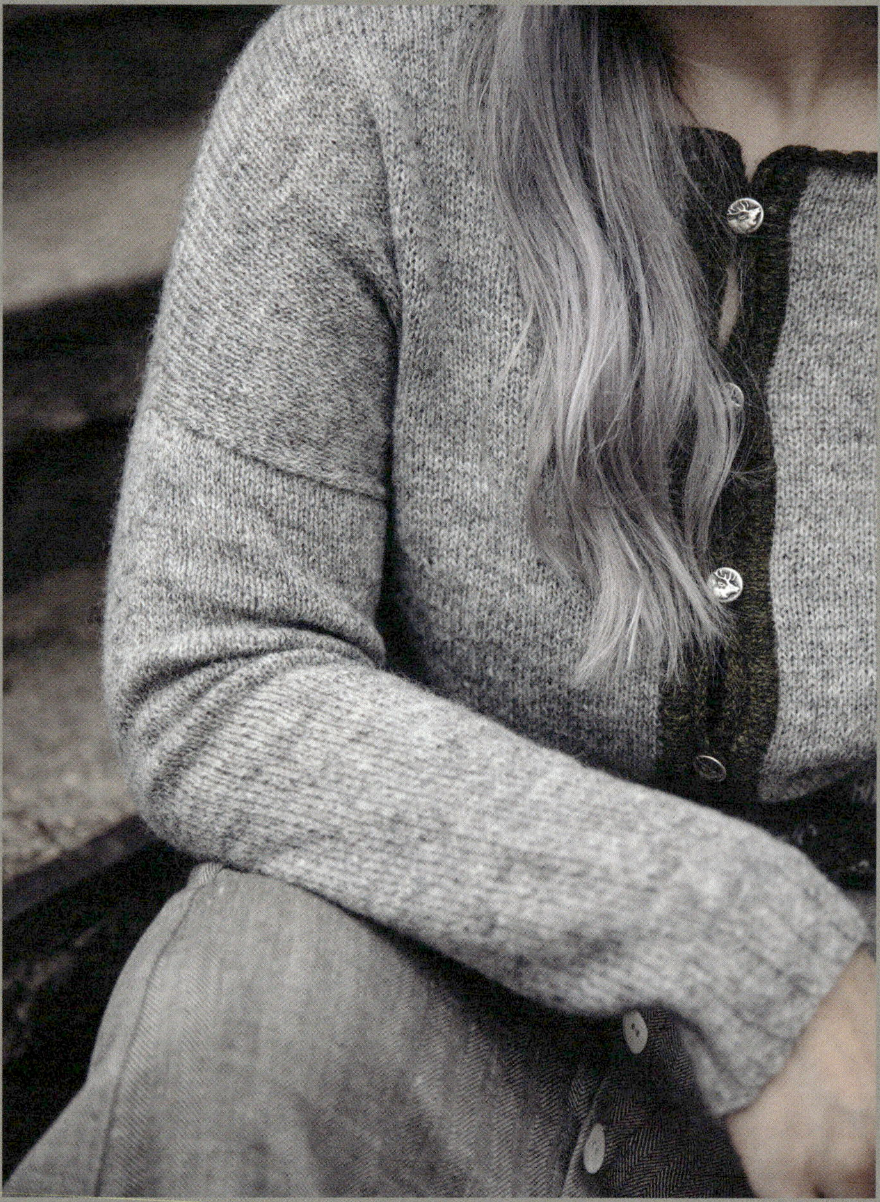

Woodland ist ein kastig geschnittener Cardigan mit langen Ärmeln und zauberhafter Einstrickbordüre. Er wird nahtlos mit Steek von oben nach unten gearbeitet, und die Schultern werden mit verkürzten Reihen abgeschrägt. Wenn der Rumpf fertig gestrickt ist, werden die Steeks aufgeschnitten. Das Modell lässt sich leicht zu einem Pullover abwandeln, indem man die Steeks weglässt.

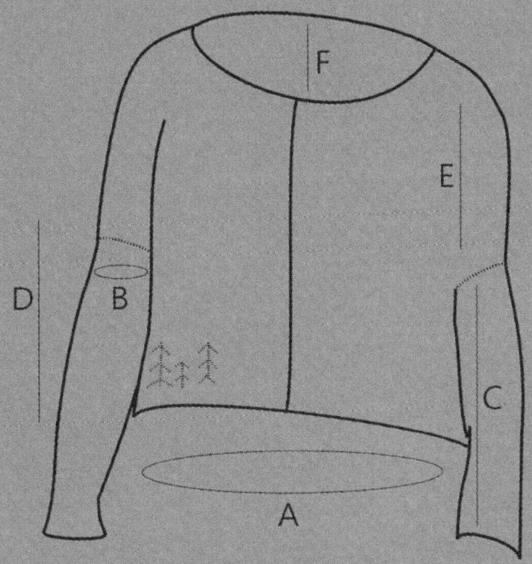

Größe

XXS / XS / S / M1 / M2 / L1 / L2 / XL / 2XL / 3XL / 4XL / 5XL

Die Angaben für die verschiedenen Größen sind durch Schrägstriche voneinander getrennt. Steht nur eine Angabe, gilt diese für alle Größen.

Dieser Cardigan soll locker sitzen. Wählen Sie die Größe, deren Oberweite etwa 20 cm größer ist als Ihr Brustumfang.

Garn

G-uld New Zealandsk Lammeuld (100 % Wolle ohne Superwash-Ausrüstung; LL 450 m/100 g):

Fb A: Ufarvet (NZLg2), 2 / 2 / 2 / 3 / 3 / 3 / 3 / 3 / 3 / 4 / 4 / 4 Stränge

Fb B: Lyng, 1 / 1 / 1 / 1 / 1 / 1 / 1 / 1 / 1 / 1 / 2 / 2 Stränge

Materialverbrauch

Fb A: 765 / 820 / 880 / 920 / 990 / 1035 / 1095 / 1195 / 1330 / 1435 / 1620 / 1750 m

Fb B: 275 / 285 / 300 / 320 / 330 / 345 / 360 / 385 / 420 / 440 / 470 / 505 m

Stricknadeln

Rundstricknadeln 3,0 mm und 3,5 mm, 100 cm lang

Nadelspiel 3,0 mm (optional für die Ärmel)

Passen Sie die Nadelstärke gegebenenfalls an, um die korrekte Maschenprobe zu erzielen.

Maschenprobe

24 M und 32 Rd mit Nd 3,5 mm glatt rechts in Jacquardtechnik = 10 cm x 10 cm (nach dem Spannen).

24 M und 35 Rd glatt rechts mit Nd 3,0 mm = 10 cm x 10 cm (nach dem Spannen).

Zubehör

4 Maschenmarkierer

Hilfsgarn

Häkelnadel 3,5 mm

Wollnadel

7–8 Knöpfe, ø 14 mm

2 zusätzliche Rundstricknadeln 3,0 mm oder dünner

Maße

A Ober- und Taillenweite: 96,5 / 101,5 / 106,5 / 113,5 / 116,5 / 121,5 / 128,5 / 136,5 / 148,5 / 155 / 165 / 178,5 cm

B Oberarmumfang: 30 / 31,5 / 33,5 / 34 / 36,5 / 37,5 / 39 / 41,5 / 45 / 46,5 / 52,5 / 55 cm

C Ärmellänge: 41 / 42 / 42 / 42 / 43 / 43 / 43,5 / 44 / 44 / 47 / 47 / 46,5 cm

D Rumpflänge ab Armausschnitt: 27 cm

E Armausschnitthöhe: 15,5 / 16,5 / 17 / 17,5 / 19 / 19,5 / 20 / 21,5 / 23 / 21,5 / 24,5 / 25,5 cm

F Halsausschnitttiefe: 7,5 cm

ANLEITUNG

Das Zählmuster für dieses Modell finden Sie auf dem Vorlagenbogen.

Mit Häkelnd und Hilfsgarn 2x 36 / 38 / 41 / 45 / 46 / 49 / 53 / 58 / 62 / 60 / 66 / 72 M auf der Rundstricknd 3,0 mm anschl, dabei den Faden zwischen den beiden M-Gruppen abschneiden.

Einteilungs-R (Hinr; Fb A): Die 1. M-Gruppe rechts str, 44 / 46 / 46 / 46 / 48 / 48 / 48 / 48 / 54 / 54 / 54 / 58 M durch Aufschlingen neu anschl, dann die 2. M-Gruppe rechts str (= 116 / 122 / 128 / 136 / 140 / 146 / 154 / 164 / 178 / 174 / 186 / 202 M).

Einteilungs-R (Rückr): Linke M str bis R-Ende.

RÜCKENTEIL

Nun die Schulterschrägen mit verkürzten R arb wie folgt:

1. R (Hinr): 83 / 87 / 90 / 95 / 98 / 101 / 105 / 111 / 121 / 119 / 126 / 136 M rechts; w&w.

2. R (Rückr): 50 / 52 / 52 / 54 / 56 / 56 / 56 / 58 / 64 / 64 / 66 / 70 M links; w&w.

3. R: Rechte M str bis zur umwickelten M, diese M mit dem Wickelfaden rechts zusammenstr, 2 / 2 / 2 / 3 / 3 / 3 / 3 / 4 / 4 / 4 / 5 / 5 M rechts; w&w.

4. R: Linke M str bis zur umwickelten M, diese M mit dem Wickelfaden links zusammenstr, 2 / 2 / 2 / 3 / 3 / 3 / 3 / 4 / 4 / 4 / 5 / 5 M links; w&w.

Die 3. und 4. R noch 8x wdh.

21. R (Hinr): Rechte M str bis zur umwickelten M, diese M mit dem Wickelfaden rechts zusammenstr, rechte M str bis R-Ende.

22. R (Rückr): Linke M str bis zur umwickelten M, diese M mit dem Wickelfaden links zusammenstr, linke M str bis R-Ende.

Glatt rechts weiterstr bis zu einer Höhe von 15,5 / 16,5 / 17 / 17,5 / 19 / 19,5 / 20 / 21,5 / 23 / 21,5 / 24,5 / 25,5 cm an der Kante; nach einer Rückr enden. Die M auf einem Maschenraffer stilllegen.

LINKES VORDERTEIL

Nun die M für das linke Vorderteil aufnehmen und die Schulterschräge mit verkürzten R arb wie folgt, dabei GLEICHZEITIG M für den Halsausschnitt anschl (siehe Angaben nach den verkürzten R):

Den provisorischen M-Anschlag vorsichtig auflösen und die 36 / 38 / 41 / 45 / 46 / 49 / 53 / 58 / 62 / 60 / 66 / 72 M für die linke Schulter auf die Nd 3,0 mm auffassen.

1. R (Hinr; Fb A): Rechte M str bis R-Ende.

2. R (Rückr): Linke M str bis R-Ende.

3. R: 3 / 3 / 3 / 4 / 4 / 4 / 4 / 5 / 5 / 5 / 6 / 6 M rechts; w&w.

4. R: Linke M str bis R-Ende.

5. R: Rechte M str bis zur umwickelten M, diese M mit dem Wickelfaden rechts zusammenstr, 2 / 2 / 2 / 3 / 3 / 3 / 3 / 4 / 4 / 4 / 5 / 5 M rechts; w&w.

Die 4. und 5. R noch 8x wdh, dabei die Zunahmen für den Halsausschnitt arb (siehe unten).

22. R (Rückr): Linke M str bis R-Ende.

23. R (Hinr): Rechte M str bis zur umwickelten M, diese M mit dem Wickelfaden rechts zusammenstr, rechte M str bis R-Ende.

GLEICHZEITIG in einer Höhe von 3 cm an der Halsausschnittkante damit beginnen, am Ende der Rückr M für den Halsausschnitt anzuschlagen wie folgt:

1. R (Rückr): Linke M str bis R-Ende, 1 M durch Aufschlingen neu anschl.

2.–4. R: Glatt rechts str, dabei verkürzte R arb wie eingeteilt.

5. R: Wie die 1. R str.

6. R und alle folgenden Hinr: Alle M rechts str, dabei verkürzte R arb wie eingeteilt.

7. R: Wie die 1. R str.

9. R: Linke M str bis R-Ende, 2 M durch Aufschlingen neu anschl.

11. R: Wie die 9. R str.

13. R: Linke M str bis R-Ende, 3 M durch Aufschlingen neu anschl.

15. R: Linke M str bis R-Ende, 4 / 4 / 4 / 4 / 4 / 4 / 4 / 4 / 4 / 5 / 5 / 6 M durch Aufschlingen neu anschl.

17. R: Linke M str bis R-Ende, 8 / 9 / 9 / 9 / 10 / 10 / 10 / 10 / 13 / 12 / 12 / 13 M durch Aufschlingen neu anschl.

18. R: Rechte M str bis R-Ende.

Wenn die verkürzten R für die Schulterschräge abgeschlossen und alle M für den Halsausschnitt angeschlagen sind, die M auf einem Maschenraffer stilllegen (= 58 / 61 / 64 / 68 / 70 / 73 / 77 / 82 / 89 / 87 / 93 / 101 M).

RECHTES VORDERTEIL

Den provisorischen M-Anschlag vorsichtig auflösen und die 36 / 38 / 41 / 45 / 46 / 49 / 53 / 58 / 62 / 60 / 66 / 72 M für die rechte Schulter auf die Nd 3,0 mm auffassen.

1. R (Rückr; Fb A): Linke M str bis R-Ende.

2. R (Hinr): Rechte M str bis R-Ende.

3. R: 3 / 3 / 3 / 4 / 4 / 4 / 4 / 5 / 5 / 5 / 6 / 6 M links; w&w.

4. R: Rechte M str bis R-Ende.

5. R: Linke M str bis zur umwickelten M, diese M mit dem Wickelfaden links zusammenstr, 2 / 2 / 2 / 3 / 3 / 3 / 3 / 4 / 4 / 4 / 5 / 5 M links; w&w.

Die 4. und 5. R noch 8x wdh, dabei die Zunahmen für den Halsausschnitt arb (siehe unten).

22. R (Hinr): Rechte M str bis R-Ende.

23. R (Rückr): Linke M str bis zur umwickelten M, diese M mit dem Wickelfaden links zusammenstr, linke M str bis R-Ende.

GLEICHZEITIG in einer Höhe von 3 cm an der Halsausschnittkante damit beginnen, am Ende der Hinr M für den Halsausschnitt anzuschlagen wie folgt:

1. R (Hinr): Rechte M str bis R-Ende, 1 M durch Aufschlingen neu anschl.

2.–4. R: Glatt rechts str, dabei die verkürzten R arb wie eingeteilt.
5. R: Wie die 1. R str.
6. R und alle folgenden Rückr: Alle M links str, dabei die verkürzten R arb wie eingeteilt.
7. R: Wie die 1. R str.
9. R: Rechte M str bis R-Ende, 2 M durch Aufschlingen neu anschl.
11. R: Wie die 9. R str.
13. R: Rechte M str bis R-Ende, 3 M durch Aufschlingen neu anschl.
15. R: Rechte M str bis R-Ende, 4 / 4 / 4 / 4 / 4 / 4 / 4 / 4 / 4 / 5 / 5 / 6 M durch Aufschlingen neu anschl.
17. R: Rechte M str bis R-Ende, 8 / 9 / 9 / 9 / 10 / 10 / 10 / 10 / 13 / 12 / 12 / 13 M durch Aufschlingen neu anschl.
18. R: Linke M str bis R-Ende.
Wenn die verkürzten R für die Schulterschräge abgeschlossen und alle M für den Halsausschnitt angeschlagen sind, die beiden Seite des Vorderteils miteinander verbinden wie folgt:

VORDERTEIL VERBINDEN

Einteilungs-R (Hinr): Die M des rechten Vorderteils rechts str, MM platzieren, 5 M für den Steek durch Aufschlingen neu anschl, MM platzieren, die M des linken Vorderteils rechts str (= 121 / 127 / 133 / 141 / 145 / 151 / 159 / 169 / 183 / 179 / 191 / 207 M).
Nächste R (Rückr): Linke M str bis MM, MM abheben, 1 M rechts, 3 M links, 1 M rechts, MM abheben, linke M str bis R-Ende.
Nächste R: Rechte M str bis MM, MM abheben, 1 M links, 3 M rechts, 1 M links, MM abheben, rechte M str bis R-Ende.
In der gegebenen Einteilung weiterstr bis zu einer Höhe von 15,5 / 16,5 / 17 / 17,5 / 19 / 19,5 / 20 / 21,5 / 23 / 21,5 / 24,5 / 25,5 cm an der Kante; nach einer Rückr enden.

RUMPF

Einteilungs-R (Hinr): Rechte M str bis MM, MM abheben, 1 M links, 3 M rechts, 1 M links, MM abheben, rechte M str bis R-Ende, 0 / 0 / 0 / 0 / 0 / 0 / 0 / 0 / 0 / 6 / 6 / 6 M durch Aufschlingen neu anschl, MM platzieren, 0 / 0 / 0 / 0 / 0 / 0 / 0 / 0 / 0 / 6 / 6 / 6 M neu anschl, die M für das Rückenteil zurück auf die Nd nehmen und rechts str, 0 / 0 / 0 / 0 / 0 / 0 / 0 / 0 / 0 / 6 / 6 / 6 M neu anschl, MM platzieren, 0 / 0 / 0 / 0 / 0 / 0 / 0 / 0 / 0 / 6 / 6 / 6 M neu anschl, die Arbeit zur Rd schließen und rechte M str bis MM (= 237 / 249 / 261 / 277 / 285 / 297 / 313 / 333 / 361 / 377 / 401 / 433 M). Der Rd-Beginn liegt nun zwischen dem rechten Vorderteil und den Steek-M.
Nächste Rd (Vorderseite): 1 M links, 3 M rechts, 1 M links, MM abheben, rechte M str bis Rd-Ende, dabei die MM abheben.
Wenn Sie möchten, können Sie an dieser Stelle Brustabnäher str. Die Abnäher an der Stelle des größten Brustumfangs entsprechend der Körbchengröße arb. Achtung: Die Steek-M werden in den Angaben zu den Brustabnähern nicht erwähnt, sondern werden in der gegebenen Einteilung weitergestrickt.

Brustabnäher C/D

1. R (Hinr): Rechte M str bis 19 / 20 / 21 / 22 / 22 / 23 / 24 / 25 / 27 / 28 / 30 / 32 M vor dem linken Seiten-MM; w&w.
2. R (Rückr): Linke M str bis 19 / 20 / 21 / 22 / 22 / 23 / 24 / 25 / 27 / 28 / 30 / 32 M vor dem rechten Seiten-MM; w&w.
3. R: Rechte M str bis 5 / 5 / 5 / 6 / 6 / 6 / 6 / 6 / 7 / 7 / 8 / 8 M vor der zuletzt umwickelten M; w&w.
4. R: Linke M str bis 5 / 5 / 5 / 6 / 6 / 6 / 6 / 6 / 7 / 7 / 8 / 8 M vor der zuletzt umwickelten M; w&w.
Die 3. und 4. R noch 3x wdh.
11. R (Hinr): Rechte M str bis Rd-Ende, dann in Rd weiterstr.
12. Rd: Rechte M str bis Rd-Ende, dabei die umwickelten M jeweils mit ihrem Wickelfaden rechts zusammenstr.

Brustabnäher E/F

1. R (Hinr): Rechte M str bis 19 / 20 / 21 / 22 / 22 / 23 / 24 / 25 / 27 / 28 / 30 / 32 M vor dem linken Seiten-MM; w&w.
2. R (Rückr): Linke M str bis 19 / 20 / 21 / 22 / 22 / 23 / 24 / 25 / 27 / 28 / 30 / 32 M vor dem rechten Seiten-MM; w&w.
3. R: Rechte M str bis 3 / 3 / 4 / 4 / 4 / 4 / 4 / 4 / 5 / 5 / 5 / 5 M vor der zuletzt umwickelten M; w&w.
4. R: Linke M str bis 3 / 3 / 4 / 4 / 4 / 4 / 4 / 4 / 5 / 5 / 5 / 5 M vor der zuletzt umwickelten M; w&w.
Die 3. und 4. R noch 5x wdh.
15. R (Hinr): Rechte M str bis Rd-Ende, dann in Rd weiterstr.
16. Rd: Rechte M str bis Rd-Ende, dabei die umwickelten M jeweils mit ihrem Wickelfaden rechts zusammenstr.

Brustabnäher G/H

1. R (Hinr): Rechte M str bis 19 / 20 / 21 / 22 / 22 / 23 / 24 / 25 / 27 / 28 / 30 / 32 M vor dem linken Seiten-MM; w&w.
2. R (Rückr): Linke M str bis 19 / 20 / 21 / 22 / 22 / 23 / 24 / 25 / 27 / 28 / 30 / 32 M vor dem rechten Seiten-MM; w&w.
3. R: Rechte M str bis 2 / 3 / 3 / 3 / 3 / 3 / 3 / 3 / 3 / 4 / 4 / 4 M vor der zuletzt umwickelten M; w&w.
4. R: Linke M str bis 2 / 3 / 3 / 3 / 3 / 3 / 3 / 3 / 3 / 4 / 4 / 4 M vor der zuletzt umwickelten M; w&w.
Die 3. und 4. R noch 7x wdh.
19. R (Hinr): Rechte M str bis Rd-Ende, dann in Rd weiterstr.
20. Rd: Rechte M str bis Rd-Ende, dabei die umwickelten M jeweils mit ihrem Wickelfaden rechts zusammenstr.

Nach den Brustabnähern

Nach Abschluss der Brustabnäher in der gegebenen Einteilung weiterstr bis zu einer Rumpfhöhe von 13,5 cm ab Unterkante der Armausschnitte oder bis der Rumpf 13,5 cm kürzer ist als die gewünschte Gesamtlänge.

Zu Nd 3,5 mm wechseln.

Den Faden in Fb B dazunehmen und glatt rechts in Jacquardtechnik nach dem Zählmuster weiterstr, dabei die unterschiedlichen Beginn- und Endpunkte sowie die Rapportwiederholungen für die verschiedenen Größen beachten und die Steek-M in der gegebenen Einteilung weiterstr. In 2-farbig gestrickten Rd die Steek-M arb wie folgt: 2 x [Fb A, Fb B], Fb A.

Nach der letzten Rd des Zählmusters den Faden in Fb A abschneiden und zu Nd 3,0 mm wechseln.

Nächste Rd (Fb B): 1 M links, 3 M rechts, 1 M links, MM abheben, rechte M str bis Rd-Ende, dabei die MM abheben.

Anschließend die Steek-M abk und im Rippenmuster weiterstr wie folgt:

Einteilungs-R (Hinr): Die 5 Steek-M abk und die MM entfernen, 1 M links, * 2 M rechts, 2 M links *; von * bis * stets wdh bis zu den letzten 3 M, 2 M rechts, 1 M links.

Nächste R (Rückr): 1 M rechts, * 2 M links, 2 M rechts *; von * bis * stets wdh bis zu den letzten 3 M, 2 M links, 1 M rechts.

Weitere 13 R im so eingeteilten Rippenmuster str. Alle M im Rippenmuster abk.

ÄRMEL

Einteilungs-Rd (Vorderseite): In Fb A mit dem Ndspiel 3,0 mm in der Mitte der Armausschnitt-Unterkante beginnend 72 / 76 / 80 / 82 / 88 / 90 / 94 / 100 / 108 / 112 / 126 / 132 M aus der Armausschnittkante rechts herausstr, MM platzieren und die Arbeit zur Rd schließen.

10 Rd rechte M str

Abnahme-Rd: 1 M rechts, 2 M rechts zusammenstr, rechte M str bis zu den letzten 3 M, 2 M rechts abgehoben zusammenstr, 1 M rechts (= 2 M abgenommen).

Glatt rechts weiterstr, dabei die Abnahme-Rd noch 11 / 13 / 15 / 14 / 17 / 18 / 18 / 21 / 23 / 23 / 30 / 31x in jeder 10. / 9. / 8. / 8. / 7. / 7. / 7. / 6. / 5. / 6. / 4. / 4. Rd wdh (= 48 / 48 / 48 / 52 / 52 / 52 / 56 / 56 / 60 / 64 / 64 / 68 M).

Glatt rechts gerade weiterstr bis zu einer Ärmellänge von 36,5 / 37 / 38 / 38 / 38 / 39 / 39 / 39,5 / 40 / 40 / 43 / 43 / 42,5 cm ab Armausschnitt-Unterkante oder bis der Ärmel 4 cm kürzer ist als die gewünschte Gesamtlänge.

Nächste Rd: * 2 M rechts, 2 M links *; von * bis * stets wdh bis Rd-Ende.

Weitere 13 Rd im so eingeteilten Rippenmuster str. Alle M im Rippenmuster abk.

Den 2. Ärmel genauso arb.

KNOPFBLENDE

Nun den Cardigan in der vorderen Mitte aufschneiden und die Schnittkanten in einem „Steek-Sandwich" verbergen. Zum Auffassen der M sind zusätzliche Stricknadeln erforderlich.

Den Steek mit der Nähmaschine oder mit Häkelmaschen beidseits der Mitte verstärken und der Länge nach mittig aufschneiden. Beim Verstärken mit Häkelmaschen wird Garn in Fb B empfohlen.

Zuerst das Steek-Sandwich am linken Vorderteil arb wie folgt:

Unterseite des Sandwiches

Einteilungs-R: Mit Nd 3,0 mm und Fb B von der linken Seite der Arbeit aus und an der Unterkante des linken Vorderteils beginnend jeweils 3 M aus 4 R der Kante der Rippenblende und anschließend innerhalb der rechten M des Steeks aus der Vorderkante rechts herausstr (= 105 / 108 / 110 / 111 / 114 / 115 / 118 / 121 / 126 / 114 / 122 / 126 M). Falls Sie Brustabnäher gearbeitet haben, sollten Sie 117 / 120 / 122 / 123 / 126 / 127 / 130 / 133 / 138 / 126 / 134 / 138 M rechts herausstr.

1. R (Rückr): 1 M abheben, linke M str bis R-Ende.

2. R (Hinr): 1 M abheben, rechte M str bis R-Ende.

3. R: Wie die 1. R str.

Den Faden abschneiden und die M auf der Nd lassen.

Oberseite des Sandwiches

Einteilungs-R: Mit Nd 3,0 mm und Fb B von der rechten Seite der Arbeit aus und an der Oberkante des linken Vorderteils beginnend jeweils 3 M aus 4 R innerhalb der linken M des Steeks und aus der Kante der Rippenblende rechts herausstr (= 105 / 108 / 110 / 111 / 114 / 115 / 118 / 121 / 126 / 114 / 122 / 126 M). Falls Sie Brustabnäher gearbeitet haben, sollten Sie 117 / 120 / 122 / 123 / 126 / 127 / 130 / 133 / 138 / 126 / 134 / 138 M rechts herausstr.

1. R (Rückr): 1 M abheben, linke M str bis R-Ende.

2. R (Hinr): 1 M abheben, rechte M str bis R-Ende.

3. R: Wie die 1. R str.

Sandwich schließen

Nun das Sandwich um die Schnittkante des Steeks herum schließen wie folgt:

Nächste R (Hinr): Fortlaufend 2 M rechts zusammenstr (jeweils 1 M der vorderen und der hinteren Nd) bis R-Ende. Den Faden abschneiden und die M auf der Nd lassen.

Die Schnittkante des Steeks am rechten Vorderteil ebenfalls in einem solchen Sandwich einschließen, jedoch den Faden nach dem Schließen des Sandwiches nicht abschneiden. Der Arbeitsfaden sollte nun an der Oberkante des rechten Vorderteils hängen.

HALSAUSSCHNITTBLENDE UND ABKETTEN

Nun werden M aus der Halsausschnittkante aufgenommen und diese und die M des Steek-Sandwiches werden mit einem I-Cord abgekettet.

Einteilungs-R (Hinr): 106 / 110 / 110 / 110 / 114 / 114 / 114 / 114 / 126 / 126 / 126 / 134 M gleichmäßig verteilt aus der Halsausschnittkante rechts herausstr, die M der linken Vorderkante rechts str.

Wenn keine Brustabnäher gearbeitet wurden

Abketten mit I-Cord (Rückr): * 2 M rechts, 2 M rechts verschränkt zusammenstr, die 3 M zurück auf die linke Nd heben *; von * bis * stets wdh, bis alle M der linken Vorderkante und des Halsausschnitts abgkettet sind, 7 / 6 / 7 / 7 / 6 / 6 / 8 / 6 / 9 / 6 / 7 / 9x [2 M rechts, 2 M rechts verschränkt zusammenstr, die 3 M zurück auf die linke Nd heben], 2x [3 M rechts, die 3 M zurück auf die linke Nd heben], ** 15 / 16 / 16 / 16 / 17 / 17 / 17 / 18 / 18 / 17 / 18 / 18x [2 M rechts, 2 M rechts verschränkt zusammenstr, die 3 M zurück auf die linke Nd heben], 2x [3 M rechts, die 3 M zurück auf die linke Nd heben] **; von ** bis ** noch 5x wdh, *** 2 M rechts, 2 M rechts verschränkt zusammenstr, die 3 M zurück auf die linke Nd heben ***; von *** bis *** stets wdh, bis die restlichen M abgekettet sind. Den Faden abschneiden. Das Fadenende durch die verbleibenden 3 M führen und fest anziehen.

Wenn Brustabnäher gearbeitet wurden

Abketten mit I-Cord (Rückr): * 2 M rechts, 2 M rechts verschränkt zusammenstr, die 3 M zurück auf die linke Nd heben *; von * bis * stets wdh, bis alle M der linken Vorderkante und des Halsausschnitts abgekettet sind, 6 / 7 / 5 / 5 / 7 / 7 / 5 / 7 / 6 / 7 / 7 / 6x [2 M rechts, 2 M rechts verschränkt zusammenstr, die 3 M zurück auf die linke Nd heben], 2x [3 M rechts, die 3 M zurück auf die linke Nd heben], ** 15 / 15 / 16 / 16 / 16 / 16 / 17 / 17 / 18 / 18 / 17 / 18x [2 M rechts, 2 M rechts verschränkt zusammenstr, die 3 M zurück auf die linke Nd heben], 2x [3 M rechts, die 3 M zurück auf die linke Nd heben] **; von ** bis ** noch 6x wdh, *** 2 M rechts, 2 M rechts verschränkt zusammenstr, die 3 M zurück auf die linke Nd heben ***; von *** bis *** stets wdh, bis die restlichen M abgekettet sind. Den Faden abschneiden. Das Fadenende durch die verbleibenden 3 M führen und fest anziehen.

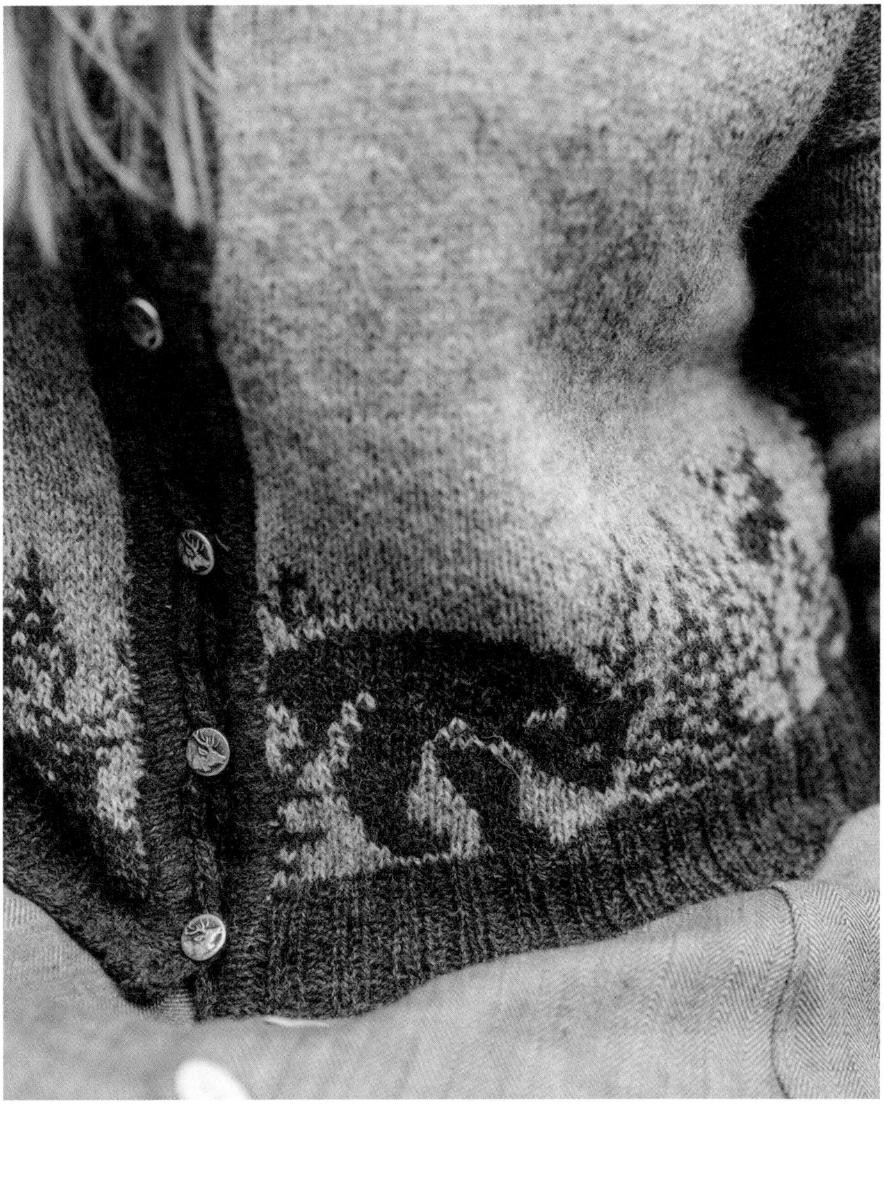

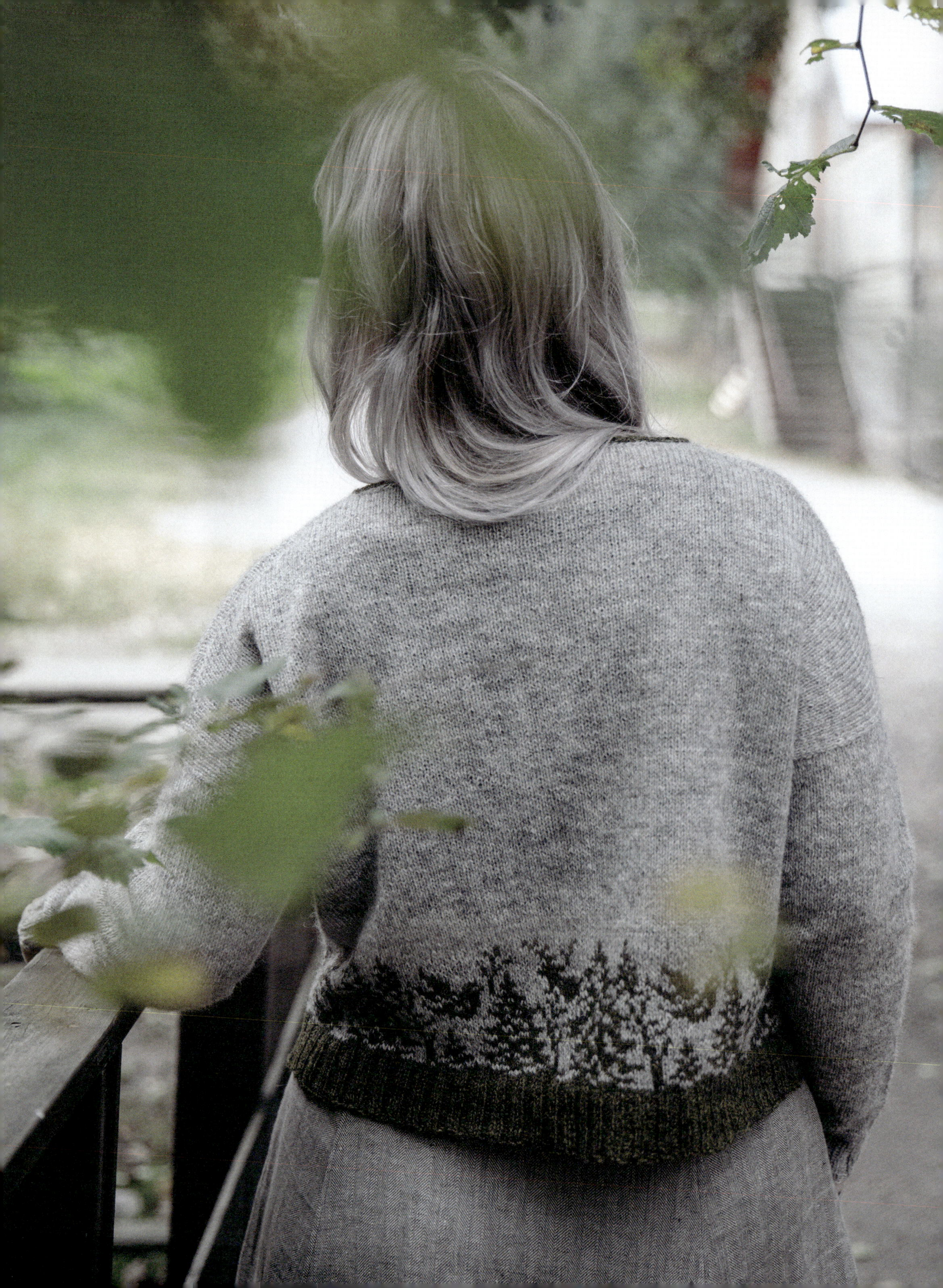

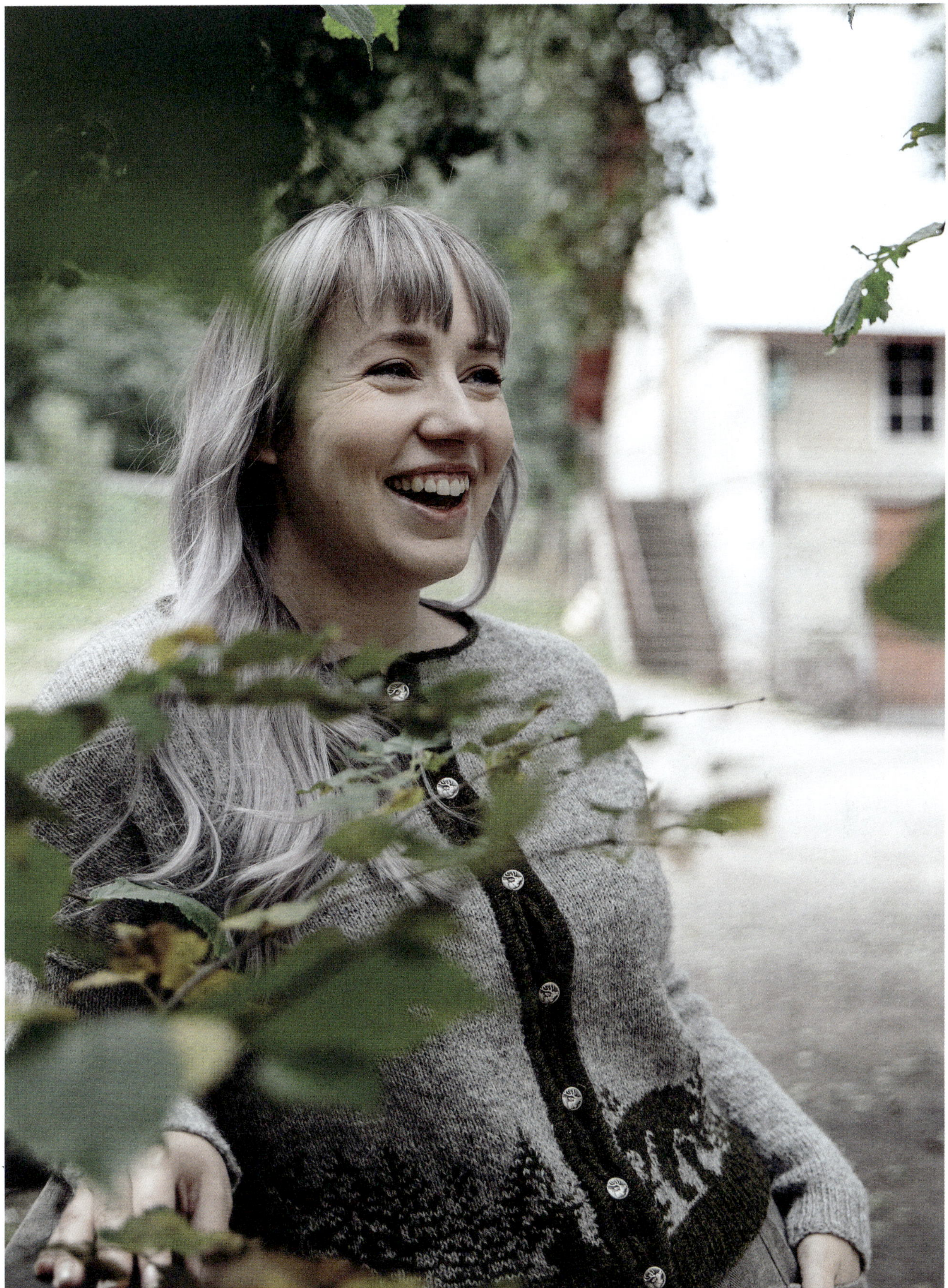

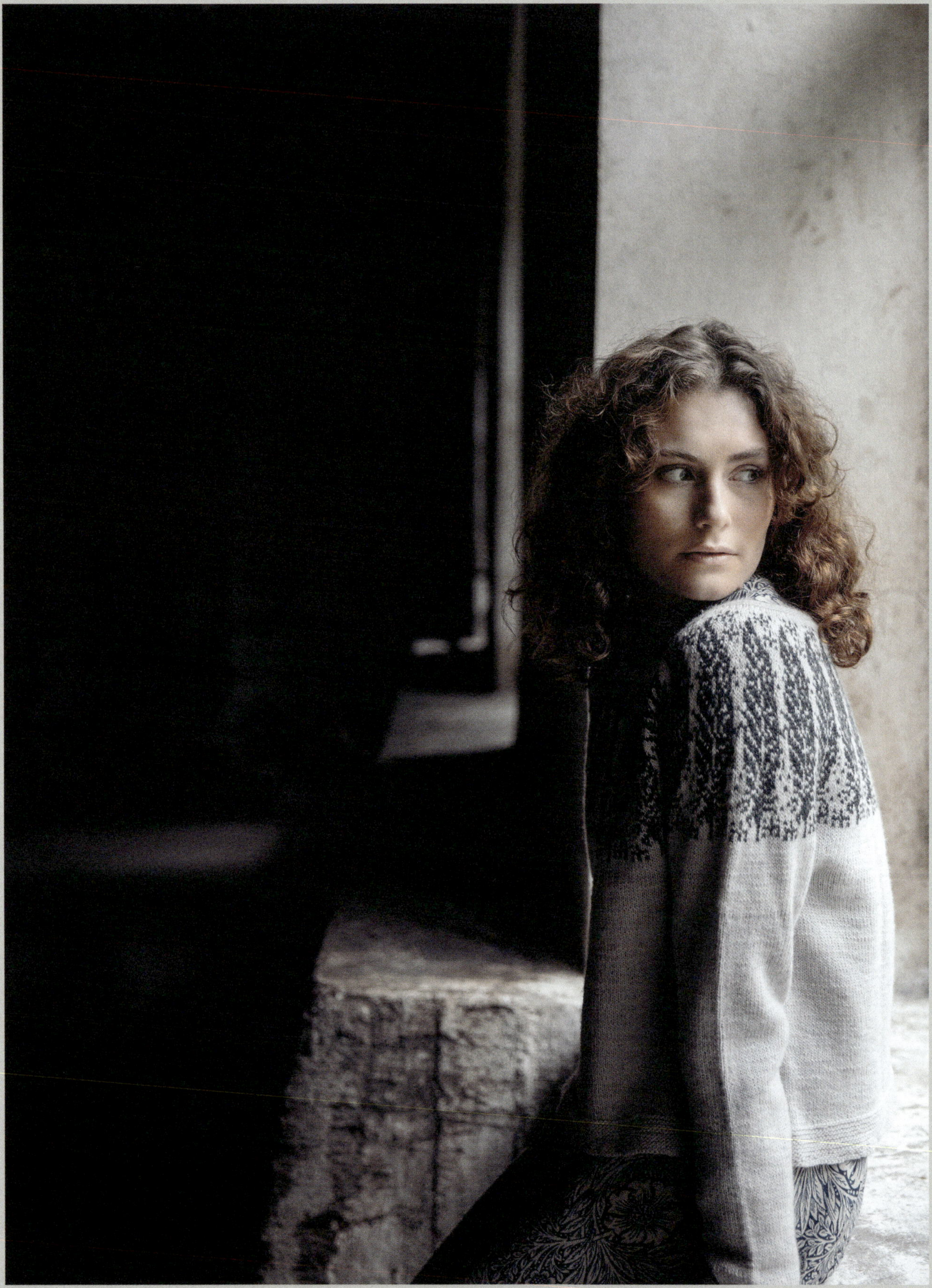

19

WEIGHTLESS

Der Pullover Weightless mit einer Rundpasse in einem raffinierten Federmuster wird nahtlos von oben nach unten gestrickt. Die Blenden an Halsausschnitt, Ärmeln und Saum werden kraus rechts gearbeitet.

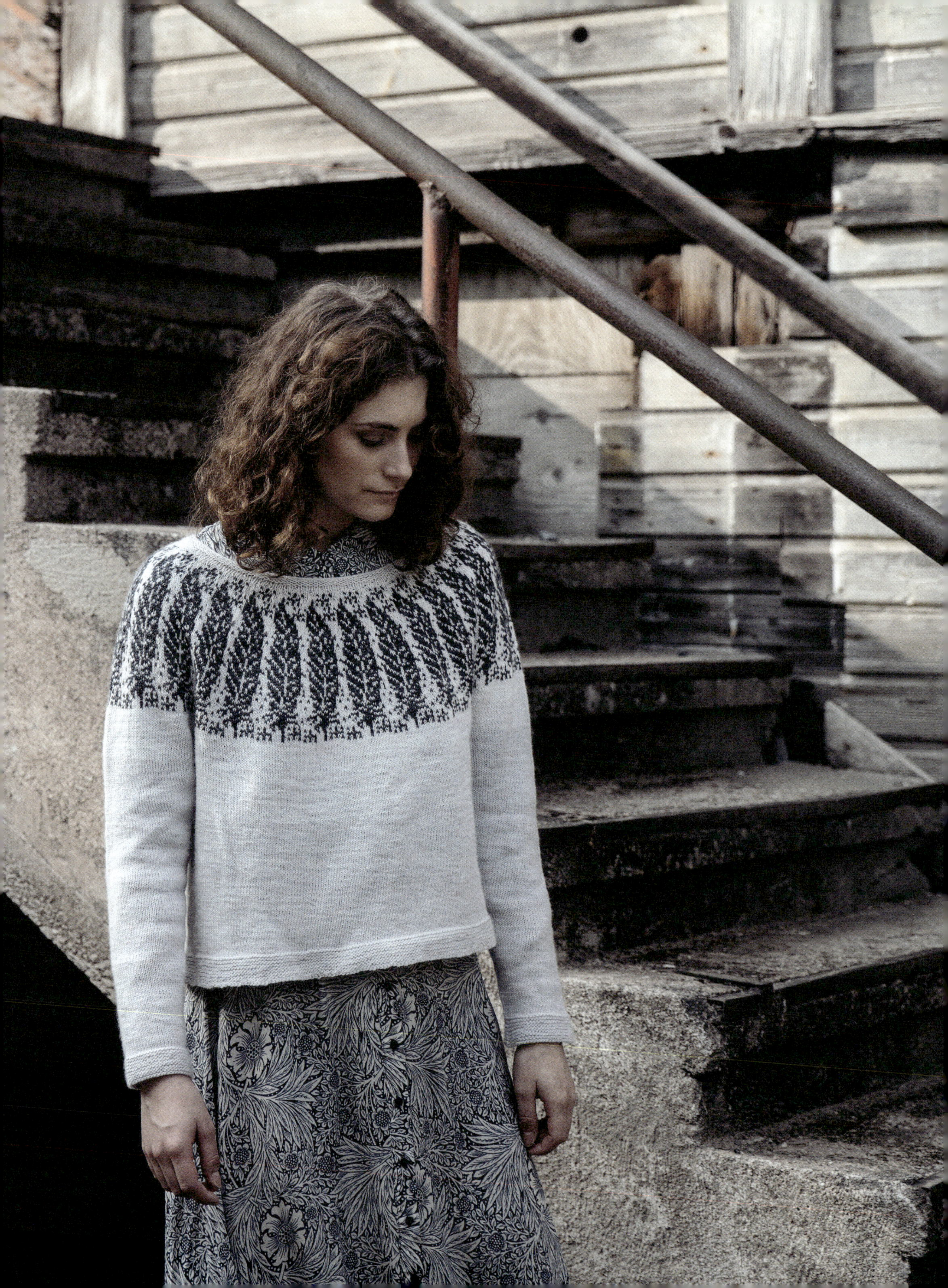

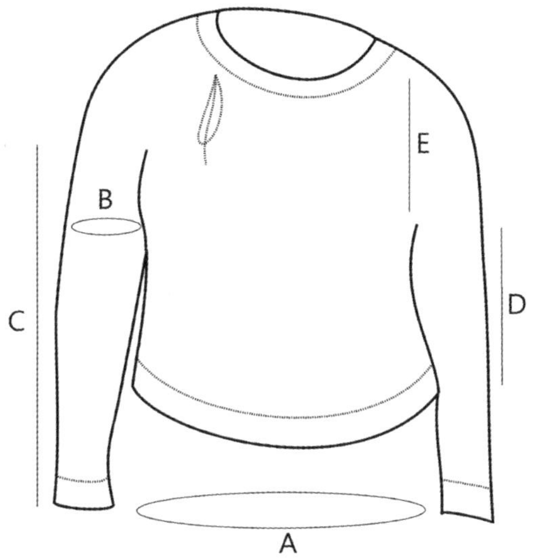

Größe
XXS / XS / S / M1 / M2 / L1 / L2 / XL / 2XL / 3XL / 4XL / 5XL
Die Angaben für die verschiedenen Größen sind durch Schrägstriche voneinander getrennt. Steht nur eine Angabe, gilt diese für alle Größen.
Dieser Pullover soll locker sitzen. Wählen Sie die Größe, deren Oberweite etwa 15 cm größer ist als Ihr Brustumfang.

Garn
Ocean by the Sea Quill (100 % Wolle von den Falklandinseln; LL 495 m/100 g):
Fb A: Pearla, 2 / 3 / 3 / 3 / 3 / 3 / 3 / 3 / 4 / 4 / 4 / 5 Stränge
Frida Fuchs Mini Füchse Sock (75 % Wolle vom Bluefaced-Leicester-Schaf, 25 % Polyamid; LL 85 m/20 g):
Fb B: Schiefer, 2 / 2 / 2 / 2 / 3 / 3 / 3 / 3 / 3 / 4 / 4 / 5 Mini-Stränge

Materialverbrauch
Fb A: 970 / 1035 / 1100 / 1150 / 1240 / 1295 / 1350 / 1465 / 1635 / 1735 / 1910 / 2105 m
Fb B: 130 / 140 / 150 / 165 / 175 / 190 / 190 / 210 / 250 / 265 / 295 / 340 m

Stricknadeln
Rundstricknadeln 3,0 mm und 3,5 mm, 100 cm lang
Nadelspiel 3,5 mm (optional für die Ärmel)
Passen Sie die Nadelstärke gegebenenfalls an, um die korrekte Maschenprobe zu erzielen.

Maschenprobe
28 M und 35 Rd mit Nd 3,5 mm in Rd glatt rechts = 10 cm x 10 cm (nach dem Spannen).

Zubehör
4 Maschenmarkierer
Wollnadel

Maße
A Ober-, Taillen- und Hüftweite: 91,5 / 97 / 101,5 / 107 / 113 / 117 / 124,5 / 131,5 / 144,5 / 150 / 161,5 / 174,5 cm
B Oberarmumfang: 28,5 / 30 / 32 / 32 / 35 / 35,5 / 38 / 40 / 42 / 45 / 50,5 / 53 cm
C Ärmellänge: 42 / 43 / 43 / 43 / 44 / 44 / 44 / 45 / 45 / 45 / 45 / 45 cm
D Rumpflänge ab Armausschnitt: 30 cm
E Armausschnitthöhe: 20,5 / 21 / 21,5 / 22,5 / 23 / 24 / 24 / 25 / 27 / 28 / 28,5 / 30,5 cm

ANLEITUNG

Mit Nd 3,0 mm und Fb A 128 / 128 / 128 / 128 / 128 / 128 / 128 / 128 / 132 / 136 / 134 / 134 M anschl, MM platzieren und die Arbeit zur Rd schließen.
Nächste Rd (Vorderseite): Rechte M str bis Rd-Ende.
Nächste Rd: Linke M str bis Rd-Ende.
Die letzten 2 Rd noch 3x wdh.
Zu Nd 3,5 mm wechseln.
Nächste Rd: Rechte M str bis Rd-Ende.
Nächste Rd (nur Größe XXS / XS / S / M1 / M2 / L1 / L2 / XL / 4XL / 5XL): * 12 / 8 / 5 / 4 / 18 / 10 / 10 / 5 / – / – / 9 / 5 M rechts, 1 M links tiefgestochen zunehmen, 13 / 8 / 6 / 5 / 18 / 11 / 11 / 6 / – / – / 10 / 5 M rechts, 1 M links tiefgestochen zunehmen *; von * bis * stets wdh bis zu den letzten 3 / 0 / 7 / 2 / 2 / 2 / 2 / 7 / – / – / 1 / 4 M, rechte M str bis Rd-Ende. (138 / 144 / 150 / 156 / 135 / 140 / 140 / 150 / – / – / 148 / 160 M).
Nächste Rd (nur Größe XXS / XS / S / M1 / M2 / L1 / L2 / XL / 4XL / 5XL): Rechte M str bis Rd-Ende.

PASSE

Glatt rechts in Jacquardtechnik nach dem Zählmuster für die Passe für die gewünschte Größe weiterstr, dabei den Rapport des Zählmusters 23 / 24 / 25 / 26 / 27 / 28 / 28 / 30 / 33 / 34 / 37 / 40x in der Rd arb (= 368 / 384 / 400 / 416 / 432 / 448 / 448 / 480 / 528 / 544 / 592 / 640 M).
Nach der letzten Rd des Zählmusters den Faden in Fb B abschneiden.
MM platzieren und die Arbeit mit verkürzten R formen wie folgt (die ersten Wendestellen für die verkürzten R liegen in den Ärmeln, die letzten im Vorderteil):
Einteilungs-Rd (Fb A): 58 / 61 / 63 / 67 / 69 / 72 / 73 / 78 / 87 / 89 / 95 / 104 M rechts (für das Rückenteil), MM platzieren, 68 / 70 / 74 / 74 / 78 / 80 / 78 / 84 / 90 / 94 / 106 / 112 M rechts (für den rechten Ärmel), MM platzieren, 116 / 122 / 126 / 134 / 138 / 144 / 146 / 156 / 174 / 178 / 190 / 208 M rechts (für das Vorderteil), MM platzieren, 68 / 70 / 74 / 74 / 78 / 80 / 78 / 84 / 90 / 94 / 106 / 112 M rechts (für den linken Ärmel), MM platzieren, rechte M str bis Rd-Ende, MM entfernen, rechte M str bis zum nächsten MM. Der Rd-Beginn liegt nun zwischen dem Rückenteil und dem rechten Ärmel.
1. R (Hinr): Rechte M str bis 10 M vor dem MM; w&w.
2. R (Rückr): 2x [linke M str bis MM, MM abheben], linke M str bis 10 M vor dem MM; w&w.
3. R: Rechte M str bis zur umwickelten M, dabei die MM abheben, die umwickelte M mit dem Wickelfaden rechts zusammenstr, 4 M rechts; w&w.
4. R: Linke M str bis zur umwickelten M, dabei die MM abheben, die umwickelte M mit dem Wickelfaden links zusammenstr, 4 M links; w&w.
Die 3. und 4. R noch 2x wdh.
9. R: Rechte M str bis zur umwickelten M, dabei die MM abheben, die umwickelte M mit dem Wickelfaden rechts zusammenstr, 8 M rechts; w&w.
10. R: Linke M str bis zur umwickelten M, dabei die MM abheben, die umwickelte M mit dem Wickelfaden links zusammenstr, 8 M links; w&w.
Die 9. und 10. R noch 1x wdh.
Nächste Rd (Vorderseite): * Rechte M str bis zur umwickelten M, dabei die MM abheben, die umwickelte M mit dem Wickelfaden rechts zusammenstr *; von * bis * noch 1x wdh, rechte M str bis Rd-Ende.
Glatt rechts weiterstr bis zu einer Vorderteilhöhe von 20,5 / 21 / 21,5 / 22,5 / 23 / 24 / 24 / 25 / 27 / 28 / 28,5 / 30,5 cm (von der Anschlagkante aus gemessen).

RUMPF

Einteilungs-Rd: * MM entfernen, die nächsten 68 / 70 / 74 / 74 / 78 / 80 / 78 / 84 / 90 / 94 / 106 / 112 M auf einem Maschenraffer stilllegen, 6 / 7 / 8 / 8 / 10 / 10 / 14 / 14 / 14 / 16 / 18 / 18 M durch Aufschlingen neu anschl, MM platzieren, 6 / 7 / 8 / 8 / 10 / 10 / 14 / 14 / 14 / 16 / 18 / 18 M durch Aufschlingen neu anschl, MM entfernen, rechte M str bis MM *; von * bis * noch 1x wdh (= 256 / 272 / 284 / 300 / 316 / 328 / 348 / 368 / 404 / 420 / 452 / 488 M). Der Rd-Beginn liegt nun in der Mitte der Unterkante des rechten Armausschnitts.
Glatt rechts weiterstr bis zu einer Rumpfhöhe von 25,5 cm ab Unterkante der Armausschnitte.
Nächste Rd: Linke M str bis Rd-Ende.
Nächste Rd: Rechte M str bis Rd-Ende.
Die letzten 2 Rd noch 7x wdh. Alle M links abk.

ÄRMEL

Die M für einen Ärmel auf das Ndspiel nehmen.
Einteilungs-Rd (Vorderseite): In Fb A und in der Mitte einer Armausschnitt-Unterkante beginnend 6 / 7 / 8 / 8 / 10 / 10 / 14 / 14 / 14 / 16 / 18 / 18 M aus der Kante rechts herausstr, die Ärmel-M rechts str, dann weitere 6 / 7 / 8 / 8 / 10 / 10 / 14 / 14 / 14 / 16 / 18 / 18 M aus der Armausschnitt-Unterkante rechts herausstr, MM platzieren und die Arbeit zur Rd schließen (= 80 / 84 / 90 / 90 / 98 / 100 / 106 / 112 / 118 / 126 / 142 / 148 M).
10 / 10 / 10 / 10 / 10 / 10 / 3 / 3 / 3 / 3 / 3 / 3 Rd rechte M str.
Abnahme-Rd: 1 M rechts, 2 M rechts zusammenstr, rechte M str bis zu den letzten 3 M, 2 M rechts abgehoben zusammenstr, 1 M rechts (= 2 M abgenommen).
Glatt rechts weiterstr, dabei die Abnahme-Rd noch 12 / 13 / 16 / 15 / 18 / 19 / 21 / 23 / 23 / 26 / 33 / 34x in jeder 10. / 9. / 7. / 8. / 7. / 6. / 6. / 5. / 5. / 5. / 4. / 4. Rd wdh (= 54 / 56 / 56 / 58 / 60 / 60 / 62 / 64 / 70 / 72 / 74 / 78 M).
Glatt rechts gerade weiterstr bis zu einer Ärmellänge von 37,5 / 38,5 / 38,5 / 38,5 / 39,5 / 39,5 / 39,5 / 40,5 / 40,5 / 40,5 /

Zählmuster für die Passe (Größe XXS / XS / S / M1 / M2 / L1 / L2 / XL)

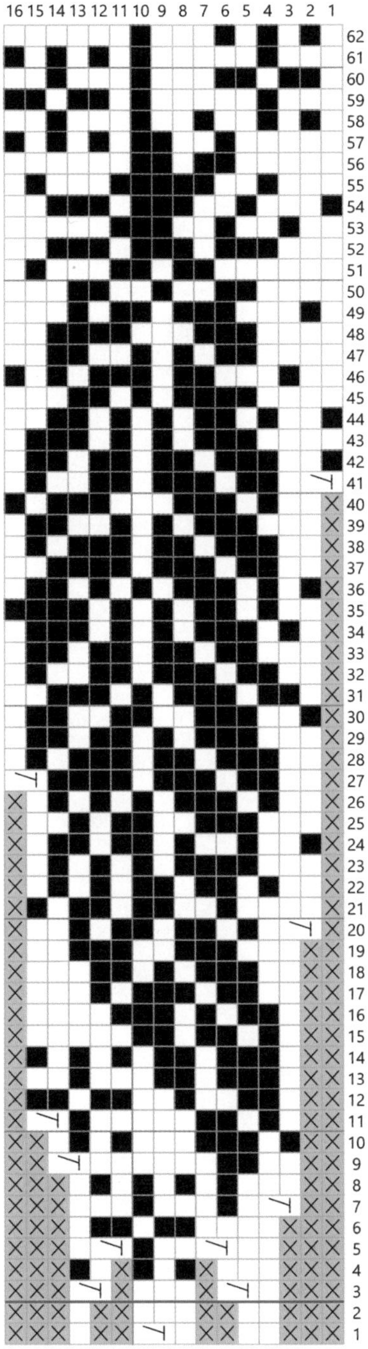

- Fb A
- Fb B
- 1 M rechts, 1 M links tiefgestochen zunehmen
- Die 1. und 2. Rd nur in Größe M2 / L1 / L2 / XL arb
- keine M

40,5 / 40,5 cm ab Armausschnitt-Unterkante oder bis der Ärmel 4,5 cm kürzer ist als die gewünschte Gesamtlänge.

Nächste Rd: Linke M str bis Rd-Ende.

Nächste Rd: Rechte M str bis Rd-Ende.

Die letzten 2 Rd noch 7 x wdh. Alle M links abk.

Zählmuster für die Passe (Größe 2XL / 3XL / 4XL / 5XL)

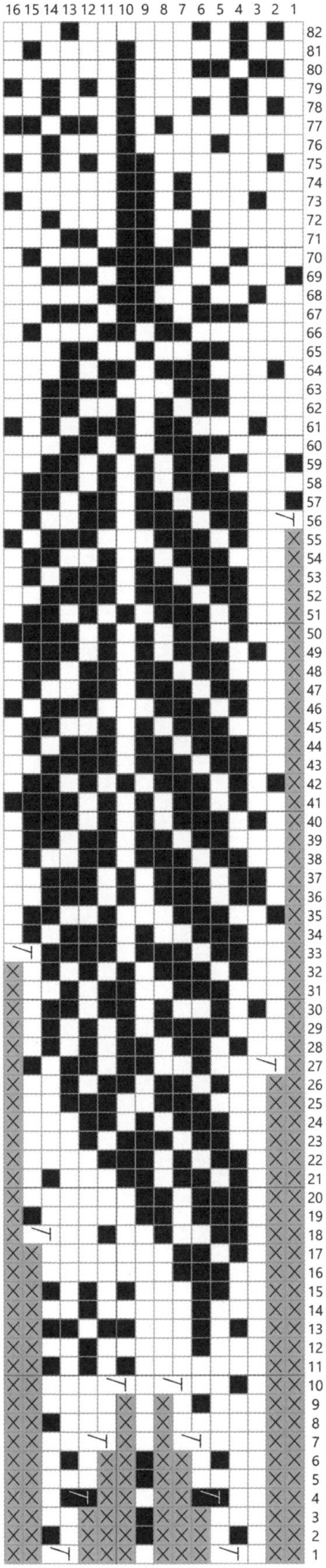

- Fb A
- Fb B
- 1 M rechts, 1 M links tiefgestochen zunehmen
- keine M

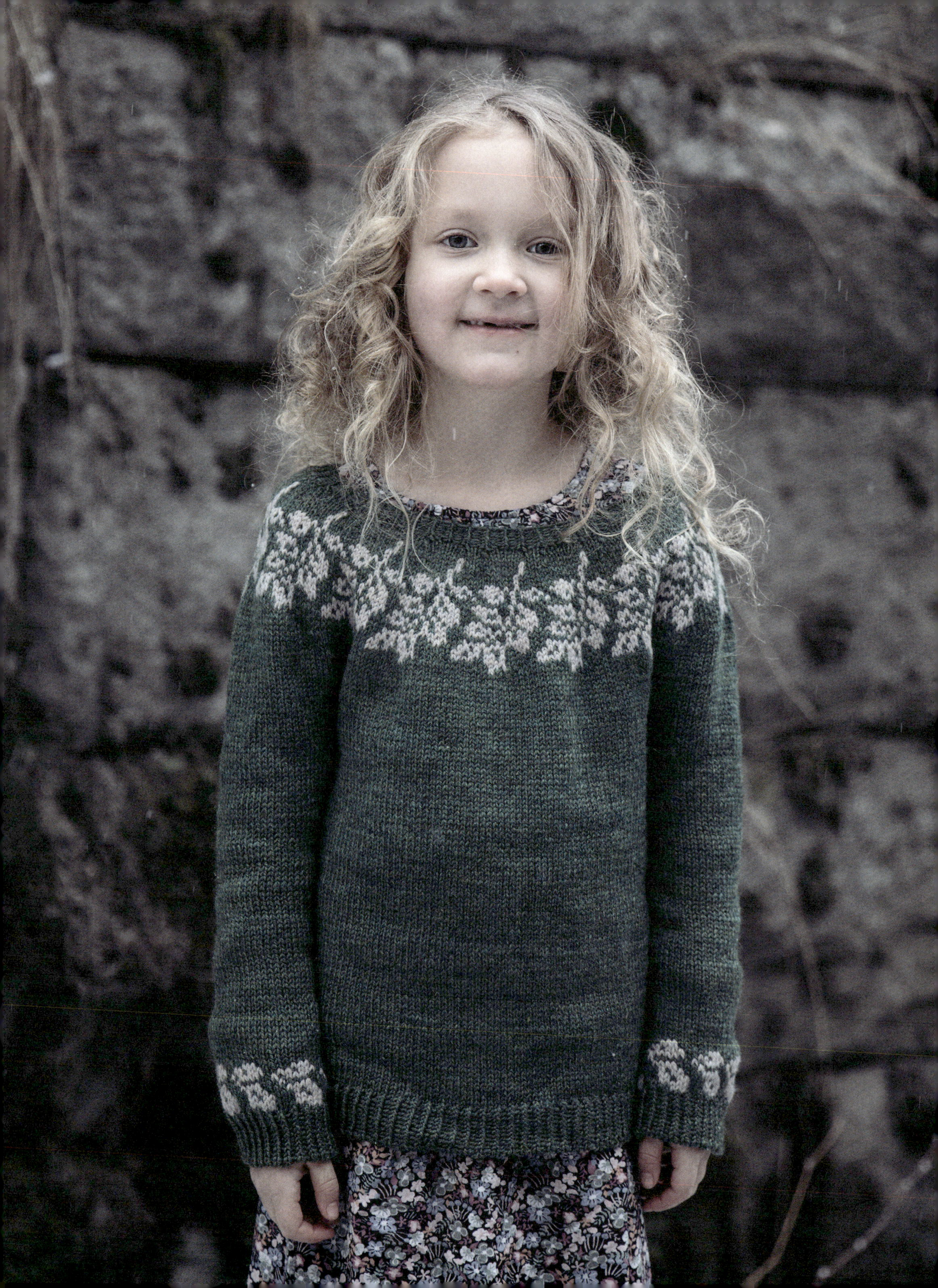

20

TAIMI

Taimi ist eine Kinderversion des Pullovers Lehto (siehe Seite 72). Wie das große Modell wird er nahtlos von oben nach unten gestrickt und hat eine Rundpasse in einem hinreißenden Blattmuster. Sie können den Pullover für Kinder von sechs Monaten bis zu zwölf Jahren stricken.

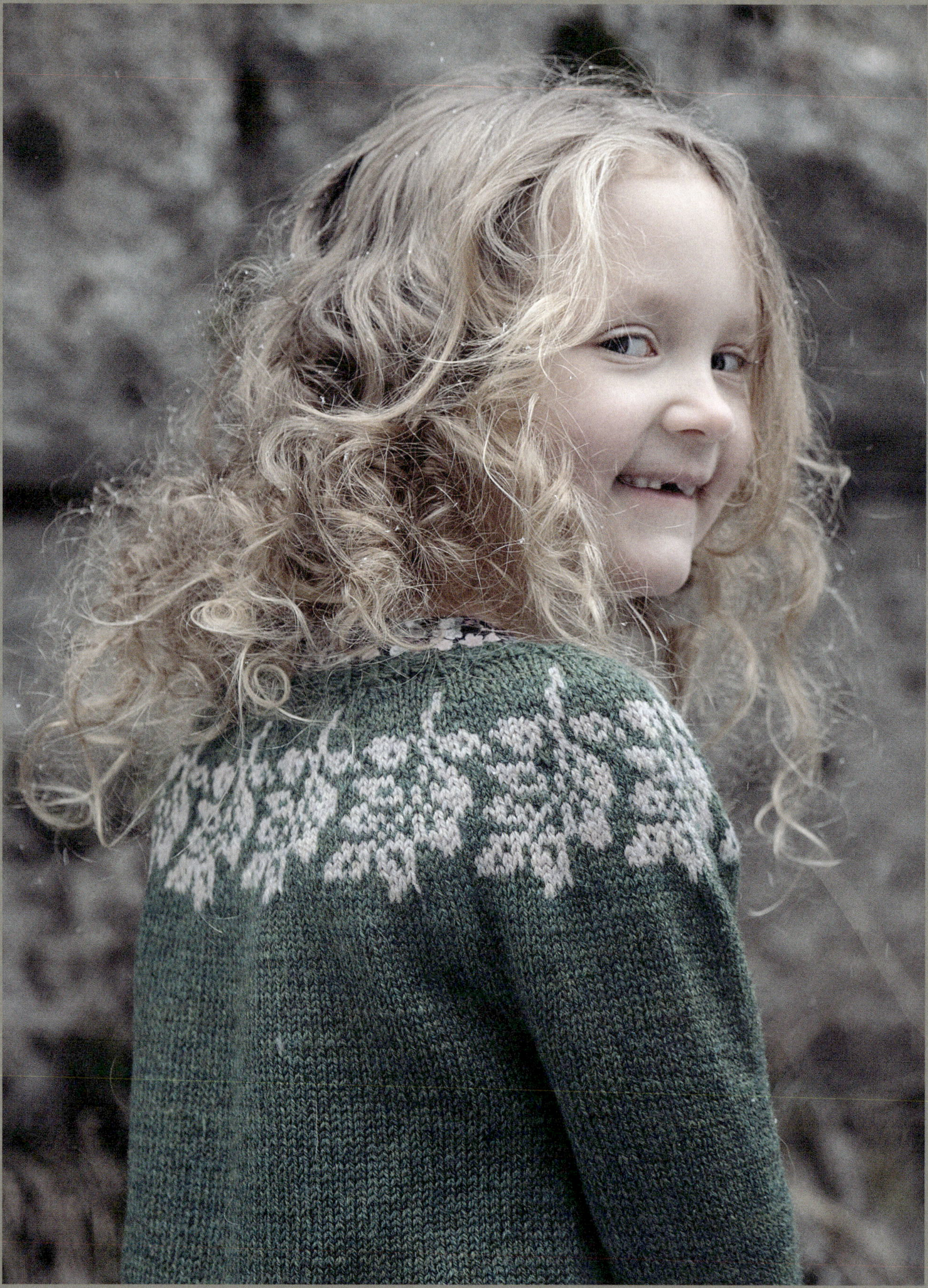

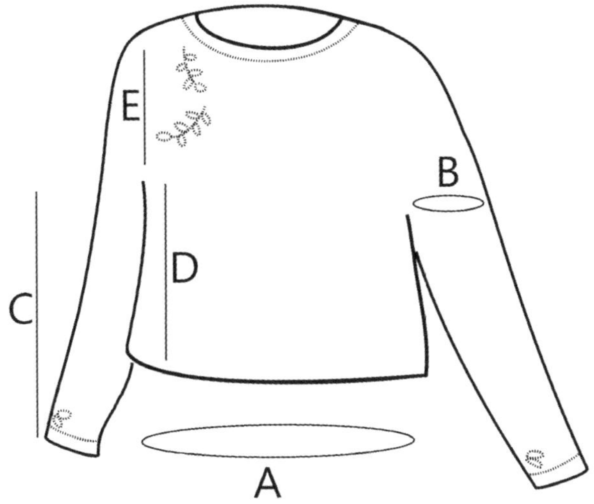

Größe
6 Monate / 12 Monate / 18 Monate / 2 Jahre / 4 Jahre / 6 Jahre / 8 Jahre / 10 Jahre / 12 Jahre

Garn
John Arbon Textiles Yarnadelic (100 % Corriedale-Wolle von den Falklandinseln; LL 333 m/100 g):
Fb A: Harmonium, 1 / 1 / 1 / 2 / 2 / 2 / 3 / 3 / 3 Stränge
Fb B: The Beautiful Ones, 1 Strang

Materialverbrauch
Fb A: 240 / 285 / 330 / 390 / 530 / 640 / 725 / 790 / 860 m
Fb B: 35 / 45 / 50 / 60 / 70 / 80 / 130 / 145 / 160 m

Stricknadeln
Rundstricknadel 3,5–4,0 mm, 40 cm, 60 cm oder 80 cm lang (Die optimale Länge hängt von der gewählten Größe ab.)
Nadelspiel 3,5–4,0 mm (optional für die Ärmel)
Passen Sie die Nadelstärke gegebenenfalls an, um die korrekte Maschenprobe zu erzielen.

Maschenprobe
24 M und 29 Rd glatt rechts und in Jacquardtechnik in Rd = 10 cm x 10 cm (nach dem Spannen)

Zubehör
4 Maschenmarkierer
Wollnadel

Maße
A Ober- und Taillenweite: 45 / 50 / 53,5 / 62,5 / 66,5 / 71 / 75 / 81 / 86 cm
B Oberarmumfang: 20 / 21 / 21,5 / 21,5 / 23,5 / 25 / 26 / 26,5 / 27,5 cm
C Ärmellänge: 15 / 17,5 / 19 / 23,5 / 27,5 / 31,5 / 36,5 / 37,5 / 38,5 cm
D Rumpflänge ab Armausschnitt: 15 / 16,5 / 18 / 20,5 / 30,5 / 33 / 38 / 38 / 38 cm
E Armausschnitthöhe: 11,5 / 12,5 / 12,5 / 13 / 14,5 / 15 / 16,5 / 18 / 19,5 cm

ANLEITUNG

In Fb A im runden M-Anschlag 66 / 72 / 78 / 84 / 90 / 96 / 96 / 102 / 108 M anschl. Die Arbeit zur Rd schließen und den Rd-Beginn mit 1 MM kennzeichnen.

Nächste Rd (Vorderseite): * 1 M rechts verschränkt, 1 M links *; von * bis * stets wdh bis Rd-Ende.

Weitere 5 Rd im so eingeteilten verschränkten Rippenmuster str.

PASSE

Glatt rechts in Jacquardtechnik nach dem Zählmuster für die Passe für die gewünschte Größe weiterstr, dabei den Rapport des Zählmusters 11 / 12 / 13 / 14 / 15 / 16 / 16 / 17 / 18x in der Rd wdh (= 187 / 204 / 221 / 238 / 255 / 272 / 272 / 289 / 306 M).

Nach der letzten Rd des Zählmusters für die Passe den Faden abschneiden.

Nächste Rd (nur Größe 6 Monate / 18 Monate / 4 Jahre / 10 Jahre): 1 M links tiefgestochen zunehmen, rechte M str bis Rd-Ende (= 188 / – / 222 / – / 256 / – / – / 290 / – M).

MM platzieren und die Arbeit mit verkürzten R formen wie folgt (die ersten Wendestellen für die verkürzten R liegen in den Ärmeln, die letzten im Vorderteil):

Einteilungs-Rd (Fb A): 25 / 28 / 31 / 36 / 38 / 41 / 41 / 45 / 48 M rechts (für das Rückenteil), MM platzieren, 44 / 46 / 49 / 48 / 52 / 55 / 54 / 56 / 58 M rechts (für den rechten Ärmel), MM platzieren, 50 / 56 / 62 / 71 / 76 / 81 / 82 / 89 / 95 M rechts (für das Vorderteil), MM platzieren, 44 / 46 / 49 / 48 / 52 / 55 / 54 / 56 / 58 M rechts (für den linken Ärmel), MM platzieren, rechte M str bis Rd-Ende, MM entfernen, rechte M str bis zum nächsten MM. Der Rd-Beginn liegt zwischen dem Rückenteil und dem rechten Ärmel.

1. R (Hinr): Rechte M str bis 10 M vor dem MM; w&w.

2. R (Rückr): * Linke M str bis MM, MM abheben *; von * bis * noch 1x wdh, linke M str bis 10 M vor dem MM; w&w.

3. R: Rechte M str bis zur umwickelten M, dabei die MM abheben, die umwickelte M mit dem Wickelfaden rechts zusammenstr, 4 M rechts; w&w.

4. R: Linke M str bis zur umwickelten M, dabei die MM abheben, die umwickelte M mit dem Wickelfaden links zusammenstr, 4 M links; w&w.

Die 3. und 4. R noch 2 / 2 / 2 / 3 / 3 / 3 / 3 / 3 / 3x wdh.

Nächste Rd (Vorderseite): * Rechte M str bis zur umwickelten M, dabei die MM abheben, die umwickelte M mit dem Wickelfaden rechts zusammenstr *; von * bis * noch 1x wdh, rechte M str bis Rd-Ende.

Glatt rechts weiterstr bis zu einer Vorderteilhöhe von 11,5 / 12,5 / 12,5 / 13 / 14,5 / 15 / 16,5 / 18 / 19,5 cm (von der Anschlagkante aus gemessen).

RUMPF

Einteilungs-Rd (Vorderseite): * MM entfernen, die nächsten 44 / 46 / 49 / 48 / 52 / 55 / 54 / 56 / 58 M auf einem Maschenraffer stilllegen, 2 / 2 / 1 / 2 / 2 / 2 / 4 / 4 / 4 M durch Aufschlingen neu anschl, MM platzieren, 2 / 2 / 1 / 2 / 2 / 2 / 4 / 4 / 4 M durch Aufschlingen neu anschl, MM entfernen, rechte M str bis MM *; von * bis * noch 1x wdh (= 108 / 120 / 128 / 150 / 160 / 170 / 180 / 194 / 206 M). Der Rd-Beginn liegt nun in der Mitte der Unterkante des rechten Armausschnitts.

Glatt rechts gerade weiterstr bis zu einer Höhe von 11,5 / 13 / 14,5 / 17 / 27 / 29,5 / 34,5 / 34,5 / 34,5 cm ab Unterkante des Armausschnitts.

Nächste Rd: * 1 M rechts verschränkt, 1 M links *; von * bis * stets wdh bis Rd-Ende.

Die letzte Rd noch 9x wdh. Alle M mustergemäß oder italienisch abk.

ÄRMEL

Die M für einen Ärmel auf das Ndspiel nehmen.

Einteilungs-Rd (Vorderseite): In Fb A und in der Mitte der Armausschnitt-Unterkante beginnend 2 / 2 / 2 / 2 / 2 / 3 / 4 / 4 / 4 M aus der Kante rechts herausstr, die Ärmel-M rechts str, dann weitere 2 / 2 / 1 / 2 / 2 / 2 / 4 / 4 / 4 M aus der Armausschnitt-Unterkante rechts herausstr, MM platzieren und die Arbeit zur Rd schließen (= 48 / 50 / 52 / 52 / 56 / 60 / 62 / 64 / 66 M).

8 Rd rechte M str.

Abnahme-Rd: 1 M rechts, 2 M rechts zusammenstr, rechte M str bis zu den letzten 3 M, 2 M rechts abgehoben zusammenstr, 1 M rechts (= 2 M abgenommen).

Glatt rechts weiterstr, dabei die Abnahme-Rd noch 3 / 4 / 5 / 5 / 7 / 5 / 6 / 7 / 8x in jeder 4. / 5. / 5. / 7. / 7. / 12. / 12. / 11. / 10. Rd wdh (= 40 / 40 / 40 / 40 / 40 / 48 / 48 / 48 / 48 M).

Glatt rechts gerade weiterstr bis zu einer Ärmellänge von 8 / 10,5 / 12 / 16,5 / 20,5 / 24,5 / 29,5 / 30,5 / 31,5 cm ab Armausschnitt-Unterkante oder bis der Ärmel 7 cm kürzer ist als die gewünschte Gesamtlänge.

Den Faden in Fb B dazunehmen und glatt rechts in Jacquardtechnik nach dem Zählmuster für die Ärmelbordüre weiterstr.

Nach der letzten Rd des Zählmusters den Faden in Fb B abschneiden und 1 Rd rechte M in Fb A str.

Nächste Rd: * 1 M rechts verschränkt, 1 M links *; von * bis * stets wdh bis Rd-Ende.

Die letzte Rd noch 9x wdh. Alle M mustergemäß oder italienisch abk.

Zählmuster für die Passe (Größe 6 Monate / 12 Monate / 18 Monate / 2 Jahre / 4 Jahre / 6 Jahre)

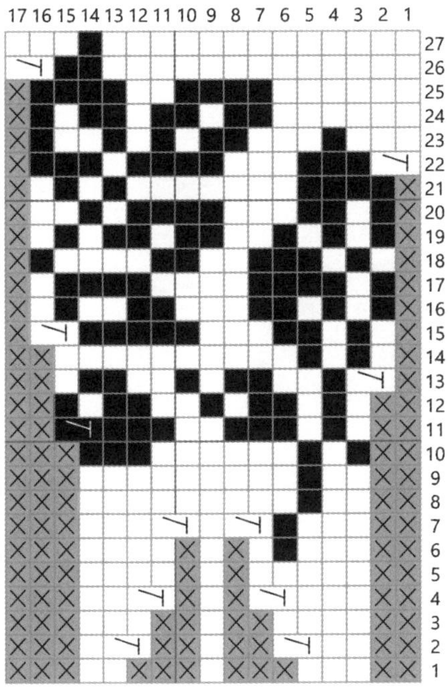

- Fb A
- Fb B
- 1 M rechts, 1 M links tiefgestochen zunehmen
- keine M

Zählmuster für die Passe (Größe 8 Jahre / 10 Jahre / 12 Jahre)

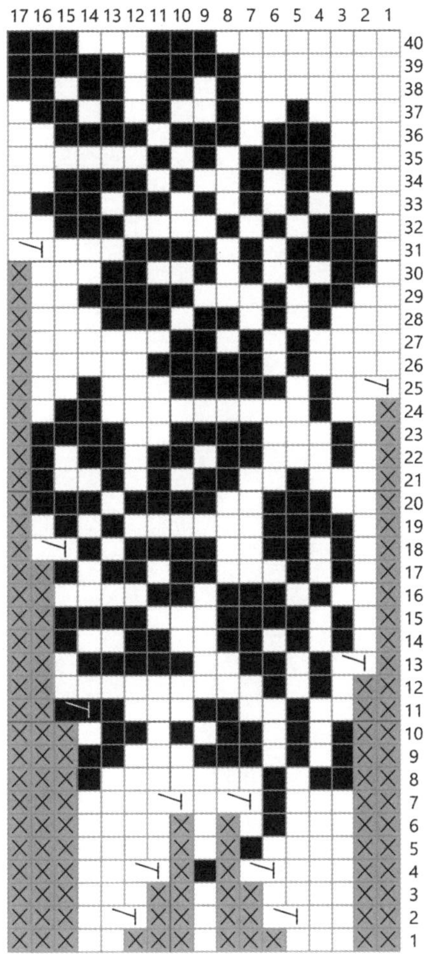

Zählmuster für die Ärmelbordüre

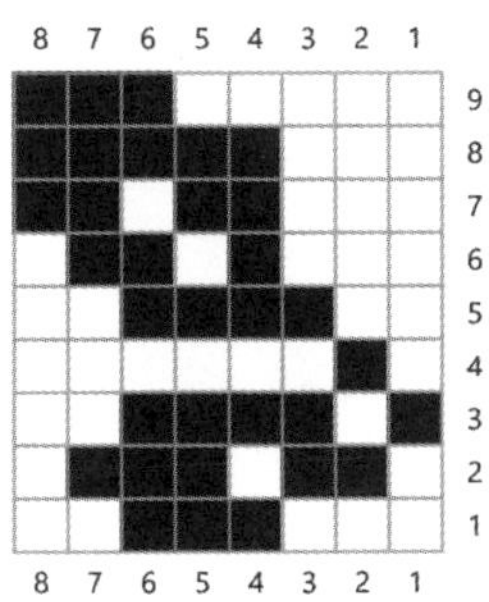

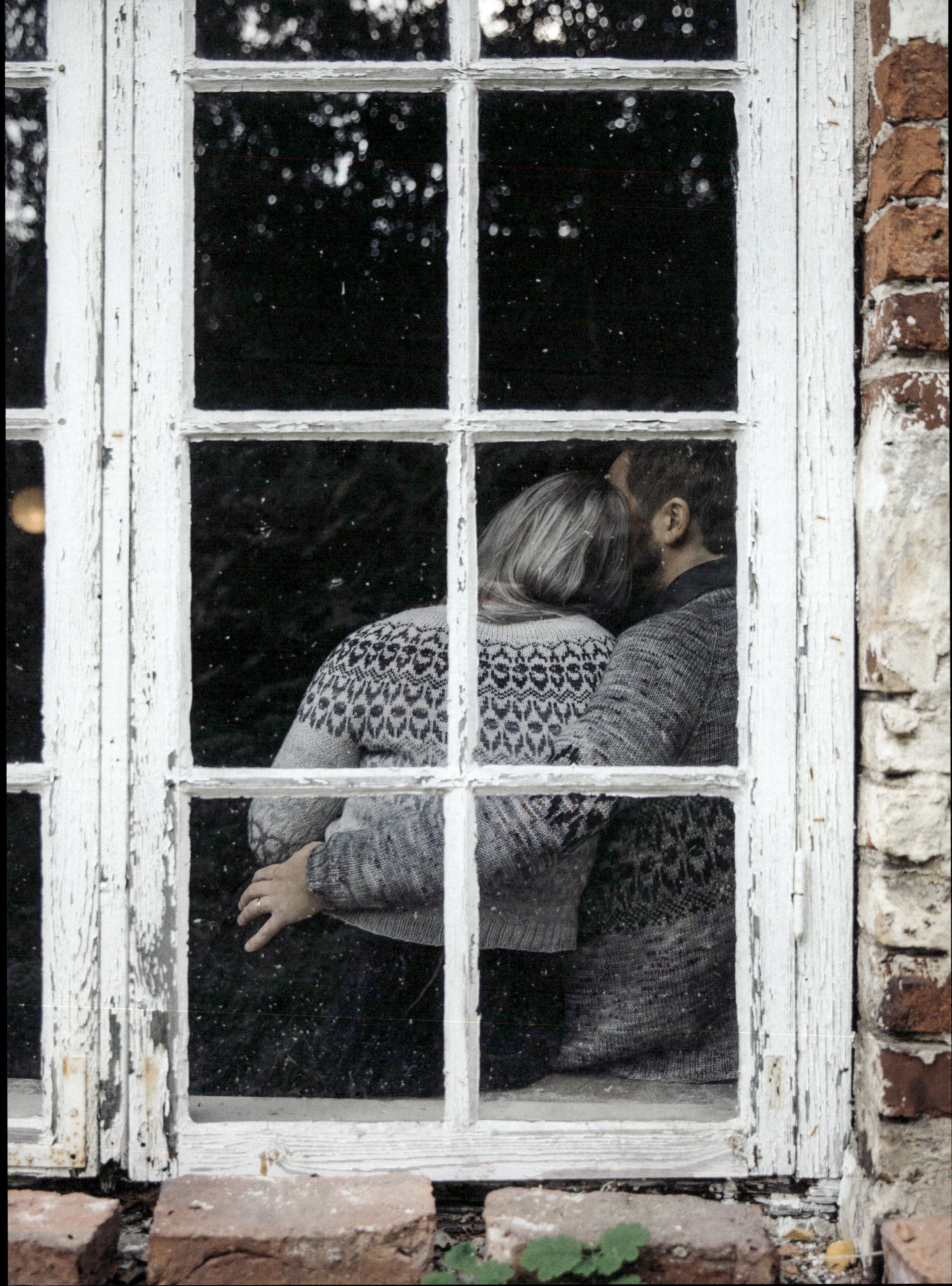

Danke

Bücher wie dieses erschafft man nicht im Alleingang. Um zwanzig Modelle probestricken zu lassen, braucht man ein ganzes Heer von Teststrickerinnen. Ein riesiges Dankeschön geht an euch alle. Ohne euch wäre dies fast unmöglich gewesen. Mein besonderer Dank gilt dir, **Piia**, deren Nadeln immer für ein neues Projekt bereit sind. Du hast mich außerdem gerettet, indem du mir deine eigene Jacke Maija für das Fotoshooting geliehen hast, als meine nicht rechtzeitig fertig wurde.

Herzlichen Dank an jede einzelne Garnfirma und jede Färberei, die meinen Fähigkeiten vertraut und ihre Schätze für diese Projekte zur Verfügung gestellt hat. Garn ist seit jeher die wichtigste Inspirationsquelle in meiner Arbeit. Ich danke auch dir, **Tiina**, der Eigentümerin des örtlichen Handarbeitsgeschäfts, dafür, dass du immer bereit bist zu helfen.

Euch, **Jonna** und **Sini**, danke ich dafür, dass ihr aus meinen Modellen ein unglaublich schönes Buch gemacht habt. Vor einem Jahr fuhr ich nach Tampere, ein wenig schüchtern, aber fest entschlossen, euch einen Buchvertrag vorzuschlagen, auch wenn das zunächst nur im Scherz gemeint war. Aber ich hatte kaum den Mantel abgelegt, als ihr mir sagtet, ihr hättet auch bereits daran gedacht. Ohne euch hätte meine neue Karriere nicht einen solch fantastischen Start hingelegt.

Ohne meinen lieben Freund **Risto**, der mir riet, meine Träume zu verfolgen, wäre mein Karrierewechsel jedoch gar nicht möglich gewesen wäre. Ich habe nicht an mich selbst geglaubt, aber du hast mir klargemacht, dass Träume niemals Wirklichkeit würden, wenn ich es nicht wenigstens versuchte.

Ich danke auch meiner Familie: meinen Eltern, die mich immer unterstützt und ermutigt haben, meinen lieben Geschwistern und meiner anderen Familie, die mit meinem Mann in mein Leben getreten ist. Erst gestern hast du, meine Mutter, einen alten Pullover ausgegraben, den ich vor 20 Jahren gestrickt habe – den dritten, den ich je gestrickt habe! Ich konnte nicht glauben, dass du ihn noch hattest! Und liebe **Anni**, wie schön, dass ich dich vor Jahren in die Welt des Garns locken konnte, sodass du inzwischen nicht nur die beste Schwester der Welt, sondern auch eine wunderbare Strickfreundin bist.

Das größte Dankeschön gebührt jedoch dir, mein Liebster. Mit dir fühlt sich alles wie ein großes Abenteuer an, und du hast mich rückhaltlos auf dieser Strickreise begleitet. Nicht jeder wäre bereit, mit mir auf Straßen, die aussehen, als wären sie nicht zum Fahren gedacht, nach Garnläden zu fahnden, oder durch Lücken in Maschendrahtzäunen zu kriechen, um in den Ruinen einer verlassenen Burg Fotos von einem neuen Strickkleid zu machen – ganz zu schweigen davon, dass du meine Buchhaltung erledigst und bereit warst, mich durch die Seiten dieses Buches zu begleiten. Es ist so eine große Freude, seine Träume zu verwirklichen, es mit dir zusammen tun zu können bedeutet aber noch unglaublich viel mehr.

Anna Johanna

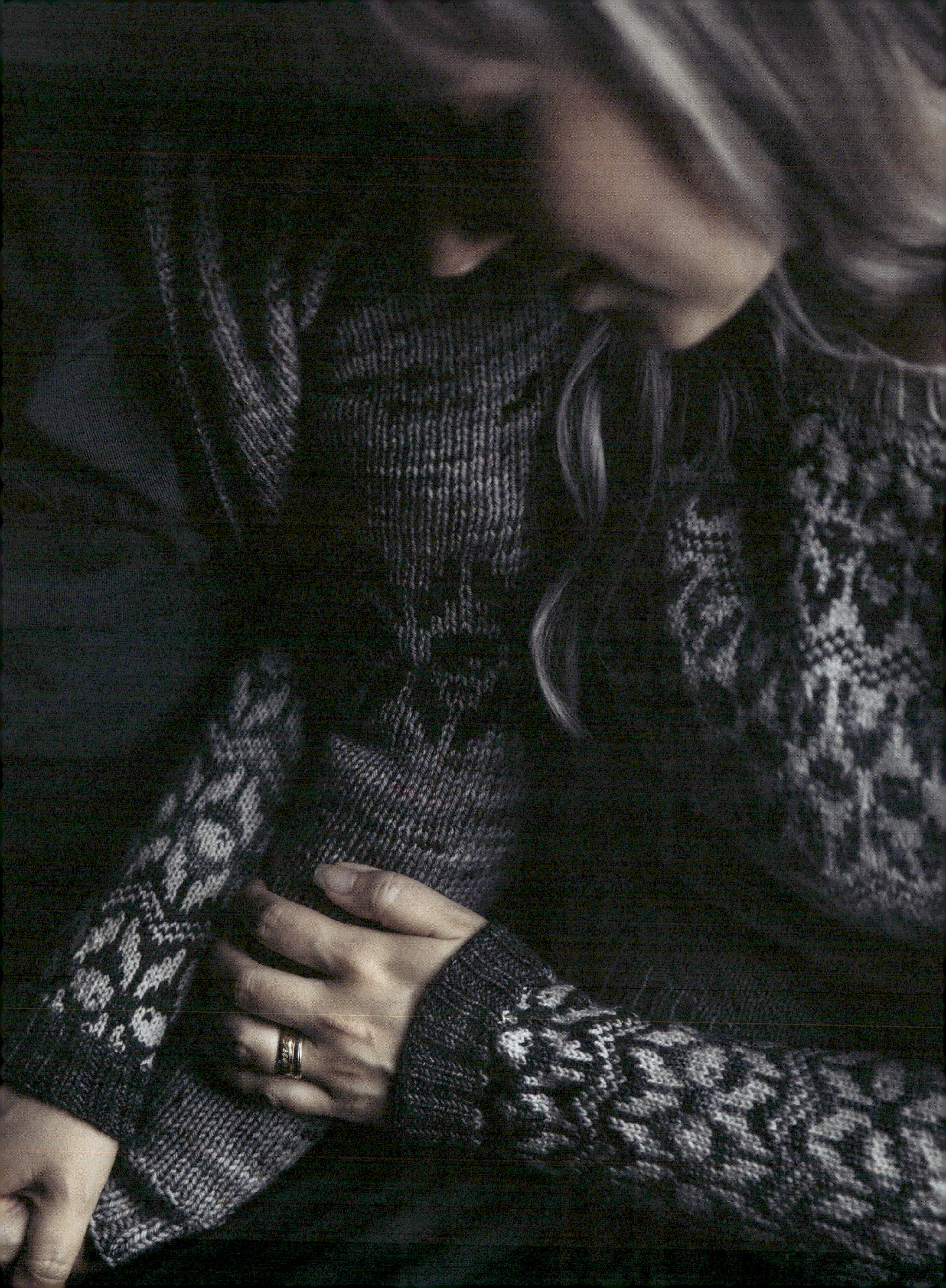